TÉCNICAS
FUNDAMENTALES DE
GOLF

TÉCNICAS
FUNDAMENTALES DE
GOLF

MALCOLM CAMPBELL

COLABORADOR
STEVE NEWELL

FOTOGRAFÍA
DAVE CANNON

LA ISLA

LA ISLA

![DK]

A DORLING KINDERSLEY BOOK

A mi padre, a Janey y a la memoria de mi querida madre, que jugó valientemente hasta el final... y a Bill McCandlish que, a su pesar, jugó menos de lo que le hubiera gustado.

Título original:
Ultimate Golf Techniques

Traducción y adaptación de la edición en lengua española:
Isabel Rivero Torra-Balari
Consuelo Martínez-Soria Ramos
Árbitros de golf

Coordinación de la edición en lengua española:
Cristina Rodríguez Fischer

Primera edición argentina, en versión rústica, 2000
Primera edición argentina 1996

© 1996, 2000 La Isla, S.R.L.,
Buenos Aires
© 1996, 1999 Naturart, S.A.,
Barcelona
© 1996, 1998 Dorling Kindersley
Limited, Londres

I.S.B.N.: 950-637-137-7

Hecho el depósito que marca la
ley 11.723

Impreso en Singapur

CONSULTE EL CATÁLOGO DE PUBLICACIONES *ON-LINE*
INTERNET: HTTP://WWW.LA ISLA.NET

CONTENIDO

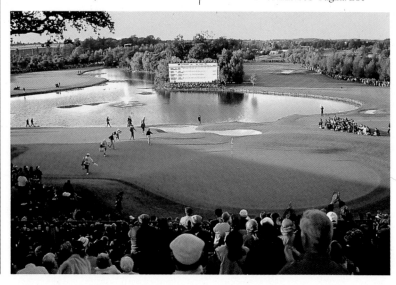

INTRODUCCIÓN

D ESDE QUE EL hombre colocó por primera vez un palo delante de una bola dando lugar al juego que hoy en día llamamos golf, ha estado obsesionado por encontrar la mejor forma de jugarlo. De hecho, la propia naturaleza del juego así lo garantiza. En golf existen claros vencedores al igual que claros perdedores, y ninguno quiere estar en el lado erróneo de la ecuación. El éxito, en golf, no es una cuestión de opinión; no hay un jurado para conceder notas por el contenido o la impresión artística; no hay compañeros a los cuales echar la culpa de la propia derrota. La tarjeta de juego muestra de forma irrevocable el resultado, y esta evidente prueba está a la vista de todos. En golf no hay un solo rincón donde esconderse de los propios errores.

Walter Hagen
*Ganador de 11 Grandes,
no fue tan sólo una
fuente de inspiración
para sus seguidores sino
que también aportó un
gran estilo al juego.*

EL CAMINO HACIA EL PROGRESO

Desde sus lejanos comienzos en la costa este de Escocia, lugar donde este juego arraigó hace ya cinco siglos, aquellos que han persistido en este insidioso conflicto triangular entre la naturaleza, los elementos y el ser humano siguen insistiendo en la búsqueda del progreso. Continúan buscando un camino que les conduzca al final de esa metamorfosis que convierte a un recién llegado al golf en un jugador de golf, y así, lograr una fraternidad. A lo largo de la historia del deporte organizado, ningún juego ha estado tan presionado por la técnica para lograr la perfección. Toda una industria, casi tan grande como el juego mismo, se ha desarrollado para fomentar el peregrinaje hacia la tierra prometida. Millones de palabras han sido escritas por hombres conocedores del tema, y quizás incluso más por algunos no tan eruditos sobre cómo mejorar en el juego y obtener así los mejores resultados.

Bobby Jones (derecha)
*Bobby Jones aprendió a jugar imitando el
rítmico swing de su profesor local.*

El hogar del golf (izquierda)
Los inconfundibles links de St. Andrews.

Sam Snead
Apodado «Slammin' Sam» porque golpeaba la bola a enormes distancias, Sam Snead podía haberse llamado sencillamente «Swingin' Sam», ya que durante mucho tiempo fue célebre por poseer uno de los mejores y más suaves swings.

Los gurús del golf, santificados por ellos mismos o identificados por los jugadores, dirigen a sus seguidores progresivamente hacia la cima en una dedicada búsqueda de la eterna verdad del golf.

Sin embargo, la huella del continuo fracaso siempre ha perdurado a lo largo de la vida de los golfistas. Ocasionalmente, pueden encontrar un «remedio» que, por un momento, les alivie de sus quebraderos de cabeza. Éste puede ser tan «sencillo» como un nuevo proyecto de swing, una línea distinta en la subida del palo, un ángulo de colocación del cuerpo más abierto o más cerrado, y ya, en la más extrema desesperación, una resolución que podríamos llamar financiera, sería la compra de un juego de palos completamente nuevo.

LA COMPRENSIÓN FUGAZ

El resultado es un estado de euforia reconocido por todos los jugadores, en el que ellos creen haber encontrado, al fin, la verdad fundamental. De repente, los drivers son más largos y rectos, los hierros se flexionan, incluso los putts empiezan a embocarse. Los jugadores comienzan a destacar en las competiciones del mes. Pero para la mayoría, esto no es más que un espejismo; la luz no ha sido más que una alucinación, y pronto la desesperación aparece de nuevo. La secuencia se reanuda con la búsqueda de otra «cura» rápida, pero ese momento de euforia seguido del fracaso se vuelve un proceso que se repite una y otra vez y con más consistencia en la mayoría de los swings de golf.

Ben Hogan
No existe mejor ejemplo de lo que se puede lograr en golf mediante el entreno y la dedicación que el legendario Ben Hogan, uno de los mejores jugadores de todos los tiempos.

La ligera adaptación junto a la promesa del lavino no son más que falsedades.

La finalidad de este libro no es, por consiguiente, ofrecer falsas esperanzas o promesas de «cura» instantánea para cada enfermedad golfística. Ni tampoco la revelación de algún secreto guardado celosamente durante generaciones. La propia realidad nos confirma que el único «secreto» para jugar mejor al golf es, precisamente, que no existe ningún secreto. Una mejora en un swing no es el fruto de un corto período de pruebas, sino el resultado de una labor continuada que nos hace alcanzar a largo plazo un nivel superior.

Esta premisa de golf se aplica tanto a los profesionales como a los amateurs. La única diferencia radica en el grado de ejecución. Los profesores de golf son, generalizando, golfistas profesionales o entusiastas amateurs. El golfista profesional sabe cómo jugar pero no necesariamente cómo enseñar, mientras que los entusiastas amateurs, y esto debe decirse, raramente saben cómo jugar o cómo enseñar. Este libro es la respuesta, por tanto, a la persistente convicción de que, al fin y al cabo, todos podemos ser nuestros propios y mejores maestros.

Arnold Palmer
Tal era la popularidad del espadachín Arnold Palmer que cuando, en sus comienzos, ejecutaba sus putts juntando las rodillas creó un estilo que fue inmediatamente imitado por millones de golfistas.

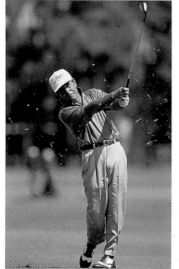

Gary Player
El sudafricano Gary Player es una clásica inspiración para los golfistas faltos de estatura. A fuerza de un duro e intenso trabajo y dedicación, Player se convirtió en uno de los jugadores más fuertes de la historia.

Jack Nicklaus
Jack Nicklaus posee el récord más admirable de la historia. Su capacidad para concentrarse intensamente seleccionando el golpe adecuado es un modelo para los jugadores que desean mejorar su juego.

Conocemos nuestras posibilidades mejor que nadie, teniendo en cuenta nuestra honestidad a la hora de evaluarnos. Tomando toda la sabiduría recibida de las generaciones pasadas, pioneras en la búsqueda del camino, podemos convertirnos en autodidactas con el fin de conseguir un progreso real, lleno de voluntad. Si tenemos claro lo que buscamos para mejorar nuestro juego, lo encontraremos con toda seguridad en los grandes jugadores, tanto en los del pasado como en los actuales, por lo que el siguiente paso consistiría en adaptar lo descubierto en ellos a nuestro juego.

David Leadbetter
La maestría de David Leadbetter, uno de los actuales profesores gurús, ha sido solicitada por muchos de los principales jugadores, incluidos Nick Faldo y Nick Price.

Byron Nelson
Byron Nelson es reconocido como el poseedor de uno de los mejores swings de la historia. Detrás de los éxitos de Tom Watson, se escondía el talento de los últimos años de este hombre.

OBSERVAR Y APRENDER

El éxito de los grandes jugadores de la era moderna, entre los que se encuentran Ben Hogan, Sam Snead, Jack Nicklaus, Arnold Palmer y los actuales Nick Faldo, Ernie Els y John Daly, se debe en gran parte al desarrollo de las técnicas de juego realizado por los grandes jugadores de la generación anterior, compuesta por Walter Hagen, Bobby Jones y sir Henry Cotton. Este trío, a su vez, también tuvo que tomar como base todas aquellas técnicas que fueron elaboradas por quienes les precedieron, entre los que destacan Old Tom Morris, Allan Robertson y el Gran Triunvirato.

Del mismo modo que todos aquellos grandes jugadores aprendieron gracias a un cuidadoso estudio de sus antecesores, nosotros también podemos aprender de los que ahora dirigen el juego. Cualquier persona que juegue al golf tiene la capacidad para mejorar. En el caso de un jugador de hándicap bajo, esa posibilidad de mejorar es obviamente más limitada, mucho más que para un jugador de hándicap alto, que tiene un margen más amplio de posibilidades. Un jugador menos instruido tendrá que poner más énfasis a la hora de

Bob Toski
Al igual que Gary Player, Bob Toski carecía de estatura, pero a pesar de todo se convirtió en uno de los mejores jugadores, y más tarde en uno de los profesores más ilustres que ha tenido este juego.

enfocar la técnica, mientras que para los jugadores con un nivel más alto, la clave puede estar en la destreza y en la estrategia que han de desarrollar sobre el conjunto global de su juego. Las claves para encontrar el camino del éxito están en aquellos que las descubrieron mediante su trabajo.

Ernie Els
El sudafricano Ernie Els es el clásico ejemplo del jugador moderno que combina una excepcional potencia y firmeza con un toque delicado.

EL OBJETIVO ESENCIAL

La intención de este libro no es promover mi punto de vista, ni el de ninguna otra persona, sobre el método correcto o incorrecto de jugar al golf. Más bien, se ha escrito la fórmula para destilar el sabroso elixir del golf, cuyos ingredientes son las valiosísimas enseñanzas y experiencias de todas las generaciones anteriores a las que pertenecen los mejores jugadores del mundo, del que podemos tomar un pequeño sorbo dentro de la inmensa y continua investigación hacia el perfeccionamiento del juego del golf. Este libro se presenta sólo con este objetivo, y si lo he logrado en alguna de sus partes, me daré por satisfecho.

Nick Faldo
En su decisión de convertirse en el mejor jugador del mundo, Nick Faldo empleó dos años en remodelar su swing bajo la supervisión de su profesor David Leadbetter.

MALCOLM CAMPBELL
Lower Largo, Fife, Escocia.

John Daly
Aunque John Daly es reconocido como un jugador que puede enviar la bola de golf a unas distancias increíbles, su toque alrededor y en el green es una lección a tener en cuenta por los que piensan que sólo la fuerza es la llave que abre la puerta al éxito en el golf.

Robᵗ T Jones Jr.
June 25, 1930.

CAPÍTULO UNO

Los
JUGADORES
y los
PROFESORES

Instrucción de golf en una
cajetilla de cigarrillos de
los años veinte.

ES UNA VERDAD fundamental que existen tantos y diferentes swings de golf como jugadores que practican este juego, todos dirigidos al desarrollo de una repetida acción –a la formación del swing de golf moderno. Sin embargo, esto no ha sido siempre así. Muchas de las formas de juego que se enseñan hoy en día se han visto influenciadas por los avances del material y el libro de las reglas de golf. Como importante ha sido el ejemplo dejado por los profesionales a través de todas las generaciones pasadas. La enseñanza del golf ha desarrollado una industria valorada en muchos millones. En este capítulo estudiaremos a los jugadores, el material de juego y a los profesores que han influido en el desarrollo del golf.

El maestro de todos los tiempos
Bobby Jones, el gran jugador amateur de todos los tiempos, se retiró en 1930, pero ha seguido siendo la inspiración de muchas generaciones, a través de sus publicaciones gráficas y fotográficas.

Las revistas de golf han sido siempre uno de los mejores recursos para la enseñanza de este deporte.

Aprender con los ejemplos

MUCHOS PROFESIONALES DE hoy en día se hubieran estremecido con los swings de sus antecesores del siglo XIX. Incluso se hubieran asombrado del material empleado en aquellos tiempos. Así, desde los comienzos, el golf ha sido el resultado de un continuo observar, aprender y perfeccionar; ya sea porque se ha formado a través de la invención, de una herencia o por simple inspiración, los grandes jugadores de cada época han tenido que ir aportando sus propias fórmulas e influencias, por lo que el resultado es ni más ni menos el juego que hoy en día se juega y enseña.

El viejo tutor
El legendario Tom Morris Senior aprendió pronto su golf en St. Andrews, trabajando como aprendiz en la tienda de bolas de Allan Robertson, cerca del Old Course.

Los señores jugadores
El coste que significaba poder jugar al golf desde mediados del siglo XIX indicaba que se trataba de un pasatiempo estrictamente reservado a la clase alta, tal y como se observa en esta ilustración del club de North Berwick de Escocia. Los menos acaudalados estaban destinados a actuar de caddies.

Para la mayoría de nosotros, las ideas de cómo jugar al golf están condicionadas por lo que vemos y aprendemos de los demás, ya sean profesionales de primera línea, profesores reconocidos o simplemente compañeros de juego de los domingos. Pero si nos remontamos a mediados del siglo XIX, el golf era tan sólo un privilegio para una minoría que desconocía por completo cómo jugarlo.

El golf era virtualmente algo más que un pasatiempo, sin ninguna organización, y se hallaba restringido a un relativo y limitado número de jugadores. Este grupo lo constituían personas de clase social alta, que podían costearse el ser miembro de un club y, más particularmente, el precio al que ascendían las bolas de plumas de ganso que por entonces se usaban.

«Permanezca erguido, tal y como lo hace cuando se defiende. Mantenga los músculos de las piernas, espalda y brazos... fijos y firmes, y para nada los afloje en el momento de la bajada del palo; sus brazos han de moverse, pero muy poco; todo el movimiento tiene que estar coordinado con el giro de su cuerpo». Así escribía Thomas Kincaid en 1687 en su diario, donde recogía los más tempranos conocimientos sobre cómo jugar al golf. Aunque parezca extraño para muchos jugadores actuales, aquellos métodos continuaron siendo el punto de referencia hasta mediados del siglo XIX.

Hombres tales como Tom Alexander y Tom Geddes, procedentes de Musselburgh, cerca de Edimburgo, junto con los hermanos Tom y Alexander Pirie, de St. Andrews, fueron los pioneros y maestros del juego con la bola de plumas. No obstante, fue Allan Robertson, profundamente recordado como el

jugador más fino de su tiempo, quien ahora es reconocido como el primer profesional de golf. Él fabricaba las bolas de plumas en su tienda, situada a un lado del famoso Old Course de St. Andrews, ayudado por Tom Morris Senior –al que se le conoció más tarde como «Old Tom» (Viejo Tom), una de las más legendarias figuras de este juego.

EL FIN DE LAS PLUMAS

Estos primeros representantes tenían sus propias técnicas de juego desarrolladas sobre la base de la bola de plumas, un pequeño y frágil saquito de piel relleno de plumas de ganso hervidas. Estas técnicas estaban más dirigidas a proteger la bola que a mirar por el resultado del golpe en sí. Sin embargo, la llegada de la bola llamada «gutapercha» en 1848 significó el fin de la era de las plumas y del negocio de Robertson. La nueva bola estaba hecha de una goma procedente de un árbol tropical llamado percha. Esta sustancia era reciclable y menos costosa de producir, de este modo se permitió que el golf se abaratara y, consecuentemente, se extendiera a las masas.

La evolución del grip
El viejo estilo del grip de béisbol (izquierda) era la única manera reconocida de coger un palo de golf hasta la llegada del grip superpuesto (superior) a principios de siglo.

Las reglas del golf
Escrito en 1764, el libro de reglas actual pone restricciones al tipo de equipamiento utilizado.

El estatus social ya no era ningún impedimento para cualquiera que estuviera interesado en jugar al «gowf» en Escocia. Indudablemente sólo era el coste lo que hacía prohibitivo este juego. Sin embargo, la bola «guta» trajo consigo un gran flujo de nuevos jugadores que querían aprender; pero por entonces no se contaba con un marco real para hacerlo. Muchos de ellos se introdujeron en este mundo haciéndose pasar por caddies y aceptando cualquier oportunidad para jugar cuando ésta se presentara. Aprendieron copiando a los jugadores que les contrataban en aquellos terrenos dispuestos para el juego y siempre que tuvieran algún momento libre.

Gracias a la dureza de la nueva bola, los jugadores podían golpearla tan fuerte como quisieran, por lo que inevitablemente aparecieron nuevas técnicas de juego. La dureza de los golpes trajo consigo la necesidad de amortiguar el violento choque del golpe, por lo que se reforzó la bola guta. Grips acolchados de piel de cabra

montesa protegían las manos, mientras que la piel insertada en la cabeza de los palos ayudaba a absorber el choque, al igual que a proteger las blandas cabezas de madera de haya.

EL GRIP DE BÉISBOL

Debido al grosor de la empuñadura se hacía necesario agarrar el palo con las palmas de ambas manos colocando los pulgares por fuera del grip (muy similar a la forma de coger un bate de béisbol). De esta forma, las manos podían deslizarse sobre la varilla durante el balanceo del palo. Todos los jugadores destacados de aquel entonces alcanzaron su fama agarrando el palo de esta forma. Robertson y Morris fueron dos jugadores que usaron este método; sus ejemplos fueron imitados por grandes amateurs durante la última parte del siglo XIX, tales como John Ball Jr., Edward Blackwell, Harold Hilton, Horace Hutchinson y J. L. Low.

Aunque indudablemente este grip les era muy útil, este estilo a lo béisbol parecía ligeramente incongruente al compararlo con el grip de manos y dedos usado hoy en día por la mayoría de los jugadores. Ciertamente, el gran campeón británico Henry Cotton fue una vez cuestionado acerca de cómo esos grandes jugadores habían podido alcanzar semejante fama con esos débiles grips.

A medida que el siglo se acababa, emergía una nueva generación de jugadores, la que reconoció los beneficios que aportaba el hacer trabajar ambas manos en el grip.

h. 1840

h. 1890

Antiguas bolas de golf
La bola de plumas (extremo superior) resultaba no tan sólo cara de producir, sino también extremadamente frágil. Fue eliminada con la llegada de la bola de goma guttie (superior).

Los pioneros del swing
La primera secuencia de swing de James Braid se remonta a 1903. Observemos que mientras el pie izquierdo está abierto a 90 grados (izquierda) el apoyo y el backswing se han modificado relativamente poco (derecha).

Entre ellos se encontraba el Gran Triunvirato formado por James Braid, Harry Vardon y John H. Taylor, junto con Leslie Balfour Melville y John Graham Jr. Todos emplearon el tipo de grip que hoy en día no estaría fuera de lugar en un campo de golf.

EL GRIP DE LAS DOS MANOS

Fue por ese entonces cuando el grip superpuesto, o el grip Vardon, tal y como se conoció más tarde (*véase* página 69), empezó a ganar popularidad. Aunque Harry Vardon es ampliamente reconocido por la invención del grip, que consistía en sobrepasar el meñique de la mano derecha sobre el índice de la mano izquierda (para jugadores diestros), tanto Melville como Taylor contabilizaron un mayor número de éxitos con este grip al comienzo de su existencia.

Alrededor de 1880 las ventajas de mantener las manos tan juntas como fuera posible en el grip fueron por fin reconocidas. De hecho, sir Walter Simpson en su famoso libro *The Art of Golf*, escrito en 1887, advertía a los lectores que cada pulgada (2,5 cm) que las manos estuvieran separadas del grip podría hacer perder una distancia de 30 pies (9 metros) sobre la longitud total del golpe. Gracias a la combinación del grip de Vardon con la bola guttie se puso de moda un largo, libre, animado y ondeante swing con un considerable movimiento de cuerpo.

La influencia de esta bola fue ciertamente considerable, y su introducción desempeñó indudablemente un papel muy importante en la

La historia del grip
Miembro del Gran Triunvirato, J. H. Taylor fue uno de los primeros exponentes del grip superpuesto.

cimentación del swing tal y como lo conocemos hoy en día. Sin embargo, la llegada desde Estados Unidos en 1902 de la bola Haskell, con un núcleo de goma y una superficie rayada, tuvo un gran significado en la historia del golf. Esto comportó implicaciones mucho más importantes que la simple mejoría de la técnica en la fabricación de la bola de golf. La bola Haskell modernizó una época del juego, y trajo consigo un gran cambio en la forma de jugarlo.

La «maravillosa bola» con el corazón de goma fue inventada por un rico jugador amateur americano, llamado Coburn Haskell, en colaboración con Bertram Work, un ingeniero de Akron, Ohio. El éxito fue fulgurante. La nueva bola era más viva y volaba considerablemente más lejos que la guttie, y cuando Sandy Herd ganó el Open Británico con la bola Haskell en 1902, con un resultado ganador igualado al récord del torneo, la guttie fue relegada, considerándose ya como poco operante.

LA INNOVACIÓN POPULAR

La nueva bola popularizó aún más el juego. Incluso los jugadores menos dotados podían obtener resultados más satisfactorios aún cuando no la golpeasen del todo correctamente. Pero también tuvo otros efectos. Los largos pegadores se volvían aún más largos, incluso cuando eran obligados a perfeccionar el arte del control, algo ya lejano y menos crítico que con la decrépita bola guttie. El controlado y medido backswing para los golpes de aproximación, y la introducción de los hierros con más base para proporcionar un mayor backspin

Los partidarios del nogal americano
Poco tiene que ver el followthrough de James Braid con el de los actuales jugadores. A causa de la torsión de la varilla, las manos ejercitan un gran giro (izquierda) y se colocan debajo de la varilla para mantener el control (derecha).

(efecto de retroceso) y un mejor control, fueron otros de los beneficios inmediatos. La bola con el corazón de goma también exigía una cuidadosa atención a la hora de ejecutar el golpe. La nueva bola presentaba una posibilidad de acción donde no la había antes. La estrategia ahora se volvió un elemento del juego extremadamente crucial.

UN PERÍODO EXPERIMENTAL

Hubo una profunda experimentación con la nueva bola con el fin de ayudar al jugador a hacer realidad su verdadero potencial en los links. Sin límites en el tamaño o en el peso de la bola en aquel tiempo, se intentaron todo tipo de combinaciones extremas. Hubo jugadores que se vieron favorecidos con una bola pequeña y pesada, mientras que otros preferían una bola más grande y ligera, con la idea de que realmente flotase si iba a parar al agua. Se intentaron y probaron todo tipo de combinaciones entre los dos extremos: bolas pequeñas y pesadas para dirigirlas en el viento; bolas grandes y ligeras para ser jugadas con poco viento.

Entre 1902 y 1921, cuando se introdujo la bola estándar, el aspecto táctico del jugador era tan importante como su destreza con el palo, y los más afortunados eran los que combinaban ambos elementos. Durante este período también se hicieron considerables experimentos con los palos y en particular con las varillas. La varilla de los palos había sido siempre de madera de nogal americano y, al lijarla para rebajarla, se pudieron introducir distintas características en cada palo del juego. Las varillas también tenían una cantidad considerable de

torsión, por lo que se requería que los jugadores aprendieran las características de cada palo antes de desarrollar el repertorio de golpes a jugar con cada uno de ellos. El toque, la sensación y el elemento conocido como «timing» fueron las claves del éxito. Las manos, el elemento más importante en el swing de golf, se volvieron aún más importantes. Debían ser entrenadas mucho más de lo que hoy se considera necesario.

Imágenes contemporáneas de grandes jugadores de los comienzos del siglo XX reviven claramente la existencia de torsión en las varillas. El pronunciado giro de muñecas, antebrazos y hombros para el golpe de «botar y rodar» es un ejemplo. Otro es arrastrar las manos hacia atrás como primer movimiento del swing, para los golpes completos, mientras la cabeza del palo se queda detrás. Ésta fue una técnica común a todos los grandes jugadores de esa época y fue utilizada para eliminar parte de la torsión de la varilla.

HABILIDAD SOBRE POTENCIA

La habilidad para jugar una amplia gama de golpes fue el premio. Ninguno de los componentes del Gran Triunvirato carecía de potencia, pero la pura fuerza no caracterizaba al juego a finales del siglo. La habilidad en concebir y ejecutar los golpes tenía su propia recompensa.

La madera, por supuesto, fue el material estándar en aquel tiempo, pero los drivers con cabeza de metal empezaron a aparecer en 1890, al mismo tiempo que un herrero, Thomas Horsburgh, junto

El gran Jersey
Harry Vardon, habitante de las islas Anglonormandas, dominó el juego a finales del siglo pasado, tanto es así que dio su nombre al grip superpuesto.

17

con el profesional Willie Dunn Jr., que empezaron a experimentar con varillas de acero. Allá por 1912 aparecieron en Gran Bretaña las primeras varillas de acero sin costura, aunque fueron los fabricantes americanos los que enteramente explotaron sus potenciales.

LA BOLA ESTÁNDAR

La estandarización de la bola en 1921, seguida de la llegada de la varilla de metal a gran escala a finales de la década, marcó un cambio significativo en la forma de jugar al golf. La decisión de introducir una bola estándar, que medía 42,67 mm (1,62 pulgadas) de diámetro y con un peso máximo de 45,93 g (1,62 onzas), no fue un paso universalmente reconocido a nivel popular. Su llegada fue vista por algunos como un acto para sacrificar la destreza individual en favor de la conformidad. A partir de ese momento, no había necesidad de elegir una bola en consonancia con la estrategia del juego a desarrollar o con las condiciones del tiempo a enfrentarse; una bola estándar para cualquier situación bastaría. Todo lo que se necesitaba era una técnica nueva para estar a la altura de esta última innovación.

Esto se facilitó con la llegada, desde Estados Unidos, de un juego de palos de varilla de acero en serie. Este juego de palos fue el mejor paso para acercarse de forma mecánica a la técnica. La teoría que acompañaba a este juego de palos (unos hierros con una inclinación progresiva, normalmente numerados del uno al nueve) afirmaba que el juego se podía reducir a un swing estándar, usando un palo distinto en función de la distancia y trayectoria que se pretendía tomar.

El legendario Bobby Jones de Atlanta, Georgia, fue realmente el primer maestro de este mecánico aunque largo y distendido swing. Pero se habló mucho más acerca del juego de Jones. Harry Vardon lo describió como «el mejor evaluador de distancias

El drive de Cotton
Sir Henry Cotton fue uno de los pocos agudos caballeros británicos estudiosos del golf.

que jamás he visto»; Jones se hallaba igualmente cómodo con palos de madera o de acero en su bolsa, y su ejemplo fue seguido por varios estudiantes de Estados Unidos. Conocido como el «swing americano», su atractivo rápidamente se extendió a través del Atlántico hasta Gran Bretaña.

SIN VUELOS

Cuando el jugador más conocido en Gran Bretaña, Henry Cotton, fue a Estados Unidos en 1928 para averiguar por qué los americanos habían empezado a dominar el juego, rápidamente halló la respuesta. Descubrió que un joven americano llamado Horton Smith dominó el circuito de invierno gracias, en gran parte, a su juego de palos de varilla de acero. Tal y como Cotton recalcó: «Smith sólo tenía 20 años y difícilmente había conocido el golf con otra cosa que no fuesen las varillas de acero. Realizaba golpes fantásticos con un swing lento y de intencionado tres cuartos, que repetía mecánicamente en cada golpe, y nunca hizo tres putts». Un ejemplo que hay que recordar como imprescindible hoy en día.

La casa del nogal americano
Fabricantes de varillas de nogal americano tales como el escocés Robert Forgan convirtieron el trabajo en arte, poniendo sumo cuidado a la hora de elegir los materiales usados.

Palo de golf para golpear la bola en calle; fabricado por Willie Park Sr., h. 1870

Madera larga fabricada por Peter McEwan, h. 1890

Cotton se apresuró a poner en marcha su descubrimiento y seguir el ejemplo de Smith (que se convertiría en el primer ganador del Masters Americano). En *A History of Golf in Britain*, Cotton comentó: «Ver jugar a Horton Smith era como una revelación. Me di cuenta rápidamente de que el día para aprender a jugar todos los golpes había pasado, la varilla de acero había conseguido que el golf fuera un juego más fácil. Los blandos y húmedos greens de Estados Unidos demostraron que un golpe, si podías repetirlo, era lo suficientemente bueno para ganar cualquier evento.

Este hecho no se registró hasta que la varilla de acero se legalizó en Gran Bretaña y, desde ese momento, todos salimos a la caza de un swing con nuestro juego de palos de varilla de acero. Al final, cada uno podía tener el mismo juego de palos que utilizaba su campeón favorito.»

EL ACERO BRITÁNICO

Sir Henry fue uno de los grandes estudiosos de la técnica del golf y, a diferencia de muchos, no tuvo dificultad para marcar la transición de la madera de nogal al acero. Fue el último profesional que ganó un campeonato importante con los palos de varilla de madera, curiosamente jugando contra sus oponentes que ya utilizaban su equivalente en acero. Al ganar sus tres Open Británicos usando palos de varilla de acero demostró, por consiguiente, que se había adaptado a la nueva era. Sir Henry siempre mantuvo que cualquier estudio sobre estilos y métodos de su época mostraría que el consejo que podía ofrecer era fundamentalmente el mismo que hubiese dado cincuenta años atrás. Además concluyó diciendo que esto sería un consejo que se valoraría durante los cincuenta años siguientes (salvaguardando los cambios que se produjeran en el material); por consiguiente, quedaba muy poco por descubrir en golf, que no fuera ya conocido por Cotton y el Gran Triunvirato cuando éstos estaban en la cima.

Pero mientras que las observaciones realizadas por este gran hombre eran ciertamente correctas, varios golfistas de renombre lucharon con el acero, tales como George Duncan, ganador del Open

Británico en 1920, y Abe Mitchell. En 1929, el Royal and Ancient Club de Golf de St. Andrews, el último bastión de la oposición, aprobó el uso de la varilla de acero en Gran Bretaña (supuestamente para evitar la vergüenza de descalificar al príncipe de Gales, cuando éste se presentó a un campeonato muy orgulloso de su nuevo juego de palos de varilla de acero). De este modo, el Royal and Ancient Club de Golf no sólo firmó la pena de muerte de la varilla de madera de nogal, sino también el final de la fabricación artesanal de palos de golf.

FALTA DE VARIEDAD

En palabras del eminente escritor de golf Bernard Darwin, «la fabricación de varillas pasó del taller a la factoría; dejó de ser una labor artesanal a medida para convertirse en una producción en cadena, dejando sólo a los artesanos la labor de adaptar los grips y las cabezas a las varillas, dando así su toque final al palo». Y añadió: «A excepción de la variedad en los modelos de cabeza y grip, la uniformidad ha desplazado a la individualidad, tanto en las herramientas del juego como en la forma de jugarlo». Mientras un cierto grado de uniformidad fue una indudable consecuencia, tanto los jugadores como los fabricantes lo hicieron lo mejor posible para poner en duda las observaciones de

Fuerza dominante
No importaba qué tipo de varillas utilizara Bobby Jones. A pesar de la amplia legalización de las varillas de acero, utilizó su juego de madera para ganar el Campeonato Amateur y el Open tanto en Gran Bretaña como en Estados Unidos en 1930.

El primer Master
Horton Smith (izquierda) fue un claro ejemplo en el uso de los palos de acero; con ello logró innumerables títulos: ganó dos veces el Masters Americano, y se declaró vencedor en el torneo inaugural en 1934.

Darwin, lo que se consiguió mediante la combinación de estilos o mediante la experimentación con palos de golf.

PALOS NUEVOS

Quizá una de las innovaciones más importantes fue la invención del sand wedge en 1930, atribuido al legendario jugador americano Gene Sarazen, ganador de siete grandes durante los años veinte y treinta. La fabricación del palo con cara inclinada y con un borde más ancho en la base para ayudar a pasar el palo sobre la arena en vez de excavar en ella disipó en parte la amenaza que suponían los búnkers y contribuyó a mejorar los golpes efectuados alrededor de green.

Aunque la legalización de las varillas de acero fue probablemente la última fita que tuvo un efecto significativo en la forma de jugar al golf, esto no frenó a los fabricantes a la hora de sugerir toda una serie de supuestas revelaciones. El hecho es que, debido a todas las restricciones en cuanto a lo que se podía o no utilizar, la mayoría de las ideas no fueron más que reinvenciones. El acero continúa siendo el material más popular para la fabricación de varillas. Pero con la llegada y el desarrollo de la fibra de carbono, que ahora empieza a hacer notar su dominio, tecnológicamente hablando, ocurre lo mismo que sucedió con el acero frente a la madera a lo largo de los años veinte.

Las «maderas» de grafito han tomado el relevo a las de persimmon o laminadas que, en los años ochenta, se consideraron el mejor invento que conocía el golf desde hacía años; dejando de lado aquel driver de cabeza metálica que venía usándose desde hacía noventa años.

Una significativa modificación fue el desarrollo del diseño de la cabeza del palo (tanto para las maderas como para los hierros). Ésta ayudó a repartir el peso alrededor del perímetro de la cabeza, en vez de hacerlo de forma horizontal, ayudando con ello a compensar, al menos en cierta medida, el resultado de un golpe descentrado.

No obstante, a pesar del desarrollo del material de golf, el incremento continuo de la popularidad de este juego se debe a los grandes jugadores que se convirtieron en héroes internacionales,

La vieja escuela
Mundialmente reconocido como el mejor jugador que nunca ganó el Open Británico, Abe Mitchell sufrió más que nadie la introducción de las varillas de acero, ya que vio reducida su habilidad para dar efecto a la bola.

haciendo del juego un gran atractivo. Hay miles de golfistas que creen que pueden «comprar» un mejor juego mediante la adquisición de unos palos nuevos en la tienda de su club, pero existen otros con mayor sentido común que observan a los grandes jugadores para inspirarse.

EL AUGE DE LA POSGUERRA

Después de la Segunda Guerra Mundial, el golf entró en una nueva fase. La televisión fue la clave de su expansión, tal y como lo ha sido para otras formas de vida. El juego empezó a gozar de una

Tiendas especializadas
Con las demostraciones que realizaban algunos líderes del golf lo que se intentaba era satisfacer a un público sediento de conocimientos durante gran parte del siglo xx, tal como ampliamente lo demuestra J. H. Taylor (centro) en Harrods en 1914.

Maderas antiguas y nuevas
Las maderas con cabeza de metal se han usado durante más de un siglo. Mientras que el diseño básico casi no ha cambiado, las varillas son ahora de acero o grafito, junto con el acero que reemplaza las cabezas de aluminio.

Driver de madera de nogal americano con cabeza de aluminio, 1890

Driver de acero, 1990

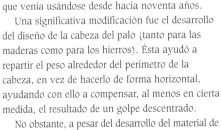

mayor audiencia, y los golfistas se sintieron capaces de estudiar el swing de los mejores jugadores desde sus casas de una forma que nunca hubieran podido imaginar. Los torneos televisados captaron una gran audiencia en Estados Unidos; gracias al alcance de la televisión se hicieron aún más populares los tres grandes jugadores americanos; tres jugadores que a su vez influyeron en todos los aspectos del juego.

HOGAN «EL HÉROE»

Aunque Ben Hogan se hizo profesional a principios de 1931, y comenzó a dominar la lista de ganancias del Tour Americano desde 1940, fue realmente después de la guerra cuando su influencia en el juego se hizo sentir. En 1948, Hogan, apodado «El Halcón» por su cara de póquer y su severa actitud, a sus 36 años y apenas en los albores de su juventud, se convirtió indiscutible-mente en el jugador más fino del mundo. Practicaba hora tras hora, siempre con su gorra blanca que le caracterizaba. Golpeaba la bola con un timing y una precisión que asombraba y dejaba sin palabras a los más expertos comentaristas.

Cada golpe de Hogan producía un ruido característico e inconfundible. «El Halcón» se convirtió en un héroe nacional. El 2 de febrero de 1949, Hogan sufrió un grave accidente automovilístico al chocar contra un autobús en Texas. Las primeras noticias lo daban por muerto, pero Hogan, el valiente guerrero, sobrevivió. Aprendió a caminar otra vez y, por consiguiente, también tuvo que volver a aprender a jugar al golf. De forma increíble, mediante una completa reconstrucción técnica, Hogan volvió a dominar el golf a comienzos de 1950. Su hazaña más

La perfección a través de la práctica
Pocos golfistas se han dedicado a entrenar tanto en el campo de prácticas como Ben Hogan.

espectacular fue ganar en 1953 los tres Grandes. La victoria en Carnoustie constituyó su primer y único título en el Open Británico y transmitió su terrible poder a la multitud que lo veía por la televisión; la consumada perfección de su juego y su determinación de ganar fueron una inspiración.

EL FENÓMENO PALMER

La popularidad que ostenta el golf hoy en día se debe probablemente más a la influencia de Arnold Palmer que a la de ningún otro en la historia de este juego. Gracias a su swing de espadachín, seguido de un entusiasmo por cualquier cosa relacionada con el golf, su carismática personalidad y un abogado americano llamado Mark McCormack, encumbraron a este profesional, animando así a miles de nuevos aficionados a pisar un campo de golf por primera vez.

Tras la llegada de Arnold Palmer, los partidos del domingo por la mañana dejaron de ser mera rutina para millones de golfistas. Su característico estilo de ejecutar el putt juntando las dos rodillas dio paso a una generación de golfistas afines a su estilo con curiosas formas de pasar el palo una vez golpeada la bola –inspirados en el próspero finish desarrollado por Palmer como antídoto al hook (bola golpeada con efecto hacia la izquierda).

El hábito
Bob Charles confundió a los sabios que proclamaban que un zurdo nunca podría adjudicarse un Grande, al ganar en 1963 el Open Británico en el Royal Lytham and St. Annes. El neozelandés continuó su racha y se convirtió en uno de los jugadores que más dinero ha ganado en el Tour Americano de Seniors.

El hombre del sand
Gene Sarazen (centro) ganador de tres Grandes a los 21 años, pasó nueve en baja forma antes –y con la ayuda de su novedoso sand wedge– de ganar el Open Británico y el Open Americano en 1932.

La inspiración

Es un hecho que nadie como Arnold Palmer ha incitado más a la gente a jugar y a seguir el golf. Asimismo, fue su entusiasmo por el Open Británico lo que ayudó a restablecer este campeonato como el torneo más importante de golf.

Pero lo que Palmer sobre todo aportó al juego fue entusiasmo. Dejó a un lado los decoros en favor de la pasión por el golf. «Si puedes verlo, caerás en él», ésta era su filosofía, e indiscutiblemente así lo hizo. Era un caballero golfista de brillante armadura, que dirigía sus legiones, denominadas «los ejércitos de Arnie», y desde entonces nadie ha sentido un amor tan profundo por este juego como el que él demostró.

En su libro *My Game and Yours*, Palmer mantiene que «el golf es más fácil de lo que piensas». Él proclamaba que muchas personas que escriben sobre el golf, incluidos los profesores, habían inducido a demasiadas complejidades. «Hemos olvidado que este juego empezó cuando un pastor escocés, que nunca en su vida había recibido una lección de golf, pudo golpear una piedra y la lanzó a una asombrosa distancia sólo con un ligero golpe dado con su cayado de pastor.»

EL DESEO DE GANAR

Si fue Palmer el que consiguió que el golf se popularizara entre las masas, fue Jack Nicklaus quien lo elevó a otro plano. Este profesional americano dominó el golf durante un cuarto de siglo con una versión del juego mucho más contrastada que la de Arnold Palmer. Gracias a una profunda concentración, una estrecha y clara determinación, una filosofía de juego basada en los porcentajes en vez de en las apuestas, Jack Nicklaus elevó el golf al nivel más alto que este juego había conocido.

A pesar de su austera y fuerte complexión en sus años de formación, Jack Nicklaus se convirtió en 1970 en el epítome del jugador relajado. Lo más relevante fue ser el número uno mundial, debido en parte a su immensa fuerza física y a su decidida voluntad de triunfar.

EL PERFECCIONAMIENTO A TRAVÉS DE LA PRÁCTICA

Nicklaus pasó incontables horas fuera del campo perfeccionando su juego, ya que tenía que trabajar duro para compensar el reducido tamaño de sus manos y dedos. Como resultado se convirtió en uno de los pocos grandes campeones que empleó el grip interlocking (*véase* página 69). Pero además de tener fuerza y talento, características que le hicieron ser el mejor jugador de la era moderna, parte de su éxito se lo debió tambien a Jack Grout, un profesional de Florida.

Grout fue el único profesor que tuvo Nicklaus; le inculcó los valores del «fair play» y el espíritu deportivo que han figurado siempre en el corazón del golf. La mejor muestra de esto ocurrió cuando Nicklaus concedió un putt de un metro a Tony Jacklin en la Ryder Cup de 1969 en el Royal Birkdale, permitiendo de este modo que sus oponentes empataran el campeonato.

El «oso dorado»

Uno de los mejores jugadores de todos los tiempos, Jack Nicklaus, en la ceremonia de presentación del Open Británico, causó gran expectación tanto dentro como fuera del campo de golf.

Nadie, a excepción quizá de Hogan y Cotton, practicó tanto como Nicklaus en sus años de formación. Al hacerlo, el americano ayudó a disipar la idea que durante mucho tiempo prevaleció en Europa, de que entrenar estaba mal visto. En los comienzos del juego, y particularmente en Gran Bretaña, la práctica se miraba con malos ojos, como si se tratara de un comportamiento poco deportivo y casi como una trampa. Por esta razón, sólo algunos de los antiguos y tradicionales campos donde se jugaban torneos, cuentan con medios propiamente dichos para practicar. El campo y el hábito de practicar son un fenómeno relativamente moderno, cuya popularidad se debe, en gran medida, a los deseos de Jack Nicklaus.

El espíritu del golf europeo, y en particular el británico, decayó ostensiblemente tras la época gloriosa de Henry Cotton. Incluso cuando la élite de los talentos americanos prefirieron no cruzar el Atlántico, los jugadores sudafricanos y los australianos, llenos de ambición, quisieron llenar el vacío que éstos dejaron y tomar las riendas del Open Británico.

Pero más penoso resultó para los tradicionalistas el triunfo logrado por Bob Charles al ganar en 1963 el Open Británico –un neozelandés que además era el primer zurdo en declararse vencedor en uno de los Grandes. Sin embargo, el primer atisbo de cambio de poder se vislumbró en 1969.

EL RESURGIMIENTO EUROPEO

La victoria de Tony Jacklin en el Open Británico en el Royal Lytham and St. Annes rompió el dominio extranjero y prometió mucho a un público sediento de éxito. El momento fue inmortalizado once meses más tarde, cuando se convirtió en el primer inglés que ganaba en 50 años el Open Americano en Hazeltine. El éxito de Jacklin impulsó a muchos jóvenes a iniciarse en el juego, y, a pesar de no repetir sus éxitos, él aún estaba capacitado para desempeñar el mejor papel en el desarrollo del golf europeo –aunque esto ocurriera una década después y con la pequeña ayuda de otros.

Seve Ballesteros y Bernhard Langer

demostraron al poco tiempo que el golf volvía a resurgir en Europa, fuera de las islas británicas; pero fueron sus hazañas las que, bajo la guía e influencia de Jacklin, lograron que hubiera un cambio de poder en el golf.

DE VUELTA AL CAMPO

Con Jacklin como capitán no jugador e inspirador, Ballesteros y Langer junto con Nick Faldo, Sandy Lyle y Sam Torrance formaron un equipo que logró arrebatar el control de la Ryder Cup que ostentaba Estados Unidos desde 1985 –el triunfo se repitió dos años más tarde en tierra americana. Este éxito constituyó el factor principal en el resurgimiento masivo por el interés en el golf en Gran Bretaña y en el resto de Europa.

Existe una pequeña duda sobre si la contribución de Jacklin a elevar la popularidad del golf estaba relacionada con la vuelta a casa de un gran número de títulos. La inspiración por aprender y mejorar en golf permanece en la actualidad muy arraigada como si hubiera sido siempre así, gracias al carisma y al valiente enfoque de Ballesteros y a la dedicación de Faldo.

Formas de actuación
Dos hombres que, con trayectorias diferentes, han ayudado a toda una nueva generación. El español Severiano Ballesteros, con su talento vivo y explosivo, estuvo en primera línea en el resurgimiento de los europeos a finales de los setenta, mientras que el inglés Nick Faldo (derecha) demostró que el trabajo duro y una dedicación singular pueden convertir a un gran jugador en potencia en una realidad.

El rompedor de moldes
Pocos han hecho tanto para inspirar y revitalizar el golf europeo como Tony Jacklin. Campeón del Open Británico en 1969, se convirtió en el primer británico, desde Ted Ray en 1920, en ganar el Open Americano al año siguiente, antes de reaparecer como capitán europeo tras el triunfo obtenido en la Ryder Cup de 1985.

Las primeras variedades

En 1910 hubo una invasión de libros dedicados a la enseñanza del golf, de la cual los jugadores podían elegir y aprender.

Indicar el camino

POCOS DEPORTES HAY que despierten tal pasión por aprender como el golf. Desde los primeros escritos del siglo XIX, elaborados por unos caballeros golfistas, el mercado de la enseñanza del golf ha florecido hasta tal punto que hoy en día no existe prácticamente ningún aspecto sin estudiar. Aquí, examinaremos algunas de las formas –buenas, malas e indiferentes– a través de las cuales el fantasma de la enseñanza del golf se ha extendido por todo el mundo.

Fue en 1848, con la llegada de la bola gutapercha, cuando los golfistas realmente empezaron a necesitar profesores, asistencia y material instructivo. De repente surgió una oleada de nuevos jugadores ansiosos por aprender, pero carentes de infraestructura para la enseñanza. Muchos de ellos tuvieron que esperar hasta nueve años o más tras la llegada de la bola guttie, un libro únicamente dedicado al golf y a cómo jugarlo. El *Golfer's Manual* (*Manual del Golfista*), publicado en 1857 con el seudónimo de «La mano del rey», fue escrito por un golfista escocés llamado Henry B. Farnie. Éste dividió a los jugadores en dos categorías distintas basándose en lo físico y en lo atlético: «Golfistas ágiles y golfistas no ágiles». El libro vendió muy

Libros

Las correcciones e incorrecciones del swing se han recordado durante más de sesenta años, tal y como lo ilustra este libro de 1930.

bien la historia, pero esto no era lo importante; lo remarcable consistió en que el trabajo de este pionero en la enseñanza escrita fue el comienzo de una floreciente literatura sobre el golf y sobre cómo jugarlo.

Algunos trabajos significativos sobre este deporte a finales del siglo XIX que podrían citarse son: *Golf: A Royal and Ancient Game*, de Robert Clark (publicado en 1875); *The Art of Golf,* de sir Walter Simpson (1877); *Reminiscences of Golf on St. Andrews' Links*, de James Balfour (1887); y *Golfing,* de Robert Chambers (1887).

LA EXPANSIÓN DE LA PALABRA

Las publicaciones de golf empezaron a tener éxito, y la primera revista exclusivamente dedicada al golf apareció en 1899. *Golf Illustrated*, publicada en Gran Bretaña, ofrecía a sus lectores noticias semanales y apuntes sobre cómo jugar. *Golf Weekly Illustrated,* que sigue publicándose actualmente, era la revista que servía de materia prima para aquellos jugadores que buscaban instrucciones concretas, hasta que apareció en 1911 la revista *Golf Monthly*.

En 1890, el primer libro ampliamente dedicado al golf fue publicado por la librería Badminton, que era en aquel entonces la única dedicada a deportes de

Consejos estelares

Desde 1889, revistas como Golf Illustrated *facilitaban al golfista consejos brindados por los profesionales para mejorar en este deporte.*

serie. El director era Horatio (Horace) Gordon Hutchinson, que también destacó como un gran jugador de su época (dos veces campeón del Amateur Inglés) y como uno de los más prolíficos y autoritarios escritores de golf. Entre sus muchos títulos destacamos: *Famous Golf Links* (1890); *The Golfing Pilgrim* (1898); *The Book of Golf and Golfers* (1899); y *Fifty Years of Golf* (1919).

El volumen llamado *Golf* de la librería Badminton, también editado por Horace Gordon, fue una notable publicación de gran nivel. Por aquel entonces, se dieron otras contribuciones de eminentes jugadores tales como el Honorable A. J. Balfour, diputado del Parlamento, Andrew Laing, y el Comandante en Jefe de Sanidad Everard, y el libro escrito por Hutchinson en el que incluía un capítulo titulado: «¡Ánimos para los jugadores de críquet que se inician en el golf!».

Folletos didácticos
Como en muchos deportes, el golf dedicó unos folletos en series coleccionables a la enseñanza de las técnicas de las estrellas del momento.

LA TEORÍA CONVERTIDA EN PRÁCTICA

A pesar de que algunos de los libros de golf más famosos fueron elaborados por profesionales de primera línea, tales como Tommy Armour y Bobby Jones, la encomienda de escribir sobre este juego hasta que finalizó el siglo estaba en manos de jugadores amateurs, caballeros literatos de dialéctica fluida. Sin embargo, uno de los primeros profesionales en romper el molde fue el doble campeón del Open Británico Willie Park Jr., con su

La prosa del profesional
Ganador de tres Grandes en los años treinta, el escocés Tommy Armour continuó escribiendo una de las más populares guías instructivas: Play your best Golf all the Time.

libro *The Game of Golf*, publicado en 1896. Park, quien dijo que «un hombre que emboca putts tiene el match ganado», se esforzó por simplificar el tema al escribir *The Art of Putting* en 1920.

El Gran Triunvirato (*véase* página 16) no tardó en tomarle el relevo, con James Braid, J. H. Taylor y Harry Vardon, al suministrar una serie de publicaciones instructivas a comienzos de 1900. Lo que ocurrió fue que a los profesionales líderes de ese momento les llamaron deportistas. Esto se reflejó en una serie de panfletos en los que demostraban la ejecución de varios golpes.

EL LANZAMIENTO AMERICANO

En Estados Unidos, el primer libro de golf apareció en 1895 –justo siete años después de la fundación del primer club de golf, el St. Andrews, en Yonkers, Nueva York. El libro *Golf in America*: *A Practical Guide*, incluía un prefacio cuyo autor, James P. Lee, comentaba: «Se ha incluido un nuevo juego en la lista de nuestros deportes al aire libre». Éste fue un libro de carácter elemental en el que Lee comentaba: «No existe apuesta alguna para completar un hoyo en menos tiempo que tu oponente». Los americanos no tardaron

Superventas
Después de abandonar el juego en 1930, el legendario Bobby Jones escribió una serie de libros sobre el golf con gran éxito.

Familiarizarse con el swing
Siguiendo la invención de los simuladores de swing, cualquiera puede experimentar exactamente lo que se siente al hacer el swing correctamente, con sólo conducir el palo alrededor de una serie de tubos que simulan el arco del swing.

mucho tiempo en coger el golf y su anhelo por jugarlo y llevarlo al corazón de su cultura deportista.

GOLPES Y FALLOS A TRAVÉS DE LA CÁMARA

Tanto el desarrollo del juego profesional en Estados Unidos como la popularidad del golf, extendida por todo el continente, ocasionaron un incremento en la demanda de libros instructivos y de «primeros auxilios» para mejorar el juego. La eficacia de la fotografía fue rápidamente reconocida, ya que aportaba mucho al proceso instructivo, incluso cuando, al principio, sus limitaciones resultaban evidentes.

No obstante, la incompatibilidad de la rapidez del swing con la lentitud de la película no frenó el uso de la cámara fotográfica. En *Easier Golf*, publicado en 1924, Jack White, ganador del Open Británico en 1904, empleó fotografías para dar a conocer su técnica. Las imágenes de White en estas fotografías rozaban lo cómico porque, cuando el fotógrafo lograba captar la acción, el palo desaparecía de la imagen debido a la lentitud de la película.

Otro ejemplo de las limitaciones de la fotografía de aquella época lo constituye *Picture Analysis of Golf Strokes*, escrito por Jim Barnes, uno de los pocos jugadores que ganó el Open Británico y el Americano. A pesar de todo, existían excepciones, como *Essentials of Golf*, de Abe Mitchell. Las primeras publicaciones de 1927 mostraron grandes

avances, aunque a finales de 1940 los problemas seguían siendo todavía palpables, tal y como lo demuestra ampliamente el excelente libro de Byron Nelson titulado *Winning Golf*.

CALIDAD EN VEZ DE CANTIDAD

A lo largo de muchas décadas se han publicado cientos y cientos de libros instructivos. Desafortunadamente, muchos de ellos estaban inspirados más en el deseo de capitalizar un nombre o un acontecimiento que en realizar una aportación útil para la propagación del mundo de la enseñanza. Aunque claro está, también es cierto que se dieron notables excepciones.

La guía de Tommy Armour *How to Play your best Golf all the Time*, publicada por primera vez en 1954, siguió imprimiéndose cuarenta años después. *The Modern Fundamentals of Golf* (1957), de Ben Hogan, fue uno de los primeros libros en utilizar ilustraciones de primera calidad en vez de fotografías, formato que a partir de entonces se repitió incontables veces.

Desde el día en que Bobby Jones dejó de jugar al golf, se dedicó a suministrar artículos para muchas revistas de Estados Unidos. Toda su sabiduría se recogió finalmente en el libro *Bobby Jones on Golf*, y en él reveló el genio que llevaba dentro. Más recientemente *Harvey Penick's Little Red Golf Book* se ha presentado como uno de los libros de

Profundizar en el swing
Este ejemplo de swing analizado de los años treinta apareció en una de las primeras guías que utilizaban en aquel entonces los golfistas potenciales.

golf más famosos y vendidos; en él queda reflejado de una forma categórica más de medio siglo sobre la enseñanza de golf.

FUERA DE PÁGINA

El intento por comunicar las hazañas de golf nunca ha estado confinado a unas cuantas páginas escritas. El deslizarse por el interior de una inagotable vena a través de la historia, en busca de la mejor forma de jugar al golf, ha sido el cauce para llegar a encontrar «el secreto»: aquella especie de andadura o llave que sirve para abrir la puerta del éxito en el golf.

El mejor camino para hallar ese secreto fue, para algunos, la invención de un fantástico aparato. Alrededor de los años treinta, se introdujo una complicada maquinaria diseñada para simular el swing perfecto, con la cual el alumno podía aprenderlo, asimilarlo y desarrollarlo. Por desgracia, no dio como resultado todo lo que se esperaba, porque para algunos, en vez de ayudarles a mejorar, lo que les ocasionó fue una confusión y desorientación mayor de la que ya poseían, viéndose frenados en la tentativa de bajar sus hándicaps.

Una vez, a Henry Cotton se le ocurrió crear remedios caseros para solucionar ciertos problemas de swing; vendó con un forro de plomo un viejo driver creando así un palo pesado que se utilizaría como remedio para la pérdida de solidez en el swing; creó una varilla retorcida para producir una fuerza rotatoria veinte veces mayor que la de un hierro 6 normal; modeló un mango para favorecer el grip perfecto. Al mismo tiempo,

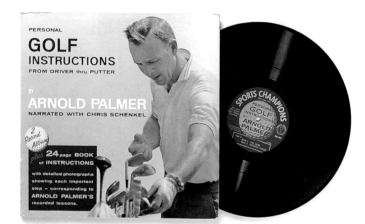

los fabricantes se percataron del potencial que existía en la industria de la enseñanza, y lo mismo ocurrió con los productores de películas. Un año después de su retirada de la competición, Bobby Jones, tras su famoso Grand Slam de 1930, firmó un contrato con la Warner Brothers para filmar una serie de 18 cortometrajes sobre cómo jugar al golf.

Los doce primeros, titulados *How I play Golf*, seguidos de otros seis, llamados *How to Break Ninety*, se rodaron en Flintridge Country Club y en el club de golf de Lakeside en Los Ángeles, y en ellos aparecían algunas estrellas de Hollywood. Estas películas contribuyeron a acrecentar la revenerada posición de Jones ante los ojos del público golfista americano.

En 1938, Henry Cotton, el líder del momento, también hizo lo mismo: reveló alguno de sus trucos en público desde los estudios de grabación. Gracias a ello, el golf entró por primera vez en los hogares y motivó a mucha gente que ni siquiera había visto un palo de golf en toda su vida.

Sin embargo, de mayor trascendencia fue el desarrollo de la película de alta velocidad. La habilidad para proporcionar un análisis de los swings de los mejores jugadores a cámara lenta dio una nueva dimensión a la enseñanza del golf. Por

El espectáculo hablado
La inmensa popularidad de Arnold Palmer a principios de 1960 le llevó a transferir su ingenio al vinilo en forma de un doble LP.

Cursillo escolar
Fn 1938 Henry Cotton actuó para una audiencia muy interesada en el golf, en un espectáculo en el que se combinaban charlas, swings, sus defectos y sus dilemas.

A la caza de los golpes
Aquellos que tuvieron la suerte de acceder a un proyector pudieron ver las instructivas películas de los mejores jugadores: Tommy Armour y Bobby Jones.

primera vez era posible ver lo que realmente ocurría durante la ejecución del swing, en vez de imaginar lo que había pasado.

A partir de ese momento, los métodos habituales empleados por los mejores jugadores se podían analizar con total precisión y, de este modo, los profesores lo transmitirían con mayor facilidad.

Uno de los más veteranos en esta forma de enseñanza fue el británico Bernard Cooke, quien, empleando su extenso archivo de películas, en las que se encontraban secuencias de Harry Vardon, Bobby Jones, Ben Hogan, Lee Treviño, Jack Nicklaus y Seve Ballesteros, fue capaz de demostrar, a primera vista, una amplia gama de conocimientos y técnicas jamás soñadas.

Los padres saben más
Al igual que la estrella escocesa de la Ryder Cup, Sam Torrance, su padre, Bob Torrance (de rodillas), también aconseja a algunos de los profesionales europeos de primera fila, incluidos Sandy Lyle e Ian Woosnam.

OBSERVAR, ESCUCHAR Y APRENDER

El golf se ha convertido realmente en una empresa multimedia con muy pocas áreas que aún la enseñanza no haya descifrado. Jack Nicklaus grabó sus pensamientos sobre el swing en una casete y Arnold Palmer produjo un doble LP en los años sesenta.

Con la llegada de la película, la enseñanza del golf entró en una nueva dimensión. Pero con la aparición del vídeo, todo se revolucionó. La cámara de vídeo es un espía infalible que no miente. Las cintas permiten al instructor mostrar al alumno cómo tiene que hacer el swing y luego compararlo con el que él realiza. Las sesiones de aprendizaje resultan más fáciles, y los alumnos tienen una valiosísima referencia que pueden llevarse a casa y sobre la que trabajar antes de enfrentarse con el golpe en el campo de prácticas.

El profesor inglés
John Jacobs (izquierda), además de instruir a los profesionales de primera fila, también enseña y ayuda a muchos jóvenes a abrir campos de prácticas y escuelas de golf en Gran Bretaña.

MÁS ALLÁ DE LAS CINTAS

Hoy en día son pocos los profesores que no utilizan el vídeo en sus clases, por lo que se ha desarrollado una nueva industria de la enseñanza a través del vídeo. Con ella ha aparecido una amplia gama de vídeos realizados por jugadores y profesores. Estas cintas explican incluso las reglas de golf y las normas de etiqueta.

El vídeo, de hecho, es sólo el comienzo. El desarrollo de toda la tecnología afecta también a todos los deportes de acción, y lo que impera en este momento es, sin lugar a dudas, la tecnología por ordenador. Al hacer uso de ella, los jugadores pueden transferir su swing a un ordenador, verlo en tres dimensiones y reconstruirlo desde cualquier ángulo tantas veces como se quiera, ayudando al jugador a visualizar cualquier punto débil del mismo.

LA ACADEMIA DEL GOLF

En la actualidad, parte de esta tecnología está totalmente integrada dentro de la escuela de golf. Hasta no hace mucho, el montaje de un campo de prácticas de primera categoría constituía el primer objetivo de los clubes para ayudar a mejorar el juego de sus socios; sin embargo, ahora, una buena área de prácticas es considerada condición indispensable. El turno es ahora de las academias de golf en las que se ofrece, no sólo una extensa gama de facilidades para practicar, sino también la más moderna tecnología aplicada a la enseñanza –y un equipo de instructores entrenados para hacer el mejor uso de ambas. Para muchos que se incorporan al juego por primera vez es como si se tratara de «la vuelta al colegio», ya que de él sólo saben un poco de teoría, teniendo en cuenta que jamás han tenido un palo de golf en sus manos.

La academia de golf es el sucesor natural de la escuela de golf, establecida hacía ya mucho tiempo, cuyo concepto fue introducido en su día por el conocidísimo y eminente profesor John Jacobs. Capitán de la Ryder Cup en una ocasión, a Jacobs siempre se le ha considerado como el profesor más respetado de todos los tiempos, y con sus inestimables enseñanzas ha ayudado a solventar los problemas de muchos amateurs y profesionales en todo el mundo.

La demanda de creación de escuelas sigue en aumento, y ahora con más ímpetu que nunca. Un antiguo alumno de Jacobs, un profesional escocés llamado Peter Ballingall, que reside en Barnham Broom Golf and Country Club, en Norfolk, Inglaterra, promocionó además numerosas escuelas de golf para alumnos de todo tipo por el mundo entero.

EL RESURGIR DE LOS GURÚS

Hay, sin embargo, otro nivel de enseñanza. Uno al que, de hecho, sólo unos pocos elegidos tienen el privilegio de acceder. Dentro de este círculo existen unas misteriosas figuras que se han convertido en verdaderos gurús de golf. Ellos son los profesores, consejeros e incluso amigos íntimos sin los cuales muchos de los grandes jugadores serían aparentemente incapaces de competir. Algunos de ellos han sido grandes jugadores tales como Bob Tosky y Byron Nelson, quienes han contribuido en gran medida al éxito de Tom Watson. Jack Grout es

el único profesor que tuvo Jack Nicklaus, mientras que Ben Crenshaw y Tom Kite han recibido la influencia de Harvey Penick.

Muchas de las estrellas europeas actuales defienden la necesidad de contar con un tutor. Bob Torrance, famoso tutor escocés, ha sido la inspiración de muchas estrellas del Tour Europeo, incluido Ian Woosnam. Incluso Seve Ballesteros ha reconocido la necesidad de tener un consejero (el americano Mac O'Grady lo fue durante algún tiempo) para ayudar a refinar al genio vacilante. Sin embargo, ha sido el experto de Zimbabwe, David Leadbetter, quien más que nadie ha creado la imagen del gurú del golf moderno.

EL NIVEL MÁS ALTO

La labor de Leadbetter realizada en su amigo Nick Faldo a lo largo de muchos años, durante los cuales este inglés ha llegado a lo más alto de la cima dentro del ránking mundial, le ha convertido, sin duda alguna, en el más eminente de los profesores de golf. Recientemente, ha empezado a moverse por todos los ámbitos de la enseñanza del golf. Academias en ambos lados del Atlántico, ayudas en la línea del swing y del putt, los mejores libros y vídeos realizados por Leadbetter, han hecho que su nombre se convierta en sinónimo de éxito al más alto nivel.

Claro está que sólo unos pocos tenemos la suerte de disponer del tiempo y el dinero para elevar nuestro juego al alto nivel de perfección alcanzada por Faldo y los de su clase, pero el hecho es que los mejores jugadores reconocen de modo unánime que aprender es una continua necesidad para llegar y mantenerse en lo alto, y esto en sí ya es una lección. La enseñanza que proviene de las personas idóneas puede ayudarnos en nuestra búsqueda de la perfección.

El catedrático
David Leadbetter (izquierda) ha ayudado a modificar el juego de muchas de las estrellas actuales, tales como Severiano Ballesteros (derecha). El entrenador-gurú de dos de los mejores jugadores del mundo, Nick Faldo y Nick Price, oriundo de Zimbabwe, es el que más fama tiene dentro del mundillo de la enseñanza, al mostrar sus secretos en una serie de vídeos instructivos.

El maestro de Texas
Harvey Penick (centro) aconsejó a algunos de los mejores jugadores del mundo, tales como Tom Kite (izquierda) y Ben Crenshaw (derecha). Crenshaw ganó el Masters Americano en 1995, justo una semana después de la muerte de Penick.

Golf por ordenador
La alta tecnología desarrollada y empleada por compañías americanas como Biovision significa que los golfistas –desde los más humildes hasta los más grandes– pueden visualizar su juego, analizado por secuencias, para así perfeccionar su técnica.

CAPÍTULO DOS

LISTO
para
JUGAR

*Todos los jugadores
necesitan estar bien
equipados antes de salir
al campo*

UNA TIENDA MODERNA *de golf es como
una cueva de Aladino en la que se puede
encontrar todo tipo de equipos y accesorios.
Entrar en una de ellas es adentrarse en
un mundo plagado de chucherías y
parafernalias –todas ellas diseñadas para
conferir un poco de encanto al juego y a
la apariencia del golfista entusiasta. La
elección de un equipo no se limita
simplemente al acto de coger unos palos
y unos accesorios del mostrador; en realidad, hay muchos
otros factores que se deben tener en cuenta. En este capítulo
pretendemos dar a conocer el criterio que debe prevalecer
a la hora de comprar y
mantener el equipo de golf.*

Cuando llueve (izquierda)
*Los golfistas modernos necesitan
estar preparados para cualquier
eventualidad que se pueda dar
en el campo, tal y como lo
muestran Ian Woosnam
(derecha) y su caddie,
Wobbly, que
rápidamente se
protegieron de la lluvia que
caía el primer día del Masters
de Augusta de 1995.*

*La mayoría de las tiendas de los
profesionales están provistas de putters
de todo tipo, tamaño y diseño*

Sacar el máximo partido a los palos

ADQUIRIR Y CUIDAR el equipo adecuado es casi tan vital como el propio swing. Muchos jugadores consiguen bajar su hándicap con palos de golf mal adaptados a sus necesidades. Hay que seguir una serie de pautas tanto para comprar como para sacar el máximo rendimiento del equipo.

La madera sueca
La madera extralarga «todas en una» de Jarmo Sandelin ofrece la posibilidad de llevar en su bolsa varios wedges.

D esde finales de 1930, las Reglas de Golf han limitado a catorce el número de palos que un jugador puede llevar en su bolsa. Por debajo de este número, la selección del material es una decisión personal.

Un juego básico de palos de golf consta de: tres maderas (generalmente driver, madera 3 y madera 5), nueve hierros (desde el 3 hasta el 9), un pitching wedge, un sand wedge y un putter. Todo lo enumerado suma trece palos, con lo cual tenemos un pequeño margen que podemos completar añadiendo una madera más o un hierro más cerrado.

Pero hoy en día no es cuestión sólo de pegarle mucho y recto al driver desde el tee, o con una madera o hierro desde la calle, o de ejecutar un golpe de precisión con un wedge alrededor de green, sino que el golf se ha complicado bastante debido a la fabricación de distintas maderas, hierros, wedges,

Las herramientas del golf
Los palos de golf generalmente se dividen en cuatro categorías: maderas, hierros, wedges y putters. Mientras pueda elegir la composición y el diseño de la varilla, nadie excepto usted podrá decidir con qué tipo de palo se sentirá más cómodo y con cuál no. En un juego de palos, puede estar cómodo con los hierros largos pero no con su wedge, por lo que tendrá que comprarse otro.

putters, varillas y cabezas que dan lugar a un infinito abanico de combinaciones.

DRIVERS Y MADERAS

La utilidad de la madera ha sido tomada en cuenta por un gran número de jugadores de hándicap alto. Hablamos de maderas de cara grande, ideales para los golpes de salida, en calle e incluso en rough; son más fáciles de jugar que un hierro largo, que es tradicionalmente el palo que más le cuesta jugar al hándicap alto.

Las maderas de cabeza grande (oversize) están hechas de acero o grafito y más recientemente de titanio. Las tradicionales, de cabeza de madera, se han vuelto obsoletas. Las ventajas de una madera metálica oversize están dirigidas a facilitar el juego.

Número de maderas
El set de maderas normalmente se compone de un driver, una madera 3 y una madera 5, aunque la madera 7 comienza a ganar popularidad. Las maderas 2, 4 y 6 se fabricaban hace años, pero, en la actualidad, gracias a una menor variación en la inclinación de la cara, se ha conseguido que un juego moderno de cuatro maderas sea suficiente para cubrir todas las eventualidades que se presenten.

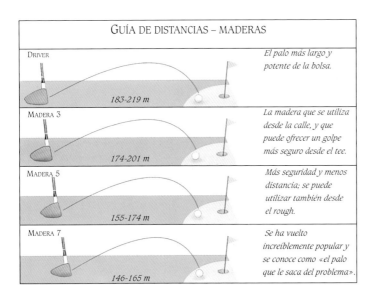

GUÍA DE DISTANCIAS – MADERAS

DRIVER	*El palo más largo y potente de la bolsa.*
183-219 m	
MADERA 3	*La madera que se utiliza desde la calle, y que puede ofrecer un golpe más seguro desde el tee.*
174-201 m	
MADERA 5	*Más seguridad y menos distancia; se puede utilizar también desde el rough.*
155-174 m	
MADERA 7	*Se ha vuelto increíblemente popular y se conoce como «el palo que le saca del problema».*
146-165 m	

GUÍA BÁSICA PARA TOMAR MEDIDAS

Gran parte de la elección del juego de palos es una cuestión personal. No obstante, hay algunos aspectos que se deben tener en cuenta para establecer cuál es el palo idóneo para cada jugador.

El factor más crucial lo constituye el lie de la cabeza del palo. Éste es el ángulo que se forma entre la base de la cabeza del palo y la varilla cuando la cabeza reposa sobre el suelo; el ángulo debe ser correcto para lograr un stance y una postura natural. Si el lie es demasiado alto o elevado, se crea la tendencia de empujar todos los golpes hacia la izquierda, porque el talón del palo golpea primero el suelo. Un lie demasiado plano produce el efecto contrario.

La longitud de la varilla nunca debe variar más de 2,5 cm en relación con la altura del jugador, y un profesional debería adivinar rápidamente la longitud del palo requerida. Para tener un grip correcto, simplemente hay que seguir las instrucciones (derecha).

El lie de la cabeza del palo
La base de la cabeza del palo tiene que reposar totalmente apoyada sobre el suelo en la colocación.

El ángulo del lie

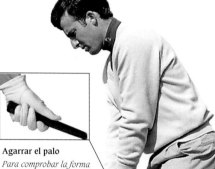

Agarrar el palo
Para comprobar la forma correcta de coger el grip, sostenga el palo de forma natural pero sólo con la mano izquierda. Los dos dedos centrales deben tocar la palma de la mano.

La longitud de la varilla se ajusta a la altura y colocación del jugador

Cabeza del palo

COMPROBAR EL LIE

Al fijar cinta adhesiva alrededor de la cabeza del palo, si golpeamos una docena de bolas, es posible saber si se golpea la bola en el punto dulce y si el lie del palo es correcto.

La bola dejará una marca en la cinta y ésta mostrará si se ha golpeado con el centro de la cabeza del palo.

Si la mayoría de marcas se hallan cerca del talón, el lie es demasiado vertical (y viceversa).

Tipos de drivers
La tecnología de la fibra de carbono tiene una gran influencia hoy en día en el diseño del driver. Las cabezas y sus caras pueden ser de grafito o en combinación con acero; los palos con varilla de grafito están de moda entre los profesionales del Tour. Escoja entre drivers de acero, grafito y madera, pero siempre aconsejado por su profesor.

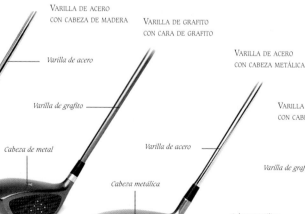

VARILLA DE ACERO CON CABEZA DE MADERA

VARILLA DE GRAFITO CON CARA DE GRAFITO

VARILLA DE ACERO CON CABEZA METÁLICA

VARILLA DE GRAFITO CON CABEZA METÁLICA

Varilla de acero

Varilla de grafito

Varilla de acero

Varilla de grafito

Cabeza de madera

Inserción de plástico para proteger la cara

Cabeza de metal

Cabeza metálica

Cabeza metálica

Cara de grafito

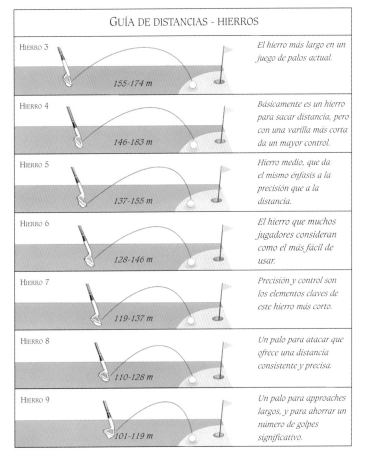

GUÍA DE DISTANCIAS - HIERROS

HIERRO 3	155-174 m	El hierro más largo en un juego de palos actual.
HIERRO 4	146-183 m	Básicamente es un hierro para sacar distancia, pero con una varilla más corta da un mayor control.
HIERRO 5	137-155 m	Hierro medio, que da el mismo énfasis a la precisión que a la distancia.
HIERRO 6	128-146 m	El hierro que muchos jugadores consideran como el más fácil de usar.
HIERRO 7	119-137 m	Precisión y control son los elementos claves de este hierro más corto.
HIERRO 8	110-128 m	Un palo para atacar que ofrece una distancia consistente y precisa.
HIERRO 9	101-119 m	Un palo para approaches largos, y para ahorrar un número de golpes significativo.

La distribución más repartida del peso en la cabeza del driver oversize proporciona una mayor área efectiva de impacto en la cara; es decir, un mayor «punto dulce». Esto significa que el palo será más permisivo. Un buen contacto ocasionará siempre un buen golpe, pero un contacto ligeramente descentrado también permitirá un golpe con un vuelo razonablemente correcto.

EN BUSCA DE LA VARILLA CORRECTA

Los avances en la tecnología de la fibra de carbono otorgan a los jugadores un mayor margen a la hora de seleccionar una varilla que se ajuste a sus necesidades. Conseguir los componentes adecuados para configurar un palo resulta tan importante como confeccionarse un traje a medida, al cual siempre se le pueden introducir mejoras.

Sería de locos escoger un juego de palos nuevo puramente por la estética o por haber dado sólo unos cuantos golpes de prueba. Uno puede sentirse cómodo con el palo en la demostración, y decidir adquirirlo, pero existen muchas posibilidades de que con algunos ajustes se pueda mejorar de modo considerable el juego del golfista. Después de todo, ¿cree usted que la gente se compraría un traje con los pantalones demasiado largos?

La varilla ideal está directamente relacionada con la velocidad y la potencia del swing. ¡Equivóquese y conseguirá que el juego le resulte mucho más difícil de lo que ya es! Una varilla demasiado rígida puede ocasionar que la cabeza del palo quede retrasada respecto a las manos en el impacto, lo que a su vez ocasionará que la bola salga empujada hacia la derecha. Una varilla muy flexible producirá el efecto opuesto: la bola se desviará hacia la izquierda.

¿Cómo decidiremos lo que nos conviene? Por regla general, un palo con varilla rígida es más adecuado para un swing veloz y poderoso, mientras que uno más débil requiere algo más de flexibilidad. Su profesor debería captar sus necesidades al observar su forma de golpear la bola y comprobar el lie de la cabeza del palo (véase página 33). Pero asegúrese de que su profesor justifica su elección –especialmente si implica un gasto extraordinario para usted. Si bien la mayoría de los jugadores aún utilizan varillas de acero, el cambio hacia el grafito está creciendo, particularmente entre aquellos que poseen un swing menos poderoso.

HIERROS CON CAVIDAD

Una vez escogida la varilla ideal, el siguiente paso consiste en elegir el tipo adecuado de cabeza de palo que la acompañará. Al igual que con las maderas, la técnica en los hierros se ha enfocado hacia la producción de cabezas oversize (de gran tamaño).

LAMINADO

CAVIDAD POSTERIOR

Cavidad *versus* lámina
Cada vez más y más jugadores se alejan del tradicional palo laminado y escogen el hierro con cavidad, cuyo peso se distribuye por su periferia.

Lleno de wedges
Reconocido por su poderoso juego largo más que alrededor de green, John Daly ha llegado a utilizar hasta cuatro wedges en una vuelta.

GUÍA DE DISTANCIAS – WEDGES		
PITCHING WEDGE 82-101 m		Disponible en una gama de lofts para golpes de hasta 101 m.
SAND WEDGE 73 m		Diseñado para jugar desde la arena, aunque también puede ser útil jugarlo desde la calle.

Desarrollo del wedge
El reciente desarrollo del wedge es similar a los avances realizados en las maderas. Palos con cualquier loft se pueden encontrar ahora con total facilidad, así como también con incrustaciones de grafito y bronce para mejorar el contacto entre el palo y la bola.

Incrustación de grafito

Incrustación de bronce

Esto se debe al desarrollo de los palos con cavidad en la parte posterior. Los hierros oversize y con cavidad se ajustan a los golfistas que necesitan una pequeña ayuda de sus palos; ya que así como las maderas oversize perdonan los golpes fallados, también lo hacen los hierros con esa misma dimensión, lo que los hace ser ideales para jugadores de todos los niveles.

La alternativa es el hierro laminado. Hasta la llegada del modelo con cavidad, el hierro laminado –fabricado con acero forjado– era el único tipo de cabeza disponible, y aún sigue siendo considerado por muchos como el clásico palo de golf. Sin embargo, generalmente sólo lo utilizan los mejores golfistas, y eso incluye tanto a jugadores de hándicap bajo como a profesionales. Esto es debido a que los laminados ofrecen un mejor toque y sensación a la hora de dar un golpe bien dado, pero si realizamos un golpe descentrado no habrá perdón. Un mal golpe será siempre un mal golpe.

HIERROS MÁS CORTOS
Es muy probable que un golpe de aproximación mal ejecutado obligue al golfista a utilizar un wedge. Durante muchos años, esto ha significado una simple elección entre un pitching o una variedad de sand, pero ahora la opción es mucho mayor. Se fabrican wedges especializados para cubrir prácticamente cualquier situación posible. Al igual que una amplia gama de lofts (ángulos de apertura), a los wedges se

les pueden insertar grafito o bronce en la cabeza del palo para darle un control adicional. No es raro para los golfistas de hándicap bajo llevar tres wedges en vez de los dos habituales. Es más, algunos profesionales del Tour sacrifican incluso una madera o un hierro largo para incluir en su bolsa un surtido de wedges. John Daly, poseedor de un poderoso juego largo, es capaz de añadir un tercer wedge y dejar uno de sus palos largos fuera de la bolsa. Algunos profesionales llevan hasta cuatro hierros cortos en su bolsa cuando juegan en determinados campos.

PALOS ESPECIALES		
Aunque fueron populares al comienzo, los hierros largos se han vuelto obsoletos, y ya no se incluyen en un juego de palos normal. La longitud de la varilla junto a la falta de loft dejan poco margen de error, por lo que la mayoría de los jugadores optan por jugar en la calle una madera más permisiva.		

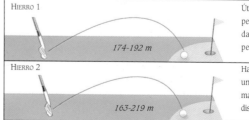

HIERRO 1 174-192 m	Útil tanto para dar un golpe de salida como para darlo contra el viento, pero de difícil manejo.
HIERRO 2 163-219 m	Ha sido sustituido por una amplia gama de maderas metálicas disponibles actualmente.

Elegir el putter adecuado

Si se siente a gusto con él, probablemente será el adecuado. La elección de un putter es la decisión más personal que un golfista tiene que llevar a cabo a la hora de escoger su equipo, y sobre esto no existe nada escrito.

TIPOS DE PUTTER

Existe un palo que, en términos de varilla y diseño de cabeza, normalmente tiene algo que lo relaciona con el resto de palos compañeros de la bolsa: el putter. La forma de jugar el putt, quizá más que cualquier otra cosa en golf, está muy influenciada por las características de cada jugador.

Ningún otro palo ha inspirado tantos extraños diseños como el putter (el putter de periferia pesada apareció muchos años antes que los hierros con cavidad posterior). A pesar de las tentativas de los fabricantes en probar otras cosas, la realidad es que no existen parámetros sobre los que basarse. Empuñaduras largas y cortas, grips moldeados y ajustes en el centro de gravedad son elementos que pueden ser de gran utilidad si inspiran confianza y si se amoldan a nuestras manos. Pruebe tantos putters como pueda antes de escoger su favorito.

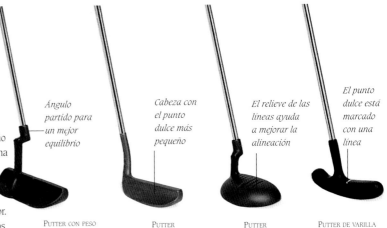

Ángulo partido para un mejor equilibrio

Cabeza con el punto dulce más pequeño

El relieve de las líneas ayuda a mejorar la alineación

El punto dulce está marcado con una línea

PUTTER CON PESO PERIFÉRICAMENTE REPARTIDO

PUTTER LAMINADO

PUTTER CEBRA

PUTTER DE VARILLA CENTRADA

LA BOLA CORRECTA

Ciertos estudios han demostrado que los golfistas, por regla general, no saben mucho sobre las bolas de golf. Evidentemente, la selección del material correcto puede ayudar a cualquier golfista en su juego, pero mucho más ayudaría si eligiera la bola correcta.

En términos generales, las bolas pueden ser de dos o tres piezas (*véase* página 37), y con cobertura balata (blanda) o surlyn (dura). La bola de tres

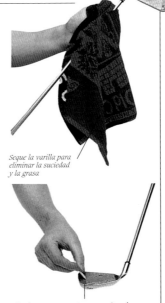

Putter largo

Uno de los refinamientos más controvertidos en el diseño del putter en los últimos años ha sido el de larga empuñadura. Alguno de los jugadores de primera línea, tales como Sam Torrance (superior), utiliza el llamado putter «escoba», aunque muchos piensan que su uso va en contra del espíritu del juego. Éste se usa colocando el final del mango casi apoyado contra la barbilla en la colocación.

EL CUIDADO DEL EQUIPO

La clave está en mantener los palos de golf limpios; cualquier rastro de suciedad o de hierba en las estrías reduciría el control del palo sobre la bola. Hay que intentar repasarlos después de cada golpe, eliminar cualquier rastro de suciedad con un tee y luego pasarles la toalla para rematar la limpieza. Para una suciedad más incrustada, hay que emplear agua y jabón, y rascar con un cepillo hasta eliminarla. El acero resulta muy duradero, por lo que las probabilidades de que la varilla se rompa son mínimas.

Sin embargo puede torcerse, por lo que hay que comprobarlo doblándola contra un borde recto. El grafito no se dobla pero se puede volver áspero. Eso no tiene remedio, así que ponga especial cuidado. Es aconsejable proveerse de fundas de palos extralargas y paredes divisorias dentro de las bolsas para evitar el roce de unas varillas contra otras.

El grip es una de las partes más olvidadas del palo. Los grips se gastan con el uso excesivo; se han de cambiar cuando apreciemos que el palo, tras ejecutar un golpe, se nos escapa de las manos porque las estrías han desaparecido. Lo normal es hacerlo una vez al año. Los grips no resultan excesivamente caros, y los de goma son probablemente los más vendidos.

Para quitar el barro, lave la cabeza del palo y la base de la varilla con agua y jabón

Seque la varilla para eliminar la suciedad y la grasa

En el campo, use un tee para quitar el barro y la hierba de las estrías

piezas es la mejor elección para la mayoría de los buenos jugadores, pero su poca durabilidad y su elevado precio hacen que la bola dura constituya la alternativa perfecta, valorada por la mayoría de los jugadores.

Las bolas de golf poseen compresiones distintas, normalmente enumeradas en 80, 90 o 100 (la compresión es esencialmente la dureza de la bola). La elección de la compresión está relacionada, tal y como sucede con las varillas, con la velocidad y la fuerza del swing. Sólo los buenos jugadores amateurs con swings potentes se beneficiarán de la bola de golf de compresión 100 (la más blanda). La bola de compresión 90 la utilizan los jugadores normales, mientras que la de compresión 80 es la que presta más ayuda a las jugadoras. Esto es sólo una referencia, ya que el jugador debe elegir aquella bola que mejor se adapte a su propio juego. Una vez más, probar y errar es el mejor consejo que se puede dar, por lo que desde aquí le animamos a que experimente con ellas.

LA ELECCIÓN DE LA BOLA

DE TRES PIEZAS

Las bolas de tres piezas presentan dos tipos de cobertura. La balata (blanda) ofrece el máximo efecto y control, pero carece de resistencia, suele durar no más de una vuelta de 18 hoyos. La bola dura ofrece una mayor resistencia, aunque no coja tanto efecto.

DE DOS PIEZAS

Si el principal objetivo es golpear la bola tan fuerte como sea posible, entonces debe escoger la bola de dos piezas. En términos de distancia y duración, da muy buenos resultados, aunque la falta de propiedades para conseguir el efecto deseado reduce la habilidad para controlar la bola.

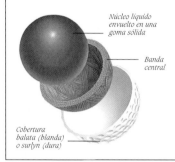

Núcleo líquido envuelto en una goma sólida

Banda central

Cobertura balata (blanda) o surlyn (dura)

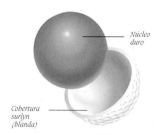

Núcleo duro

Cobertura surlyn (blanda)

COMPRAS DE SEGUNDA MANO

Para aquellos que no están satisfechos con las ofertas de palos de golf nuevos, o para los que no pueden aspirar a un material caro, vale la pena buscar lo que se necesita en el mercado de segunda mano. Muchas tiendas de profesionales de vez en cuando cuentan con este tipo de ofertas, y podría sorprenderse de lo que puede llegar a encontrar en ellas.

Los especialistas pueden reparar los palos con la cabeza de madera dañada. No obstante, los daños que apreciemos en un palo de golf nos pueden indicar cómo ha sido tratado.

Una vez más, volvemos a estar ante una cuestión personal de cada jugador, pero teniendo en cuenta las indicaciones ofrecidas (*véase* página 33) y los precios de mercado, nos evitaremos el comprar un juego de palos mediocre. Con seguridad los grips estarán gastados, pero recuerde que se pueden reemplazar fácilmente.

Los **palos con cabeza de madera** son los más sensibles. Revise los toques que presente en el cuello, la atadura que une la cabeza a la varilla y la placa de la base; lo normal es que haya perdido algo de su capacidad para golpear.

Los **palos con cabeza de metal** están diseñados para aguantar los peores tratos, pero asegúrese de que las estrías de la cara no estén lisas, que no presenten muchas abolladuras y que el tubo que se prolonga hacia la base de la varilla esté en buenas condiciones.

Con las **varillas de metal**, vigile que no presenten ningún indicio de óxido y de que estén rectas (si son de grafito, compruebe su superficie).

Compruebe la tensión del hilo de nilón

Compruebe los golpes

Revise el desgaste o la pérdida de grosor de la base metálica

Revise el desgaste de los grips

Crompuebe que la varilla esté recta y sin muescas

Revise que las estrías no estén lisas

Revise el estado del codo

Compruebe los daños de la base

Numeración

Los únicos números que hacen referencia a las propiedades específicas de la bola son aquellos que indican la compresión (80, 90 o 100). Los números más prominentes sólo sirven para su identificación. Aquellos en rojo indican que la compresión es de 90, mientras que la de 100 y la de 80 aparecen en negro.

La composición de los accesorios de golf

EL EQUIPO DE golf consiste en algo más que en palos y bolas; el mercado actual de los accesorios resulta vastísimo. Dentro de éste, una gran parte está influenciada por la moda del momento, pero existen elementos que pueden afectar de forma decisiva en la actuación del jugador en el campo.

El sentido de la vestimenta

El extravagante Payne Stewart combina lo práctico con la moda a la hora de escoger su uniforme de trabajo.

Un golfista ha de prestar mucha atención a los accesorios para no arriesgarse a perder la inversión que haya realizado. Indudablemente los palos y las bolas resultan vitales, pero un guante mal ajustado, un zapato incómodo o una vestimenta poco apropiada puede perjudicar al jugador en cualquier momento del juego e, inevitablemente, en el resultado del día.

AFIANZAR UN GRIP

La mayoría de los jugadores de hoy en día llevan un guante en su mano más «débil» para mantener firme el grip en el momento de agarrar el palo (este accesorio hizo su aparición antes de la Segunda Guerra Mundial). Su popularidad está tan extendida que casi todos los grandes jugadores de ahora usan guante –Fred Couples es probablemente la excepción más famosa. Actualmente, podemos encontrar guantes para todos los gustos,

aunque la mayoría elige aquel que le resulta más confortable y le proporciona una mejor sujeción. El material moderno que se emplea para la fabricación de un guante es muy resistente al agua, por lo que prolonga su vida.

UN SÓLIDO CIMIENTO

Así como para construir una casa se requieren unos cimientos muy sólidos, lo mismo ocurre con un swing de golf. Indudablemente un swing, además de ser un movimiento sincronizado, es una acción

Los zapatos de trabajo

Mientras que los zapatos tradicionales poseen clavos en las suelas (fijos o no), los de goma endurecida se presentan como alternativa para lugares más cálidos donde los campos de golf tienden a ser menos húmedos y blandos.

Tirante en la punta de los dedos

La mano en el guante

Hay que asegurarse de que el guante se ajuste bien a la mano y de que cumpla su principal finalidad: ayudar a mantener mejor el grip.

Tieso y estirado en la palma de la mano

Ajustado en la base de los dedos

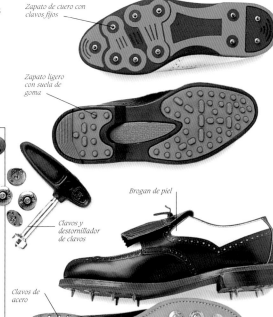

Zapato de cuero con clavos fijos

Zapato ligero con suela de goma

Brogan de piel

Clavos y destornillador de clavos

Clavos de acero

REPARAR LOS CLAVOS

Los clavos constituyen un elemento esencial del equipo de golf. Asegúrese de comprobar los clavos que lleva, así como de tener los recambios siempre a mano.

Desatornillar un clavo resulta muy fácil si se utiliza un destornillador de clavos, que, a menudo, ya viene con los zapatos.

Las roscas deben mantenerse limpias (pueden cubrirse con vaselina) para facilitar el recambio.

Tejido ligero y transpirable

Muñecas elásticas

Cremallera cubierta

explosiva por lo que necesita una plataforma sólida sobre la que trabajar, y es aquí donde un buen par de zapatos resulta esencial. En un campo de 5.940 m, un jugador caminará más de siete kilómetros. Por lo tanto, la comodidad es lo más importante. Un jugador que no se sienta cómodo no podrá realizar su mejor juego.

¡Claro está!, como siempre, hay que pagar un precio. Un par de zapatos de golf puede costar mucho dinero, y a veces es conveniente tener más de un par para afrontar las distintas adversidades que se pueden presentar en el campo.

POR SI ACASO

El golf está lleno de situaciones inesperadas, por lo que le aconsejamos que lleve algunos accesorios adicionales para combatir cualquier problema que pudiera ocurrir, cuando uno se encuentra lejos del club.
• Un juego adicional de cordones
  • Clavos de repuesto
  • Vendas para las ampollas
  • Crema protectora
• Loción repelente de insectos

Los zapatos han de estar siempre limpios para que nos den el mejor resultado. Los de piel, en particular, necesitan protegerse de la humedad para evitar que se agrieten, por eso, en muchas tiendas encontraremos grasas protectoras para este propósito. Compruebe que los clavos estén en buenas condiciones. Los clavos gastados no sólo nos pueden hacer perder el equilibrio, sino que son potencialmente peligrosos cuando se nos presenta un terreno mojado y resbaladizo.

VESTIDO PARA TRIUNFAR

Los golfistas europeos se aprovisionan de bastante ropa que los resguarde del agua y de las inclemencias del tiempo para no lamentarse después de los problemas que estas condiciones les pudieran acarrear. Estos conjuntos están especialmente diseñados para la

rigurosidad que exige el golf y, por tanto, no molestan para nada a la hora de hacer el swing, si los comparamos con los chubasqueros gruesos y ruidosos de antes. Son resistentes al agua, permiten un movimiento completo con el mínimo ruido; además, son muy ligeros y transpirables. No olvide protegerse la cabeza. Tanto si elige una gorra de béisbol o de jockey, una visera o un gorro de lana, asegúrese de que no le moleste a la hora de hacer el swing. Una gorra de golf puede resultar cara por lo que, una vez más, tómese su tiempo antes de comprarla. El criterio es siempre el mismo a la hora de adquirir cualquier accesorio de golf. Si sus medios son limitados, anteponga la comodidad, ya que los diseños de gran renombre no garantizan su compatibilidad.

Prepararse para el mal tiempo
Protegerse del frío es tan importante como mantenerse seco. Estrellas como Seve Ballesteros se dieron cuenta de que uno no se puede concentrar lo suficiente en la ejecución del golpe si tiene que estar preocupado por las condiciones del tiempo.

CIRCULAR POR EL CAMPO

Desde que desaparecieron los caddies (a excepción de algunos clubes de élite), se tuvo que solucionar el problema del transporte de los palos. La moderna y ligera bolsa de palos de poliuretano resulta ideal para cargar, en vez de aquellas pesadas bolsas de piel. Un carrito o bolsa con trípode son otras de las alternativas que nos pueden hacer la vida más fácil.

Una funda ayuda a proteger las cabezas de las maderas y las varillas de grafito

Asegúrese de que las varillas de grafito están protegidas contra los posibles desgastes o asperezas

Limpie los palos después de cada golpe

Añada un poco de aceite lubricante a los ejes de las ruedas de su carrito

El carrito idóneo es aquel que tiene una estructura ligera, ruedas anchas y es fácil de transportar.

Lleve siempre un paraguas, porque puede llover cuando menos se lo espere

Asistencia técnica

LA HISTORIA DE la enseñanza del golf tiene como fuente de inspiración los consejos de los profesores, las ayudas y los dispositivos diseñados para mejorar ciertos aspectos del juego. Muchos nos pueden resultar incómodos, pero otros nos beneficiarán, ya que cada invención se basa en los principios más sencillos del golf.

El bache de Sandy
Sandy Lyle, tras su dramático bache de los años ochenta, recurrió a todo tipo de ayudas y ejercicios físicos. Guantes, arneses y demás consejos fueron puestos en práctica, con resultados muy diversos.

Existen remedios para casi todos los problemas que pueden plantearse en golf. Éstos son muy variados, y van desde el más simple, como puede ser sujetar un pañuelo bajo el brazo derecho para obligar al codo a permanecer cerca del cuerpo en la bajada del palo, al más complicado, como puede ser un simulador de swing computerizado que permite verlo desde diversos ángulos. Pero entre estas dos ayudas extremas existen otras intermedias e igualmente útiles, que son las que podemos llamar gimnásticas.

Tal y como sucede con la tecnología del palo de golf, en la actualidad se apuesta por unos dispositivos, que forman parte del programa de enseñanza básica, bien

El globo evita que los codos se separen en el swing

El globo evita también que las piernas se separen en el swing

Swing con un globo
Una pelota hinchable o un globo situado entre los codos puede ser un remedio sencillo pero efectivo para mantener los brazos juntos durante el swing. Esto ayuda a realizar una subida suave y a lograr una posición sólida al final del backswing.

asimilados y probados, en combinación con aquellos consejos que se daban en tiempos pasados. Los arneses corporales (diseñados para mantener el codo derecho pegado al cuerpo para evitar que el palo vuele fuera de su plano correspondiente) han estado presentes desde hace décadas. Sir Henry Cotton fue el gran seguidor de la teoría del codo estirado, para lo cual usaba inventos menos complicados que el arnés en sus clases.

SIMPLE PERO EFECTIVO

El consejo favorito de Cotton era el de ayudarse con un pañuelo sujeto entre la parte superior del brazo derecho y la parte superior del pecho, y mantenerlo en esta posición a través de todo el swing. De hecho, él fue el responsable de la creación de muchos remedios caseros así como de técnicas para desarrollar fuerza, sobre todo en las manos y muñecas.

Con el propósito de crear el primer palo pesado, adhirió plomo a un viejo driver, y así consiguió

AYUDAS PARA EL PUTT

PUTTER DE VARILLA FLEXIBLE

Un putter diseñado con una varilla extremadamente flexible de fibra de carbono puede ayudar a conseguir una subida y bajada suave. Sólo un golpe suave permitirá que el putter golpee sólidamente. Cualquier anomalía en el movimiento de bajada hará que la cabeza del putter se adelante a las manos y a la varilla antes de darle a la bola.

ANALIZADOR DE PUTT

Este aparato está diseñado para crear la sensación del golpe perfecto de putt. Consiste en una estructura que actúa como una vía de tren para encarrilar la subida y la bajada de la varilla del putter. Además, cuenta con un espejo detrás de la bola que muestra cuándo los ojos permanecen en la posición correcta y mide la longitud del swing.

Una bajada rápida produce una curvatura a la varilla

Guía de tren para el putter

Espejo

Para tres cuartos de swing, el brazo queda bloqueado con las manos por debajo de la varilla, y el codo apunta hacia el suelo

El ángulo recto

Mantener el palo en el plano correcto es difícil cuando hay que ejecutar un golpe consistente. Este invento que muestra la foto permite balancear el palo hasta llegar a la posición ideal, al final del backswing, teniendo en cuenta la longitud del swing.

reforzar los músculos de los hombros, brazos y manos. Cotton así lo creyó, y con esto logró proporcionar un swing suave a los alumnos más aventajados, convirtiendo este palo en una herramienta de calentamiento. El equivalente moderno es una varilla torcida con una cabeza modelada parecida a un hierro.

En lo que a métodos pedagógicos se refiere, lo que Cotton utilizó como instrumento en sus comienzos es recogido ahora por los gurús. Profesores como David Leadbetter, afincado en Florida, o Harold Swash, gurú del putt, son dos destacadas eminencias de los muchos que han diseñado, desarrollado y comercializado técnicas educativas auxiliares. Y así como Cotton se valía de sus ojos para captar los defectos de sus alumnos, la enseñanza profesional moderna emplea la cámara de vídeo para tal fin.

El arnés mantiene el brazo izquierdo ligado a la parte superior del pecho para ayudar a realizar un giro completo en bloque.

Arnés corporal

Una versión más sofisticada del swing con un globo es un arnés colocado alrededor del cuerpo que obliga a realizarlo con el mismo efecto y en bloque. Éste mantiene la parte alta de los brazos cerca del pecho y evita que los codos se separen durante el swing.

EL HIERRO CON BISAGRA

Una de las piezas más efectivas dentro del conjunto de las técnicas de aprendizaje es un palo con una bisagra en la varilla. Sólo con hacer un suave arranque en la subida del palo y mantenerlo en su plano correcto es posible hacer un swing con él, sin que la bisagra se parta hacia abajo y deje caer la mitad del palo. Cuando se hace un swing de forma consistente es posible dar golpes enteros a pesar de ella. Se trata de un remedio muy efectivo, particularmente creado para evitar que el palo se precipite lejos de la bola en el momento más importante del inicio del backswing.

Si la cara del palo está demasiado abierta al final del backswing, su errónea posición hará que la bisagra se abra

El swing correcto

Al final del swing, la bisagra se mantiene firme. Esto indica que el palo está correctamente situado en el plano, las manos firmes en el grip y la cara del palo está encarada.

Subir demasiado hacia afuera

Subir el palo hacia afuera en el arranque del swing dará como resultado la rotura de la bisagra hacia abajo.

Subir demasiado hacia dentro

Llevar el palo en la subida muy hacia dentro producirá la apertura de la bisagra hacia atrás.

CAPÍTULO TRES

PONERSE *en* FORMA

Lo ATRACTIVO DEL golf es que todo el mundo puede practicarlo sin tener en cuenta su condición física. La forma física, o incluso cualquier incapacidad, no constituye un impedimento para disfrutar de las extraordinarias delicias que proporciona un campo de golf. Durante décadas, se han dado todo tipo de medidas y constituciones entre los grandes jugadores. Este capítulo le explica cómo aprovechar al máximo su cuerpo en las mejores condiciones, y cómo prepararse para las exigencias de un recorrido de golf.

Ejercicio sencillo que consiste en usar un palo de golf y un viejo neumático para fortalecer las manos y los brazos

Cancha de prácticas de tres pisos

Japón es la nación donde más se practica el juego del golf del mundo. Debido a la falta de campos de golf por la escasez de terreno, las canchas de tres pisos, como ésta de Tokio, enormemente populares, ofrecen la posibilidad de entrenar durante el día y la noche.

Unos pocos minutos cada día de estiramiento y tonificación de los músculos resultan muy beneficiosos para la flexibilidad del cuerpo

Jugar con su fuerza

Es obvio que el fornido y bajito Ian Woosnam no puede balancear el palo de golf de la misma manera que el alto y delgado Tom Weiskopf. Sin embargo, estos ejemplos de «fornido» y «alto» han ganado grandes torneos, lo que viene a ratificar que los extremos en cuanto a constitución física no son un impedimento para jugar al golf.

Pocos de nosotros reunimos las características golfísticas de Woosnam o Weiskopf; menos aún tenemos la flexibilidad de Bobby Jones, o las prodigiosas manos de Henry Cotton, y poquísimos poseen el delicado toque de bola de Seve Ballesteros o la fortaleza mental de Jack Nicklaus. No obstante, todos contamos con recursos a los que podemos recurrir para jugar a pleno rendimiento. La finalidad de este libro es la de aprender de otros jugadores. Estamos siguiendo las pistas de los que juegan al golf mejor que nosotros. Sin embargo, no sería muy inteligente que un robusto ejecutivo de 55 años siga el modelo de swing de José M.ª Olazábal; o que un joven alto y robusto modele su estilo basándose en el de Jack Nicklaus, entrado en años. Tenemos que jugar con lo que la madre naturaleza nos ha dado, o como expuso de forma más jocosa el gran Sam Snead: «Tienes que bailar con la mujer que has traído».

Marie Laure de Lorenzi
Al gozar de la silueta ideal de mujer golfista, Marie Laure de Lorenzi tiene un swing amplio y elegante, fruto de su complexión delgada y atlética (1,70 m).

Phil Mickelson
Bob Charles fue el único zurdo que ganó el Open Británico en 1963. Sin embargo, ser zurdo no debería dificultar la tarea de jugar al golf. La complexión ideal y la perfecta técnica de Phil Mickelson ilustran magníficamente este punto.

Tom Watson
Cinco veces campeón del Open Británico, Tom Watson posee la complexión idónea para la práctica del golf. Sus fuertes hombros, brazos y piernas y su 1,75 m de estatura le proporcionan un centro de gravedad muy bajo y una base muy sólida para la envergadura de su swing –una de las razones por las que Watson juega tan bien con viento y en condiciones adversas.

ALTO Y CORPULENTO

Los jugadores altos y corpulentos necesitan más espacio para hacer el swing, y habitualmente tienen que apoyarse en un abrir y cerrar de manos y en un plano de swing más redondo. Ciertamente el golf presenta más dificultades a las personas con condiciones físicas extremas, pero siempre existen medios para compensar las deficiencias. Los jugadores con este tipo de complexión han de desarrollar una buena acción de manos y, a veces, es recomendable colocarse más lejos de la bola en el stance.

Laura Davies
La número uno mundial Laura Davies es el clásico ejemplo de jugadora que saca el máximo rendimiento de su físico. Su 1,80 m de estatura le proporciona la posibilidad de hacer un arco muy amplio. Junto a una poderosa complexión, su altura le ayuda a enviar la bola más lejos que la mayoría de las jugadoras.

ALTO Y DELGADO

Muchos de los problemas de los golfistas altos y delgados se centran en la amplitud del arco de swing que crean. El radio del arco (la distancia desde el hombro izquierdo hasta la cabeza del palo) es amplia; ideal para los palos largos, pero más difícil cuando se trata de los cortos.

Los golpes de approach, en particular, requieren una amplitud de arco estrecha, lo que dificulta el movimiento para el jugador alto. Muchos lo superan inclinándose sobre la bola en el downswing (bajada del palo) para crear un ángulo de ataque un poco más vertical.

Tom Weiskopf
Con su 1,90 m, Weiskopf es uno de los jugadores más altos que ha ganado un Open Británico. Debido a su estatura, tiene que trabajar duro para mantener un buen equilibrio en caso de viento.

ROBUSTO

Un alto porcentaje de golfistas pertenecen a esta categoría, ya sea por su complexión o, como más a menudo sucede, porque el paso de los años ha aumentado de modo considerable sus contornos. Los jugadores de avanzada edad tienen que competir no sólo con el ensanchamiento de su cintura, sino también con la tirantez de sus músculos y la pérdida de flexibilidad en sus articulaciones.

Inevitablemente, el swing tiene que hacerse más alrededor del cuerpo a fin de acomodar el perímetro extra. Una buena acción de manos constituye una de las claves compensatorias. No es una coincidencia que jugadores con «cintura flexible» posean invariablemente un excelente juego corto para compensar las posibles deficiencias en el juego largo.

Bobby Locke
Cuatro veces ganador del Open Británico, Bobby Locke balanceaba el palo alrededor de su cuerpo con un stance muy cerrado, e imprimía a cada golpe un efecto de «hook» (efecto hacia la izquierda).

BAJO Y GRUESO

Los jugadores bajos y fornidos compiten con fuertes vientos mejor que muchos otros, pero su falta de altura y su gruesa figura les acarrean dificultades a la hora de crear un arco de swing lo suficientemente amplio, sobre todo para los hierros largos. Recurren a un swing más plano y redondeado para obtener amplitud, y frecuentemente lo complementan apartándose de la bola en el backswing, lo cual también amplía el arco. Los jugadores bajos normalmente se convierten en grandes expertos del juego corto porque la inclinación natural de su arco resulta ideal para los golpes de pitch.

Ian Woosnam
Este jugador se apoya en su técnica para compensar su 1,63 m de estatura. Realiza un gran giro de hombros y hace un swing más plano para crear un arco lo más amplio posible; todo esto le convierte en uno de los pegadores más potentes.

BAJO Y DELGADO

Los jugadores que son bajos y delgados no pueden pretender mover el palo de golf con la fuerza con que lo hacen físicamente sus semejantes más altos y fornidos. Pero lo que la naturaleza quita por un lado lo compensa normalmente por otro. Los jugadores bajos y delgados son generalmente muy flexibles, lo que les permite efectuar un giro de hombros completo para crear un arco amplio. Algunos son excelentes pegadores, pero la mayoría suple la falta de pegada desde el tee con un maravilloso toque en el green.

Jan Stephenson

Una de las campeonas del Open Femenino Americano, presenta un tipo de complexión poco usual entre la élite del golf femenino. No obstante, ha demostrado ser una de las mejores jugadoras de la historia del golf femenino.

BAJO Y FUERTE

Estatura no siempre es equivalente a fuerza, ya que existen muchos individuos bajos que son extremadamente poderosos. Los jugadores que poseen este tipo de constitución disfrutan de muchas ventajas. Una sólida base, proporcionada por un bajo centro de gravedad, junto con un amplio arco, les ayuda a emplear la fuerza para lograr el máximo efecto en el swing. Una estatura más baja también sirve para crear una buena acción con los hierros largos y con los golpes de pitch.

Gary Player

Mide 1,73 m, pero sólo pesa 72 kg; a fuerza de intensos ejercicios físicos y dedicación, se convirtió, de acuerdo con su talla, en el hombre más fuerte que jamás había jugado al golf.

LIGERO

Los golfistas que poseen una complexión ligera sufren una sustancial desventaja en términos de fuerza, pero a menudo compensan su carencia de distancia con astucia y tenacidad. Siempre hay más de una alternativa en un campo de golf, y los jugadores de físico ligero desarrollan con frecuencia un soberbio toque alrededor de los greens y se hallan entre los mejores con el putter. Paul Runyan, uno de los más destacados jugadores de los años treinta, pesaba sólo 64 kg pero era un notable «pegador corto», que derrotó al gran pegador «Slammin» Sam Snead por 8 a 7 en la final del Campeonato USPGA de 1938, gracias en parte a su juego en y alrededor de los greens.

Corey Pavin

Campeón del Open Americano en 1995, presenta una complexión muy ligera; sin embargo, es capaz de enviar la bola a gran distancia. Su gran fuerza le capacita para actuar sobre la bola dejándola en buena situación para rematar la faena con su toque maestro alrededor de los greens.

EDAD AVANZADA

El paso de los años es algo que no podemos evitar, pero se pueden introducir cambios en el swing que ayuden a mantenerlo a raya el mayor tiempo posible. Un swing más redondo y plano, que favorece la ejecución de un golpe más largo, compensa el recorte de distancia que acompaña al jugador en sus últimos años. Jack Nicklaus era uno de los muchos jugadores de élite que siguió este camino cuando entró en el mundo de los seniors. A su vez, el material moderno ha tendido a ayudar a los jugadores que se hallan en la postrera etapa de la vida. Maderas de metal abiertas, varillas de grafito y bolas de alta calidad les proporcionan un nuevo estilo de vida.

Gene Sarazen

A sus 90 años, Gene Sarazen, uno de los grandes golfistas de todos los tiempos, está todavía en activo. Modelo para cualquier jugador de edad avanzada, fue una estrella que brilló en el Masters Americano junto con Byron Nelson y Sam Snead.

SUPERAR LAS MINUSVALÍAS FÍSICAS

Muchos golfistas son aún capaces de jugar y llegar a la realización completa del juego del golf a pesar de una incapacidad congénita o de una enfermedad o lesión. Existen diversas asociaciones y campeonatos por todo el mundo para jugadores disminuidos, incluso torneos para invidentes totales o parciales.

Varios jugadores que han sufrido alguna lesión física permanente no sólo se han logrado sobreponer a la minusvalía, sino que se han convertido en jugadores capaces de competir al más alto nivel. Ben Hogan es quizá el ejemplo más célebre de jugador que triunfó a pesar de su invalidez. Nosotros estamos convencidos de que el golf, más que ningún otro deporte, demuestra que el talento natural y el deseo de jugar pueden vencer y superar incluso el más grave de los hándicaps.

Sir Douglas Bader

A pesar de tener las dos piernas amputadas a consecuencia de un accidente de aviación, el as de las fuerzas aéreas británicas, sir Douglas Bader, siempre procuró jugar al golf a pesar de su baja y singular figura: un modelo para todos los golfistas faltos de miembros.

Ed Furgol

A consecuencia de un accidente en su juventud, se le quedó el brazo izquierdo más corto, torcido y rígido a partir del codo. A pesar de ello, obligado a hacer el swing casi totalmente con el brazo derecho, ganó el Open Americano de 1954 en Baltusrol, uno de los campos más duros del mundo.

Calvin Peete

A pesar de su brazo izquierdo, que no podía enderezar a causa de una caída desde un árbol, Calvin Peete, en la temporada de 1980, fue uno de los jugadores con más éxito en el Tour Americano. Su encorvado brazo izquierdo no le permitía enviar la bola lejos, pero siempre ha sido uno de los pegadores más rectos del circuito.

Jack Newton

La carrera profesional de Jack Newton se vio truncada por un trágico accidente, en el que la hélice de un aeroplano le hizo perder un brazo y un ojo. Sin embargo, esto no le frenó; fue derrotado por Tom Watson en el play-off del Open Británico de 1975 en Carnoustie, para seguir jugando. Incluso con un solo brazo y la visión dañada, Jack representa todavía un reto para muchos jugadores.

Reconstruir su fuerza

AUNQUE SENCILLO, UNO de los métodos de entreno más efectivo para aumentar la fuerza en las manos y las muñecas lo constituye esta serie de ejercicios inventados por sir Henry Cotton. La inspiración le vino por casualidad en el aparcamiento de un club de golf inglés. Estos ejercicios pueden ser una valiosa ayuda para los golfistas de hoy en día, y sólo requieren algo tan simple como un palo de golf y un viejo neumático de coche.

A lo largo de los años, sir Henry Cotton pasó numerosas horas jugando en los más profundos rough que se pueden encontrar en un campo de golf. Tal comportamiento no resulta tan extraño como parece. Para realizar un swing en hierba alta, con la resistencia que esto conlleva sobre la cabeza del palo, Cotton se vio obligado a fortalecer los músculos de sus manos y brazos.

Desde el momento en que se empezó a mejorar el estado de los campos de golf, la cantidad de hierba alta existente disminuyó, por lo que tuvo que encontrar una solución alternativa, tanto para él como para los programas de enseñanza que había estado desarrollando. La solución llegó un día en el Temple Golf Club, cerca de Maidenhead, en Inglaterra. Sir Henry dejaba su coche en el aparcamiento y encontró un viejo neumático

que bloqueaba su camino. Bajó y le dio un puntapié para alejarlo. Cotton se dio cuenta de que había encontrado el material necesario que le ayudaría a desarrollar su programa fortalecedor de manos.

ENTRENAMIENTO DURO

Los ejercicios con neumáticos ideados por sir Henry constituyen en efecto una forma de entrenamiento con pesas para golfistas. Contribuyen a fortalecer los músculos de las manos, muñecas y antebrazos, así como a acostumbrar a las manos a aceptar el impacto de un duro golpe en la cara del palo. Sir Henry lo llamó entrenamiento «de resistencia»; la utilidad de estos ejercicios persiste hoy en día tal y como sucedía en los años cincuenta. Para su realización, se recomienda emplear un palo viejo y el neumático más gastado que podamos encontrar. El más idóneo es aquel que tenga paredes blandas y gastadas.

El maestro
Uno de los grandes jugadores de la historia, sir Henry Cotton, fue también un innovador que hizo mucho para mejorar la enseñanza teórica y práctica.

GOLPE CON UNA SOLA MANO

Coja un hierro medio con el grip normal y sólo con la mano derecha. Golpee la parte posterior del neumático en un punto previamente seleccionado y emplee únicamente la acción de las muñecas. No balancee el brazo hacia atrás, sino que tan sólo debe concentrarse en

encarar el golpe con la rueda. Repítalo diez veces. Conservando el mismo grip, trasládese al otro lado de la rueda y repita el ejercicio al revés.

Cambie de mano y coja el palo sólo con la izquierda, con el grip normal; repita los ejercicios en el mismo

orden. Diez repeticiones bastan para empezar, pero se puede ir aumentando este número gradualmente a medida que vaya cogiendo fuerza, aunque hay que tener cuidado en no sobrepasarse y lastimarse la muñeca. Con esta actividad fortalecerá las manos, las muñecas y los antebrazos.

Sólo muñecas
Mantenga el brazo firme y apóyese en la muñeca para mover el palo.

El ejercicio contrario
Repita todos los ejercicios en la dirección opuesta.

SWING CONTRA UN NEUMÁTICO

Éste es el ejercicio de neumático más sencillo en el que se basan todos los demás. Su sencillez consiste en emplear un neumático en vez de una bola, y no sólo refuerza los músculos del brazo sino que también le ayuda a juzgar la velocidad de su swing.

Muñecas
Rompa muñecas al inicio de la subida.

Diana
Elija siempre un punto en el neumático hacia donde apuntar. Márquelo si es necesario.

Subida
Sitúese con un stance normal, con el neumático colocado como si se tratase de una gran bola de golf. Emplee un grip normal, haga un cuarto de swing para golpear la parte posterior del neumático, moviendo la cabeza del palo tan rápido como pueda.

Cabeza
Manténgala quieta, como si de un golpe completo se tratara.

Impacto
El tono del ruido del swing y el sonido del impacto son sus indicadores de velocidad. Cuanto más alto sea el tono y más bajo el sonido del estampido, más rápida será la velocidad del palo. El estampido más ruidoso del impacto se escuchará cuando la cabeza del palo actúe de forma limpia, parecido a la forma en que la cabeza del martillo golpea un clavo. Cuanto más se retrase el golpe, más rápida será la velocidad de la cara del palo.

«Último golpe»
Retrase el «golpe» mientras le sea posible.

Golpe verdadero
Tras varios swings contra la rueda, retroceda y ataque la bola utilizando el mismo movimiento desarrollado en su último «golpe»

LOS ZURDOS

Sir Henry creía firmemente en los ejercicios ambidiestros e insistía en que todos los ejercicios debían repetirse en dirección contraria para no desarrollar una parte del cuerpo más que la otra. El desarrollo equitativo de ambas partes sirve para que las manos trabajen al unísono, sin que una actúe más que la otra. Asimismo, se dio cuenta de que los ejercicios ejecutados por diestros y zurdos reducían la amenaza de las lesiones de espalda. Entre sus contemporáneos, fue uno de los pocos que no se quejó de su espalda.

CON UN PALO SIN CABEZA

Este ejercicio, en el que se emplea una vieja varilla sin cabeza, es apropiado para acostumbrar a las manos a trabajar más deprisa. Mantenga el brazo quieto y utilice la mano y la muñeca para azotar la varilla contra la parte frontal y trasera del interior del neumático. Concéntrese para golpear cada vez los mismos puntos y mueva la varilla lo más rápido posible. Después, repita la operación con la mano izquierda. Es importante insistir en que el brazo debe permanecer inmóvil para que el ejercicio resulte efectivo.

Mantenga el brazo pegado al cuerpo

Palo sin cabeza

Mejorar su flexibilidad

DE ENTRE TODOS los deportes de acción, el golf es el único en el que no se precisa una gran fuerza física para jugarlo bien. Por supuesto la fuerza es un factor decisivo, pero mucho más importante es la flexibilidad de los músculos y de las articulaciones. Estos ejercicios sencillos y caseros programados sólo requieren diez minutos para realizarse y, si se hacen con asiduidad, contribuirán valiosamente a mejorar el juego.

El golfista medio tiende a no disponer de las mismas oportunidades que el profesional para estar en forma a la hora de jugar al golf –la excusa de muchos de nosotros es la falta de tiempo. Sin embargo, ningún golfista de fin de semana que desee mejorar su juego puede ignorar los beneficios que puede aportarle un calentamiento antes de una vuelta. Un programa de ejercicios sencillo pero efectivo tendría que figurar en el plan de todo golfista. El calentamiento es tan importante como el trabajo en el campo de prácticas, y puede

ser el mejor seguro contra las lesiones. Los que llegamos del coche al tee del 1 y le arreamos al drive no sólo afrontamos la posibilidad de fallar patéticamente el golpe en el tee, sino que también corremos el enorme riesgo de dañarnos los músculos y tendones que no hemos calentado previamente.

Esta serie de ejercicios ayuda a mejorar la flexibilidad en la espalda, hombros y cuello, y aumenta la fuerza de los músculos de las piernas y el abdomen –todos ellos elementos vitales para jugar al golf.

DOBLAR Y EXTENDER
Diez minutos diarios con este programa de doblar y extender no sólo es fácil de realizar sino que también forma parte de un excelente programa general de salud y bienestar.

N.º 1 – ESTIRAR DESDE LAS RODILLAS HASTA EL PECHO

Éste es un ejercicio excelente ya sea como tarea diaria o como calentamiento rutinario antes de salir a jugar. El primer movimiento ayuda a desarrollar la fuerza de los músculos abdominales y a estirar los tendones de las corvas. Es importante recalcar que debe mantener la espalda erguida y la cabeza alta durante la realización del ejercicio para obtener el máximo beneficio. *Práctica*: realice tres series de ocho repeticiones.

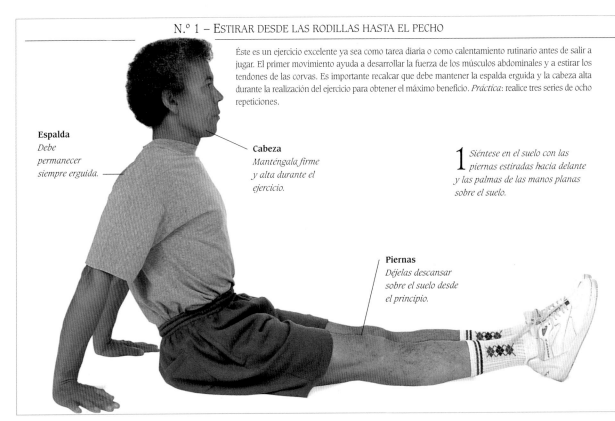

Espalda
Debe permanecer siempre erguida.

Cabeza
Manténgala firme y alta durante el ejercicio.

Piernas
Déjelas descansar sobre el suelo desde el principio.

1 *Siéntese en el suelo con las piernas estiradas hacia delante y las palmas de las manos planas sobre el suelo.*

N.º 2 – HACER MEDIA TORSIÓN TUMBADO

Este ejercicio está diseñado para desarrollar la rotación y flexibilidad del tronco, mientras que al mismo tiempo robustece y moldea el diafragma. El sentido de realizar medias torsiones es que reproducen ampliamente los movimientos del cuerpo que se emplean en el backswing y en el followthrough del swing de golf. *Práctica*: tres series de seis repeticiones por cada lado.

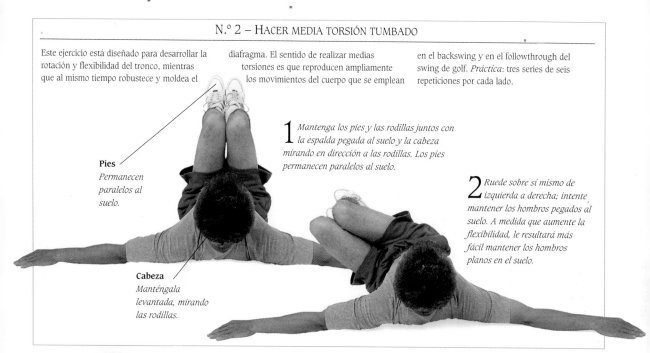

Pies
Permanecen paralelos al suelo.

Cabeza
Manténgala levantada, mirando las rodillas.

1 *Mantenga los pies y las rodillas juntos con la espalda pegada al suelo y la cabeza mirando en dirección a las rodillas. Los pies permanecen paralelos al suelo.*

2 *Ruede sobre sí mismo de izquierda a derecha; intente mantener los hombros pegados al suelo. A medida que aumente la flexibilidad, le resultará más fácil mantener los hombros planos en el suelo.*

Pies
Manténgalos en alto al mismo tiempo que acerca las rodillas al pecho.

Cuerpo
Al levantar las piernas, se produce un ligero balanceo.

2 *Levante sus rodillas hacia el pecho. Al levantar los pies y las rodillas, efectúe un pequeño balanceo.*

3 *Vuelva a colocar las piernas en la posición original. Al mismo tiempo, inclínese hacia delante y rodee con las manos sus tobillos, estirando la parte posterior de las piernas. Repita el ejercicio en un movimiento continuo.*

Brazos
Deben alcanzar los tobillos para conseguir el estiramiento.

N.º 3 – ABDOMINALES

Dirigido especialmente a fortalecer los músculos del vientre y a quemar el exceso de grasas, este ejercicio presenta la propiedad adicional de tonificar el área del cuello. Ambas masas musculares juegan un papel decisivo en el movimiento del cuerpo durante el swing, pero para obtener el máximo rendimiento del ejercicio, no deje que sus pies toquen el suelo en ningún momento. *Práctica*: realice tres series de 12-20 repeticiones.

1 Túmbese de espaldas y coloque los dedos, no las manos, en la parte posterior de la cabeza. Levante los pies y la cabeza del suelo al mismo tiempo.

Espalda
Manténgala plana contra el suelo durante el ejercicio.

2 Con la espalda plana en el suelo, deje la cabeza en una posición fija, y trabaje brazos y piernas juntándolos simultáneamente. Vuelva a la posición inicial y repítalo.

Pies
Deben permanecer durante todo el ejercicio sin tocar el suelo.

N.º 4 – ESTIRAMIENTO A TRES BANDAS

El estiramiento a tres bandas es un ejercicio que parece más difícil de lo que en realidad es. Está especialmente indicado para relajar la parte interna de los muslos y proporcionarles más flexibilidad. No desespere si su movilidad es limitada. Después de tres o cuatro semanas, sin duda percibirá una notable mejoría. Intente mantener las piernas lo más rectas posible durante la realización del mismo. *Práctica*: tres series de diez repeticiones.

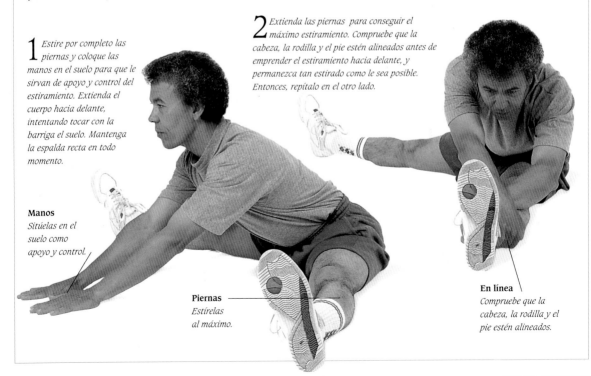

2 Extienda las piernas para conseguir el máximo estiramiento. Compruebe que la cabeza, la rodilla y el pie estén alineados antes de emprender el estiramiento hacia delante, y permanezca tan estirado como le sea posible. Entonces, repítalo en el otro lado.

1 Estire por completo las piernas y coloque las manos en el suelo para que le sirvan de apoyo y control del estiramiento. Extienda el cuerpo hacia delante, intentando tocar con la barriga el suelo. Mantenga la espalda recta en todo momento.

Manos
Sitúelas en el suelo como apoyo y control.

Piernas
Estírelas al máximo.

En línea
Compruebe que la cabeza, la rodilla y el pie estén alineados.

N.º 5 – EL ESTIRAMIENTO DEL GATO

El gato es uno de los animales más flexibles y ágiles. Todos podemos aprender del mundo felino si copiamos la curvatura de la espalda que los gatos realizan regularmente. Este ejercicio resulta excelente para la flexibilidad y el mantenimiento de una espalda bonita y recta –el área más problemática para muchos golfistas. *Práctica*: tres series de diez repeticiones.

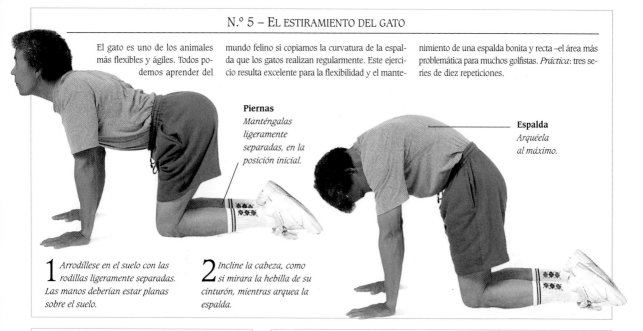

Piernas
Manténgalas ligeramente separadas, en la posición inicial.

Espalda
Arquéela al máximo.

1 *Arrodíllese en el suelo con las rodillas ligeramente separadas. Las manos deberían estar planas sobre el suelo.*

2 *Incline la cabeza, como si mirara la hebilla de su cinturón, mientras arquea la espalda.*

N.º 6 – ESTIRAMIENTO HACIA DELANTE

Este ejercicio está diseñado para estirar los tendones de las corvas. De pie y con los pies ligeramente separados, cruce los brazos. Mantenga la cabeza alta e inclínese con suavidad hacia delante, asegurándose de que las piernas y la espalda se mantienen rectas. Apóyese sobre los talones mientras se dobla hacia delante. Estírese lo más posible y manténgase en esta posición de tres a cinco segundos. *Práctica*: repetir tres series.

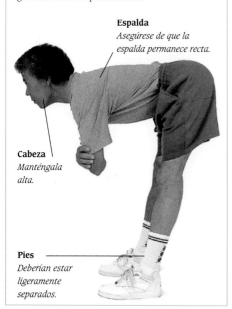

Espalda
Asegúrese de que la espalda permanece recta.

Cabeza
Manténgala alta.

Pies
Deberían estar ligeramente separados.

N.º 7 – CORRER SIN AVANZAR

Este ejercicio sirve esencialmente para mejorar el sistema cardiovascular y ayudar al desarrollo de la resistencia. Hacia el final de un recorrido, un jugador puede sentirse físicamente fatigado; esto puede afectar su concentración justo cuando más la necesita. Este ejercicio retrasa la sensación de fatiga y resulta muy eficaz para la salud en general. *Práctica*: tres sesiones de 20-30 segundos.

Brazos
Mantenga el brazo paralelo al suelo en cada paso.

Rodillas
Elévelas hasta encontrar las manos.

1 *Mantenga las manos paralelas al suelo, a guisa de tope. Sitúese lo más erguido posible y corra sin moverse del sitio.*

2 *Cuando alterne las piernas, cerciórese de que los muslos toquen sus manos al levantar cada pierna.*

Calentar motores

EXISTEN DOS RAZONES primordiales por las que debemos calentar los músculos antes de un recorrido de golf. La primera es que, si súbitamente realizamos una acción violenta, los músculos, que normalmente están tensos, son muy propensos a lesionarse. En segundo lugar, al igual que el motor de un coche no rinde lo suficiente hasta que no alcanza la temperatura necesaria, el swing no será del todo correcto hasta que los músculos implicados hayan logrado la flexibilidad idónea.

USE SU BOLSA
Unos pocos ejercicios de calentamiento en el tee del 1 le tonificarán los músculos y le liberarán de cualquier rigidez.

Dos segundos de flexiones, seguidos de un par de swings de ensayo, es casi todo lo que consideramos como calentamiento antes de empezar una vuelta. Teniendo en cuenta que la mayoría de los profesionales del circuito llevan a cabo un calentamiento de una hora, no nos puede sorprender que muchos de nosotros, el domingo por la mañana, en el tee

de un partido fourball (cuatro bolas), enviemos nuestras bolas al rough o no más lejos del área del tee.

Si no tenemos tiempo para prepararnos antes del juego tal y como lo hacen los profesionales, por lo menos deberíamos dedicar unos minutos a realizar flexiones y una tabla de calentamiento que nos evitarán las lesiones y nos darán, al menos, una oportunidad de jugar mejor.

N.º 1 – ROTACIÓN DE TRONCO SENTADOS

Éste es un excelente ejercicio para mejorar la rotación del tronco –vital para el swing de golf– y para calentar los músculos y así lograr la máxima flexibilidad antes de salir a jugar. Posee un doble efecto: desarrollar la flexibilidad y tonificar la parte central del cuerpo. Desde una posición sentada (una silla o un muro bajo cerca del tee del 1 nos pueden servir) se acentúa el giro del tronco con una mínima rotación de caderas. *Práctica*: tres series de 6-8 repeticiones por cada lado.

2 Mire al frente y gire el tronco sin mover las caderas. Ésta es la posición del backswing.

1 Siéntese cómodamente y sitúe las piernas como se indica. Así formará la base para afrontar el ejercicio. Coloque un palo de golf detrás de su nuca.

Realizar estos ejercicios así, como las prácticas de las páginas 50-53, sólo le ocuparan unos minutos; si nos proponemos llegar al tee unos minutos antes de lo habitual, los podremos realizar mientras esperamos nuestro turno de salida.

Una buena preparación no sólo consiste en un precalentamiento completo. Desde el punto de vista físico y mental, este precalentamiento nos puede servir como ventaja durante los primeros hoyos contra nuestro oponente, que ha llegado sin prepararse al tee.

Llegar al tee con el tiempo justo puede hacer que nos precipitemos en nuestro juego, y que causemos un movimiento apresurado que resultaría perjudicial tanto para nuestro ritmo como para nuestro timing. El calentamiento le ayudará a relajar los músculos y la mente.

N.º 2 – ROTACIÓN DE TRONCO EN PIE

Sin flexibilidad en el tronco resulta imposible realizar un giro de hombros completo en el backswing. Muchos errores se producen a consecuencia de esto, incluido el espantoso giro invertido, anclando el peso en el pie derecho. Este ejercicio está diseñado para calentar los músculos del tronco antes de jugar y prevenir las lesiones de la parte baja de la espalda, los hombros y el área superior derecha alrededor del cuello. *Práctica*: tres series de 5-8 repeticiones por cada pierna.

3 Vuelva a la posición inicial y haga el giro en dirección opuesta. Ésta es la posición que corresponde al followthrough.

1 Coloque la punta del pie derecho encima de su bolsa de palos y la mano izquierda justo por debajo de su rodilla derecha. Apoye la mano y el brazo derechos detrás de la espalda, en la cadera izquierda.

2 Gire el cuerpo al máximo en posición de backswing, empleando el brazo izquierdo para mantener la pierna derecha hacia usted, y luego retroceda a la posición inicial. Esto creará la máxima torsión.

N.º 3 – ROTACIÓN DE BRAZO Y ESTIRAMIENTO DE HOMBROS

Es importante calentar los músculos del hombro antes de salir a jugar. Es necesario tener los hombros flexibles para disponer de un giro cómodo, entero y suave en el backswing. De nuevo, con los músculos calentados por encima de su propia temperatura de trabajo, se reduce el riesgo de sufrir lesiones de hombro. *Práctica*: tres series de cinco repeticiones por cada lado.

1 *Póngase de pie, erguido; los pies separados a la anchura de los hombros; los brazos colgando a los lados. Levante su brazo derecho recto e inicie un círculo siguiendo el movimiento de las aspas de un molino.*

2 *En la cima del arco, extienda completamente el brazo derecho hacia el cielo, manteniendo el pecho cuadrado durante todo el movimiento.*

3 *Manténgase estirado mientras el brazo derecho realiza un círculo lo más completo posible. Una vez efectuado, repítalo con el brazo izquierdo.*

N.º 4 – ESTIRAMIENTO DE HOMBROS Y MUSLOS

Tan importante es un buen swing de golf como la base sobre la cual se construye. Los músculos de la pierna desempeñan un papel decisivo en él y necesitan calentarse de la misma forma que cualquier otra masa de músculos. Este ejercicio estira los músculos de las piernas y libera sus articulaciones y las de los hombros. Es sencillo, pero debe hacerse correctamente si desea obtener de él el máximo beneficio. *Práctica*: tres series de ocho repeticiones.

Manténgase recto
La cabeza alta y el porte erguido.

Espalda
Manténgala recta durante todo el ejercicio.

Rodillas
Asegúrese de que las rodillas estén por detrás de la línea de la punta de sus zapatos al agacharse.

Palo de golf
Agarre un palo de golf con las manos más separadas que la anchura de los hombros.

Un movimiento
Levante el palo por encima de la cabeza y agáchese al unísono.

1 *Póngase de pie con los pies separados a la anchura de los hombros. Luego sostenga un palo de golf con las manos un poco más separadas que los hombros. Asegúrese de que las puntas de los pies estén abiertas y de que permanece erguido.*

2 *Agáchese y eleve el palo por encima de su cabeza en un solo movimiento. Mantenga los brazos totalmente extendidos y asegúrese de que las rodillas no sobrepasen la línea de la punta de los pies.*

N.º 5 – ENCOGIMIENTO DE HOMBROS

El trapecio es un músculo triangular que se estira a lo largo de los hombros y el cuello. Es una de las masas musculares más largas que pueden tensarse muy fácilmente –y la tensión en esta zona resultaría desastrosa para el swing de golf. Este ejercicio ayuda a relajar los hombros y la región del trapecio antes de empezar a jugar. *Práctica*: tres series de diez repeticiones.

1 Manténgase erguido pero relajado, con los brazos caídos colgando a ambos lados del cuerpo.

2 Realice una profunda inspiración al tiempo que comienza a levantar los hombros.

3 Mientras rote los hombros hacia atrás y hacia delante, comience a espirar lentamente.

N.º 6 – ESTIRAMIENTOS DE ESPALDA Y COSTADO

Este ejercicio va dirigido a calentar la parte superior de la espalda y los músculos de los hombros junto con las articulaciones, mediante un estiramiento suave. Conviene estar seguro de que los brazos permanecerán completamente extendidos a lo largo de todo el ejercicio. *Práctica*: tres series de 8-10 repeticiones.

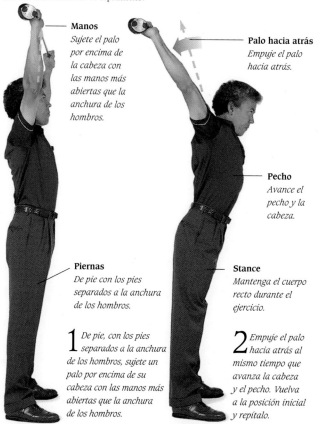

Manos
Sujete el palo por encima de la cabeza con las manos más abiertas que la anchura de los hombros.

Palo hacia atrás
Empuje el palo hacia atrás.

Pecho
Avance el pecho y la cabeza.

Piernas
De pie con los pies separados a la anchura de los hombros.

Stance
Mantenga el cuerpo recto durante el ejercicio.

1 De pie, con los pies separados a la anchura de los hombros, sujete un palo por encima de su cabeza con las manos más abiertas que la anchura de los hombros.

2 Empuje el palo hacia atrás al mismo tiempo que avanza la cabeza y el pecho. Vuelva a la posición inicial y repítalo.

N.º 7 – GIRO DE CUELLO

Aunque usamos constantemente los músculos del cuello (sobre todo durante una vuelta de golf), el no estirarlos de modo conveniente puede dejarlos tirantes y faltos de flexibilidad. Éste es un ejercicio sencillo y efectivo para aflojar los músculos del cuello antes de jugar. *Práctica*: tres series de cinco repeticiones por cada lado.

1 Mire por encima del hombro derecho hasta que el cuello esté totalmente estirado. Asegúrese de que mantiene la barbilla alta y los hombros hacia atrás.

2 Con la mano izquierda, presione suave pero firmemente, empuje (sin tirar) el cuello hasta que note su estiramiento. Deje de presionar suavemente y repita el ejercicio.

CAPÍTULO CUATRO

La
CLASE MAESTRA

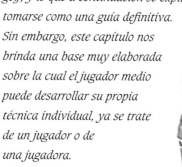

EN ESTE CAPÍTULO *sondearemos los secretos de aquellos que conocen mejor el mundo de los golfistas profesionales. Las lecciones que aquí presentamos no son los puntos de vista de cualquier jugador o individuo, sino que constituyen un cúmulo de la sabiduría común de todos ellos; una acumulación de conocimientos trillada tras muchos años de observación y estudio, no sólo a través de los swings de los maestros del juego, sino también a través de sus pensamientos, impresiones e ideas gracias a las cuales el swing de golf ha logrado sus mejores resultados. Es vital recalcar que no hay una sola y correcta forma de realizar un swing con un palo de golf, y lo que a continuación se explica no ha de tomarse como una guía definitiva. Sin embargo, este capítulo nos brinda una base muy elaborada sobre la cual el jugador medio puede desarrollar su propia técnica individual, ya se trate de un jugador o de una jugadora.*

Vista aérea del swing desde donde se observa cada ángulo

Hay que aprender de los maestros de hoy en día, como Ernie Els

Averigüe la mejor manera de enfrentarse a situaciones difíciles

40%

60%

Ver y aprender
Miles de espectadores se acercaron al Olympic Club de California para contemplar y aprender del juego desarrollado por las primeras figuras en el Open Americano de 1987.

La puesta en escena del swing

CADA SWING, YA sea para un drive completo como para un putt muy corto, comparte el mismo tipo de elementos. La colocación, la subida, la bajada, el impacto y la terminación son los pasos comunes de todos los swings, sólo varía el palo usado y la longitud del swing. Evidentemente, tal y como acabamos de ver, no existen dos swings de golf idénticos, siempre hay pequeñas variaciones al respecto, pero los pasos claves que se muestran aquí tendrían que ser comunes a su swing tal y como actualmente lo son para Greg Norman o Ernie Els, o como sucedió en su época para Old Tom Morris y Harry Vardon.

Línea de los pies

Pies
Han de estar paralelos con la línea del objetivo.

Bola
Hemos de colocarla en su posición; si jugamos el driver, se colocará la bola a la altura del talón izquierdo.

Hombros
Tienen que girar al unísono, junto con las manos y los brazos.

Línea hacia el objetivo

1 La colocación
Ésta es la posición básica antes de disponerse a realizar un swing; en ella los hombros y los pies se encuentran alineados de forma paralela a la línea de la bandera. Algunos jugadores adoptan una posición ante la bola más abierta; los demás elementos son comunes al resto de los demás jugadores.

Palo
Alinéese para que el palo esté lo más cerca posible en paralelo con la línea del objetivo.

2 La subida del palo
Los primeros 60 cm de la subida del palo son cruciales para el swing, ya que en esa distancia se determina su amplitud y la trayectoria de la cabeza del palo durante el mismo. Los fallos que podemos cometer en este tramo pueden derivar más tarde hacia desenlaces fatales.

Manos
Las manos y los brazos cogen el palo y lo mueven hacia atrás en un solo movimiento.

Rodilla izquierda
Trabaja girando hacia la bola.

3 En la cima
Una buena subida en bloque con un completo giro de hombros consigue que el palo llegue al final del backswing. Aquí todos los elementos del backswing se combinan para dar la posición ideal desde la que se cuadrará el golpe con la bola.

ZONA DE SUBIDA

6 El followthrough

El ímpetu que lleva el palo tras el impacto le hace continuar la trayectoria en forma de libre rodadura. El followthrough es un buen indicador de la calidad del golpe que, con un final alto y equilibrado, da el último toque a un swing controlado.

5 El momento del impacto

El momento del impacto es una posición común a todos los grandes jugadores, sin importar lo que parezca el resto de su swing. Es muy similar a la posición de colocación, excepto en que el peso se ha trasladado al lado izquierdo.

Manos
Las manos y los brazos vuelven a estar abajo, manteniendo la línea hacia el objetivo antes de que se muevan hacia dentro como consecuencia de la rotación del cuerpo tras el impacto.

Talón
El talón derecho se despega del suelo después de que el peso se haya trasladado hacia el lado izquierdo.

Cabeza
Se mantiene detrás de la bola en el momento del impacto.

Palo
Está bajo control al final del swing.

Hombros
Giran al unísono junto con los brazos y las manos.

Pie izquierdo
El peso se traslada hacia el pie izquierdo, listo para el impacto.

4 Traslado del peso en la bajada del palo

Esto se produce cuando el palo cambia la dirección de atrás hacia delante, y el peso se traslada hacia el lado izquierdo. Es vital que este cambio se realice de forma suave. Cualquier coletazo puede desviar el palo fuera de su arco o plano correcto.

Diferentes golpes

CONTEMPLAR EL SWING de Nick Price, Ian Woosnam y Lee Treviño es presenciar tres tipos de swing completamente diferentes. Cada uno, sin embargo, consigue encarar el palo a lo largo de la línea hacia el objetivo y llegar al ángulo de ataque preciso. Siempre se aprende algo de los grandes jugadores: una sólida colocación, un ritmo constante o un interés por mejorar el juego del bunker.

Ian Woosnam – Su amplia subida
Debido a su constitución pequeña y fornida, Ian Woosnam necesita amplitud para darle velocidad al palo. Posee una amplia subida y pasa el palo alrededor de su cuerpo en un plano ligeramente más bajo.

Nick Price - El swing clásico
Nick Price es el ejemplo más claro de jugador con un swing clásico. Se trata de una acción sencilla y enormemente eficaz. Se cuadra ante la bola para fijar una línea imaginaria hacia la bandera y realiza la subida en bloque. Desde una posición neutral, al final de la subida, desciende el palo marginalmente dentro de la línea que describe el downswing para atacar la bola desde dentro. Es un swing suave, simple e incluso rápido, pero altamente efectivo.

Cuerpo
Los hombros, los pies y las caderas apuntan a la izquierda del objetivo en el momento de la colocación.

Subida
Los brazos, las manos y los hombros giran juntos al comienzo de la subida.

Cara del palo
Treviño lleva el palo inmediatamente hacia atrás por fuera de la línea.

Lee Treviño - El swing poco convencional
Lee Treviño es indudablemente uno de los jugadores que más controla a la hora de golpear la bola, a pesar de su swing increíblemente poco convencional. Se coloca ante la bola con el cuerpo enfocado a la izquierda de la línea del objetivo, pero la cara del palo está perfectamente encarada hacia el objetivo. Entonces sube inmediatamente la cabeza del palo por afuera de la línea. Una vez arriba, Lee deja caer sus manos hacia abajo por dentro de la línea. Esto le permite atacar la bola suavemente desde dentro, sacándola con una trayectoria baja.

Eamonn Darcy - El swing fuera de lo común

El jugador irlandés de la Ryder Cup, Eamonn Darcy, constituye un ejemplo extremo del «codo derecho volador»; su brazo derecho se aparta mucho del cuerpo en la subida del palo. Desde una posición poco convencional al final de la subida, Darcy ataca la bola con un extraño movimiento cortante. Pero, de hecho, como cualquiera de los jugadores más finos, consigue encuadrar la bajada del palo hacia la línea de la bandera y apuntar al objetivo en el ángulo de ataque correcto: el ingrediente esencial de un golpe sólido.

Codo derecho

El brazo derecho se aleja mucho del cuerpo en la subida del palo.

Impacto

En ese momento, la cara del palo está encarada hacia la línea de vuelo.

Downswing

Price deja caer el palo dentro de un área más plana en el momento de iniciar la bajada.

Downswing

Treviño deja caer sus manos por dentro de la línea de su bajada.

Cuerpo y palo

A pesar de las distintas vías que siguen, nótese como Treviño ha logrado llegar a la misma posición que Price.

Followthrough

La excelente sincronización de Price se refleja en el perfecto balanceo en el momento de pasar el palo tras el impacto.

Followthrough

El followthrough de Treviño resulta de lo más peculiar.

Instrucciones para seguir la Clase Maestra

LA CLASE MAESTRA ES una guía especial para mejorar su juego. Existen innumerables teorías que explican cómo mejorar el juego, pero lo más recomendable es seguir aquella que ha sido puesta en práctica de modo satisfactorio por los grandes exponentes del golf. La Clase Maestra divide el juego en nueve áreas, y cada una de ellas contiene una serie de lecciones basadas en los pensamientos, teorías y técnicas del golf desarrollados por los jugadores que han cosechado grandes éxitos. Gracias a un estudio cuidadoso de la sabiduría de estos genios, podemos no sólo desvelar alguno de sus más queridos secretos sino también explorar otros métodos alternativos con los que poder lograr un tremendo efecto sobre nuestro juego.

INTRODUCCIÓN PRELIMINAR
Cada una de las nueve áreas de la Clase Maestra se presenta con una amplia introducción en la que se exponen los principales elementos.

LECCIÓN PRELIMINAR
Cada área se subdivide en lecciones, que le guiarán a través de todos los aspectos del golf, gracias a lo cual podrá retocar su juego.

SEGUNDA LECCIÓN

Mejorar el downswi

LA TRANSICIÓN DEL backswing completo al comienzo del downswing (bajada del palo) constituye un punto crítico dentro de la totalidad del swing. Y aunque el downswing sea claramente una

CLAVE 1 ENTRAR «EN PISTA»
La posición al final de la subida es producto de un trabajo llevado a cabo en la primera fase del backswing. Si, tras el inicio de la subida y el giro, el palo se sitúa en la posición ideal (*véase* página 81), lo más difícil ya está hecho. Rote el cuerpo hasta que los hombros completen un giro de 90º y, mientras los brazos continúan subiendo, lleve el palo de forma natural hasta que se ajuste en la cima del swing.

DETECTOR DE DEFECTOS
NO SE PRECIPITE EN LA BAJADA

Precipitarse en el downswing es una de las mayores acciones criminales en golf. Desde el momento en que el palo se precipita desde la cima, el downswing se vuelve muy estrecho y demasiado apretado. No hay sitio por donde pasar y la única vía que resta es bajar verticalmente sobre la bola, perdiendo así fuerza y dirección –exactamente todo lo contrario de lo que requiere el driver.

Pie derecho
La mayor parte del peso se trasladá al pie derecho.

82   75%

DETECT
NO SE PRECI

Precipitarse en el downswi
minales en golf. Desde el m
de la cima, el downswing se
apretado. No hay sitio por d
es bajar verticalmente sobr
ción –exactamente todo lo

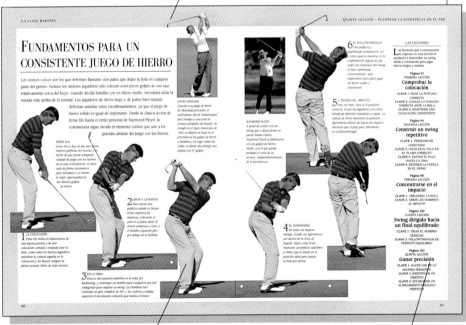

LA CLASE MAESTRA

FUNDAMENTOS PARA UN CONSISTENTE JUEGO DE HIERRO

LOS HIERROS LARGOS son los que deberían llamarse «los palos que dejan la bola en cualquier parte del green». Incluso los mejores jugadores sólo colocan unos pocos golpes de este tipo relativamente cerca del hoyo. Cuando decida batallar con un hierro medio, necesitará alzar la mirada más arriba de lo normal. Los jugadores de driver largo y de putter bien trazado deberían asimilar estos encabezamientos, ya que el juego del hierro sólido es igual de importante. Desde la clásica acción de Ernie Els hasta el estilo personal de Raymond Floyd, la consistencia sigue siendo el elemento común que une a las grandes artistas del juego con los hierros.

DAVID GRAHAM
Gracias a su juego de hierro de obstinada precisión, el australiano David Graham ganó dos Grandes y una serie de torneos alrededor del mundo. Su triunfo en el Open Americano de 1981 en México se basó en la precisión de los golpes de hierro a bandera y en coger todas las calles; el último día entregó una tarjeta con 67 golpes.

ERNIE ELS
Ernie Els es hoy en día uno de los mejores golfistas del mundo. El hecho de que posea semejante calidad de juego con los hierros se ve una consecuencia. La base toda de forma automática para brindarse a sí mismo la mejor oportunidad de dar buenos golpes de hierro.

1 LA COLOCACIÓN
Ernie Els realiza la importancia de una buena postura y de una colocación cómoda y relajada ante la bola. Como todos los buenos jugadores, mantiene la cabeza erguida en la colocación y los brazos cuelgan de forma natural, libres de toda tensión.

2 GIRAR Y LEVANTAR
Tras iniciar una perfecta subida en bloque, Ernie endereza las muñecas, colocando el palo en el plano ideal. El tronco comienza a rotar, y el hombro izquierdo gira por debajo de la barbilla.

3 EN LA CIMA
Ésta es una posición soberbia en la cima del backswing, y constituye un modelo para cualquiera que esté trabajando para mejorar su swing. Los hombros han realizado un giro completo de 90º, y las caderas y rodillas superan el movimiento rotatorio que realiza el tronco.

RAYMOND FLOYD
A pesar de contar con un swing que a duras penas se puede llamar clásico, Raymond Floyd es fulminante con los golpes de hierro medio, con lo que queda probado el valor de su técnica, independientemente de lo que parezca.

4 EL DOWNSWING
En todos los mejores swings, el palo cae ligeramente por dentro de la línea de bajada. Fíjese como Ernie mantiene un perfecto equilibrio y ritmo, que le sitúan en la posición ideal para atacar la bola por detrás.

5 A TRAVÉS DEL IMPACTO
Una vez más, ésta es la posición correcta, la que los jugadores con cierto handicap deberían visualizar y copiar. La cabeza de Ernie mantiene su posición, ligeramente detrás del punto de impacto, mientras que el palo pasa libremente en el followthrough.

6 EL FOLLOWTHROUGH
Una perfecta y equilibrada terminación, tal como aquí se muestra, es la confirmación segura de que todos los elementos del swing se han combinado correctamente: una importante clave para jugar un hierro sólido y consistente.

QUINTA LECCIÓN - PLANTEAR LA ESTRATEGIA EN EL TEE

90   91

Apartado del detector de defectos
Una guía muy valiosa para subsanar los defectos y los errores que afectan incluso a los mejores en algún momento de sus carreras.

Secuencias de un swing profesional
Cada introducción muestra ejemplos de cómo realizan los golpes los mejores profesionales.

Listado del contenido de cada área
Cada introducción preliminar contiene un listado de todas las lecciones y claves mostradas en cada área.

Lección introductoria
Es la que proporciona el título de la lección y resume la visión, el propósito y el valor de la misma.

Claves de la lección
Son los elementos clave que configuran cada lección. Si las recuerda cuando esté jugando en el campo, podrá aportar a su juego una visión más amplia.

Código de color de cada sección
Cada una de las nueve áreas de la Clase Maestra podrá identificarse rápidamente por su código de color.

de una acción independiente,
...ertas consideraciones clave
...ar a crear un suave y correcto
...nswing.

Hombros
Asegúrese de que los hombros han girado 90°.

Posición del palo
Intente dejar la varilla del palo lo más horizontal posible.

Caderas
Cerciórese de que las caderas han girado 45°.

Línea de los pies

VISTA AÉREA
La varilla del palo apunta en paralelo a la línea del objetivo, y los dos pulgares se hallan debajo de la varilla.

Línea del objetivo

SEGUNDA LECCIÓN – MEJORAR EL DOWNSWING

CLAVE 2 · CAMBIAR EL PESO EN LA BAJADA
Al iniciar la bajada del palo, el peso debe trasladarse de forma gradual hacia el lado izquierdo. No obstante, no debe ser un movimiento precipitado, de lo contrario el swing se volverá muy estrecho. Las rodillas permanecen ancladas para sostener el desenlace del tronco. Aquí, el secreto radica en la suavidad.

Ángulo recto
Mantenga un ángulo de 90° entre el antebrazo izquierdo y la varilla del palo.

Codo derecho
Déjelo caer como si quisiera meterlo en el bolsillo.

Rodillas
Manténgalas flexionadas, al mismo tiempo que separadas.

Peso
Devuelva de nuevo el peso hacia el lado izquierdo.

FRED COUPLES – EL «MOVIMIENTO MÁGICO»

El experimentado profesor y gurú de golf Harvey Penick denominó el inicio ideal del downswing como «Movimiento Mágico». **Fred Couples** muestra este arte a la perfección.

Al comienzo de su bajada, Couples simplemente traslada el peso hacia su pie izquierdo, mientras que, al mismo tiempo, atrae el codo derecho hacia el cuerpo. Así es como debe ser: un movimiento sutil pero enormemente eficaz. Note también que el ángulo que se forma en la muñeca derecha se mantiene –es ahí donde se acumula la fuerza.

FRED COUPLES – EL «MOVIMIENTO MÁGICO»

El experimentado profesor y gurú de golf Harvey Penick denominó el inicio ideal del downswing como «Movimiento Mágico». **Fred Couples** demuestra este arte a la perfección.

Al comienzo de su bajada, Couples simplemente traslada el peso hacia su pie izquierdo, mientras que, al mismo tiempo, atrae el codo derecho hacia el cuerpo. Así es como debe ser: un movimiento sutil pero enormemente eficaz. Note también que el ángulo que se forma en la muñeca derecha se mantiene –es ahí donde se acumula la fuerza.

ZONA DE PRÁCTICAS
ENCUENTRE EL CAMINO INTERIOR

Si miramos por debajo de la línea del objetivo, podremos apreciar con toda claridad la ventaja del «Movimiento Mágico». A medida que el peso comienza a trasladarse hacia la izquierda y el codo derecho cae hacia el costado, el palo entra automáticamente en el camino perfecto. Compruebe cómo este movimiento abate el swing de forma plana, incluso sin fuerza desde su cima. Ésta es la posición idónea para bajar el palo a través de la trayectoria más óptima, dejando la cabeza del mismo encarada hacia la bola.

25%

50%

50%

83

El rincón del profesional
Cada lección muestra los pensamientos y las técnicas de alguno de los mejores golfistas del mundo. Esto aporta una auténtica visión interna de cómo los buenos profesionales atacan el campo de golf.

...os
...AJADA

...ayores acciones cri...
...alo se precipita des...
...recho y demasiado
...única vía que resta
...o así fuerza y direc...
...e requiere el driver.

Distribución del peso
Este porcentaje indica la distribución ideal del peso del cuerpo en cada pie durante los momentos clave del swing.

Campo de prácticas y apartado de visualización
Muchas lecciones contienen prácticas especiales y visualizaciones rutinarias que le ayudarán a agudizar su juego, tanto mental como físicamente.

ZONA DE PRÁCTICAS
ENCUENTRE EL CAMINO INTERIOR

Si miramos por debajo de la línea del objetivo, podremos apreciar con toda claridad la ventaja del «Movimiento Mágico». A medida que el peso comienza a trasladarse hacia la izquierda y el codo derecho cae hacia el costado, el palo entra automáticamente en el camino perfecto. Compruebe cómo este movimiento abate el swing de forma plana, incluso sin fuerza desde su cima. Ésta es la posición idónea para bajar el palo a través de la trayectoria más óptima, dejando la cabeza del mismo encarada hacia la bola.

SÍMBOLOS UTILIZADOS

50%	*Distribución del peso*
⬅	*Movimiento del palo*
– – – –	*Alineación del cuerpo*
· · · · ·	*Dirección de la bola*

FUNDAMENTOS DE UNA BUENA COLOCACIÓN

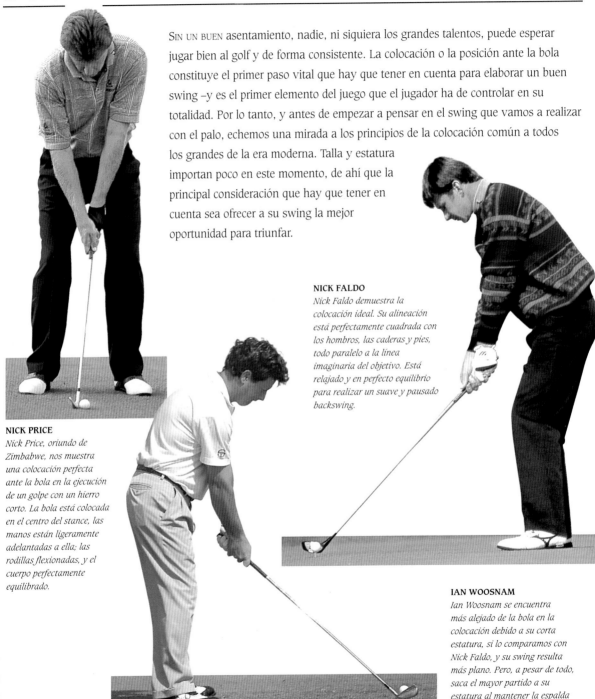

Sin un buen asentamiento, nadie, ni siquiera los grandes talentos, puede esperar jugar bien al golf y de forma consistente. La colocación o la posición ante la bola constituye el primer paso vital que hay que tener en cuenta para elaborar un buen swing –y es el primer elemento del juego que el jugador ha de controlar en su totalidad. Por lo tanto, y antes de empezar a pensar en el swing que vamos a realizar con el palo, echemos una mirada a los principios de la colocación común a todos los grandes de la era moderna. Talla y estatura importan poco en este momento, de ahí que la principal consideración que hay que tener en cuenta sea ofrecer a su swing la mejor oportunidad para triunfar.

NICK FALDO
Nick Faldo demuestra la colocación ideal. Su alineación está perfectamente cuadrada con los hombros, las caderas y pies, todo paralelo a la línea imaginaria del objetivo. Está relajado y en perfecto equilibrio para realizar un suave y pausado backswing.

NICK PRICE
Nick Price, oriundo de Zimbabwe, nos muestra una colocación perfecta ante la bola en la ejecución de un golpe con un hierro corto. La bola está colocada en el centro del stance, las manos están ligeramente adelantadas a ella; las rodillas flexionadas, y el cuerpo perfectamente equilibrado.

IAN WOOSNAM
Ian Woosnam se encuentra más alejado de la bola en la colocación debido a su corta estatura, si lo comparamos con Nick Faldo, y su swing resulta más plano. Pero, a pesar de todo, saca el mayor partido a su estatura al mantener la espalda recta y la cabeza bien alta.

MARK McNULTY
Mark McNulty se coloca erguido y con la barbilla separada del pecho para permitir que su hombro izquierdo gire por debajo en el backswing –el factor más importante que le convierte en uno de los pegadores más rectos del circuito.

FRANK NOBILO
El neozelandés Frank Nobilo nos muestra la postura perfecta en la colocación. Inclinado sobre sus caderas, mantiene la espalda recta. La cabeza está erguida mientras deja caer los brazos con naturalidad desde sus hombros.

ERNIE ELS
Ernie Els realza la importancia de una buena postura y de una colocación cómoda ante la bola. La separación de sus talones sobrepasa la anchura de sus hombros, y la bola se halla en la posición ideal para un golpe de hierro largo.

LAS LECCIONES

Las lecciones que a continuación se presentan le ayudarán a preparar y desarrollar una buena colocación ante la bola –elemento vital para producir un swing efectivo.

PRIMERA LECCIÓN

Construir un grip sólido

EL LEGENDARIO CAMPEÓN Ben Hogan resumió perfectamente la importancia del grip cuando dijo que «un jugador con mal grip no desea un buen swing». La manera de colocar las manos en el grip determina el tipo de swing y, más importante aún, le indica de forma precisa dónde apunta la cara del palo en el momento del impacto. Y esto dicta la dirección que tomará la bola tras el impacto. Para dar golpes de golf precisos es esencial tener un buen grip.

ZONA DE PRÁCTICAS
«APRIETE EL GATILLO»

La posición de «apretar el gatillo» que se forma con el pulgar y el índice de la mano derecha es del todo crítica. En un buen grip existirá una separación entre el nudillo del índice y el dedo del medio (corazón). El pulgar, a continuación, se situará en diagonal hacia abajo por el lado de la varilla.

Para lograr acostumbrarse a la posición de los dedos, tenga en mente esta foto que le mostramos. Agarre el palo con la mano derecha, extendiendo la varilla hacia fuera, y suelte los tres últimos dedos del grip. Si el pulgar y el índice están posicionados de forma adecuada, el peso del palo recaerá sobre este «gatillo».

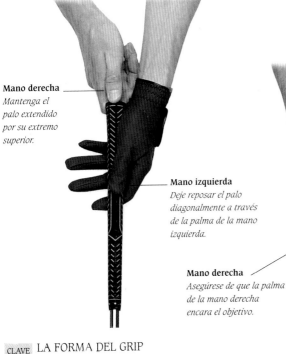

Mano derecha
Mantenga el palo extendido por su extremo superior.

Mano izquierda
Deje reposar el palo diagonalmente a través de la palma de la mano izquierda.

Mano derecha
Asegúrese de que la palma de la mano derecha encara el objetivo.

EL GROSOR DEL GRIP
Un grip se adapta a usted de forma ideal cuando la punta de los dedos de su mano izquierda tocan ligeramente el pulpejo de la palma.

CLAVE **1** LA FORMA DEL GRIP
Sea cual sea el estilo de grip al que se adapte mejor, el procedimiento para colocar las manos en el palo de forma correcta es en esencia el mismo. Las manos deben estar en una posición neutral en el grip; las palmas, una frente a la otra, encaradas hacia la línea del objetivo. Esto permite a las manos trabajar al unísono durante todo el swing. Acerque la mano izquierda en posición de agarre neutral, manténgala plana contra el grip, con la parte posterior de la misma hacia el objetivo, y deje reposar el palo diagonalmente a través de la palma.

CLAVE **2** RODEAR EL GRIP CON LOS DEDOS
Rodee con la mano el grip, tras lo cual, el extremo superior del palo se apoyará contra el pulpejo de la palma de la mano izquierda. Mirando hacia abajo, parece como si el pulgar izquierdo se situara justo en el centro del grip. Una vez en su sitio, mueva la cabeza del palo hacia atrás y hacia delante para asegurar un ajuste cómodo.

RONAN RAFFERTY, NICK FALDO Y JACK NICKLAUS – DIFERENTES GRIPS

EL GRIP DE BASEBALL

A finales del siglo pasado, el grip de baseball o a dos manos era la única forma que existía para sujetar el palo. Hoy en día, existen hasta tres estilos aceptados para coger un palo. El grip de baseball resulta ideal para los golfistas jóvenes o para aquellos que presentan problemas de artrosis en las manos. En los niveles más altos, sólo un puñado de profesionales están a favor de este estilo; **Ronan Rafferty,** jugador europeo de la Ryder Cup (*inferior*), es probablemente el mejor exponente conocido de la era moderna.

EL GRIP OVERLAP (SUPERPUESTO)

Constituye, con diferencia, el estilo más popular de coger el palo. En él el dedo meñique de la mano derecha se monta literalmente sobre la «espalda» del índice de la mano izquierda. También conocido como el grip Vardon (*véase* página 16); éste es el método más extensamente adoptado, que favorece a grandes jugadores como **Nick Faldo** (*inferior*), Seve Ballesteros y Ernie Els. Todos ellos se suscriben a la teoría de que ésta es la más neutral de todas las opciones de grip existentes, ya que permite que las manos trabajen en bloque.

EL GRIP INTERLOCK (ENTRELAZADO)

Una ligera variación en el grip overlap fue lo que generó el grip interlock, donde el dedo meñique de la mano derecha se enlaza con el índice de la mano izquierda. Tal y como sucede con el grip overlap, éste también fuerza a las manos a trabajar en armonía a lo largo de todo el swing. Profesionales tales como el gran **Jack Nicklaus** (*inferior*), Tom Kite, ganador del Open Americano de 1992, y John Daly, ganador del Open Británico de 1995 –un trío demasiado poderoso para ser ignorado– han probado con éxito este grip.

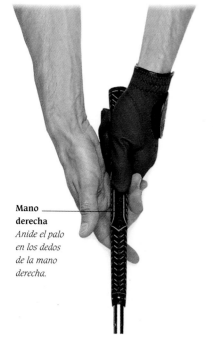

Mano derecha
Anide el palo en los dedos de la mano derecha.

CLAVE 3 ENCARAR LA PALMA DERECHA HACIA EL OBJETIVO

Ahora introduzca la mano derecha en el grip, con la palma enfocada hacia el objetivo. Anide el grip en la base de los dedos y rodee la empuñadura con la mano. Como último paso para fijar el grip, note que el índice y el pulgar derecho forman un «gatillo».

Compruebe las «Vs»
Asegúrese de que las «Vs» apuntan hacia el hombro derecho.

CLAVE 4 JUNTAR LAS MANOS

Compruebe delante de un espejo que las «Vs» formadas por el pulgar y el índice de cada mano apuntan hacia algún lugar entre el hombro y el ojo derecho. Teóricamente, se tendrían que ver los dos nudillos de cada mano. Finalmente, presione ligeramente el palo entre sus manos. Aplique sólo la fuerza suficiente para lograr un agarre seguro y sienta realmente el peso de la cabeza del palo entre sus dedos.

SEGUNDA LECCIÓN

Mejorar la postura

LOS ÁNGULOS DEL cuerpo que se forman en la colocación, conocidos como postura, tienen un efecto significativo sobre el tipo y calidad del swing. Trabaje duro a la hora de formarlos correctamente y a continuación aparecerá un swing de golf mejor. Sin embargo, si se descuida la posición del cuerpo, entonces el swing irá acompañado para siempre de movimientos compensatorios por lo que mantener un cierto nivel de consistencia en el swing será una lucha constante.

Palo
Sostenga el palo ligeramente frente a usted.

Brazos
Manténgalos libres de toda tensión.

CLAVE
1
MANTENERSE ERGUIDO Y CON LOS BRAZOS EXTENDIDOS

Este ejercicio puede ensayarlo en el campo de prácticas, en el jardín o en cualquier otro lugar donde se le presente la oportunidad. Su propósito consiste en ayudarle a familiarizarse con la sensación de la postura perfecta. Cuanto más cómodo se sienta en esa posición, más fácilmente la podrá repetir de forma automática en el campo, donde realmente hace falta. Manténgase recto con los brazos cómodamente extendidos y hacia fuera, a la altura del pecho.

Stance
Manténgase erguido pero cómodo.

ZONA DE PRÁCTICAS
ESTABLECER UNA BASE SÓLIDA COMO UNA ROCA

Mantener el equilibrio a lo largo del swing es primordial para realizar buenos golpes. Y un buen equilibrio es el resultado de una perfecta distribución del peso en la colocación, por lo que es esencial crear una base sólida con la que empezar. Este ejercicio ayuda a distribuir de forma equitativa el peso. Colóquese delante de la bola como siempre y haga que un amigo le empuje con fuerza por detrás o por los lados. Si no pierde el equilibrio es porque la distribución del peso está correctamente repartida. Si es incorrecta, su amigo le hará caer con excesiva facilidad. Dependiendo de la forma de tambalearse, será capaz de identificar y rectificar el desequilibrio.

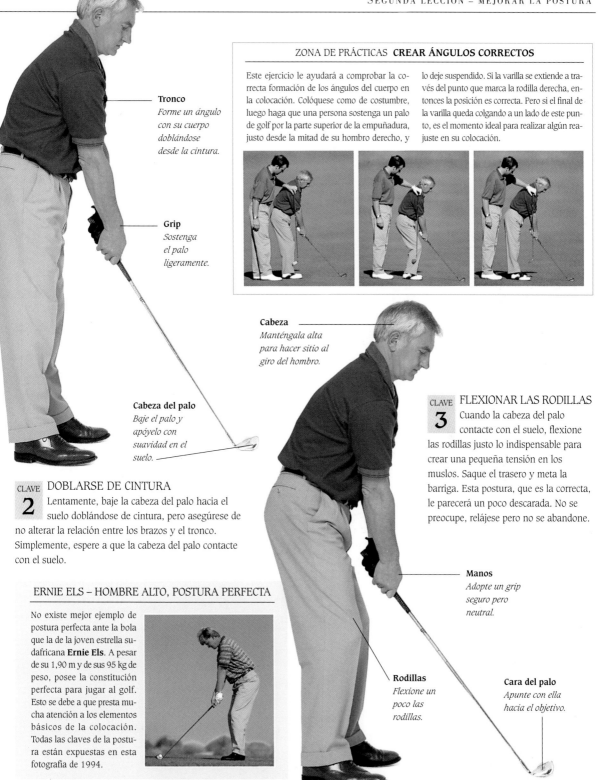

Tronco
Forme un ángulo con su cuerpo doblándose desde la cintura.

Grip
Sostenga el palo ligeramente.

Cabeza del palo
Baje el palo y apóyelo con suavidad en el suelo.

ZONA DE PRÁCTICAS **CREAR ÁNGULOS CORRECTOS**

Este ejercicio le ayudará a comprobar la correcta formación de los ángulos del cuerpo en la colocación. Colóquese como de costumbre, luego haga que una persona sostenga un palo de golf por la parte superior de la empuñadura, justo desde la mitad de su hombro derecho, y lo deje suspendido. Si la varilla se extiende a través del punto que marca la rodilla derecha, entonces la posición es correcta. Pero si el final de la varilla queda colgando a un lado de este punto, es el momento ideal para realizar algún reajuste en su colocación.

Cabeza
Manténgala alta para hacer sitio al giro del hombro.

CLAVE 3 FLEXIONAR LAS RODILLAS
Cuando la cabeza del palo contacte con el suelo, flexione las rodillas justo lo indispensable para crear una pequeña tensión en los muslos. Saque el trasero y meta la barriga. Esta postura, que es la correcta, le parecerá un poco descarada. No se preocupe, relájese pero no se abandone.

CLAVE 2 DOBLARSE DE CINTURA
Lentamente, baje la cabeza del palo hacia el suelo doblándose de cintura, pero asegúrese de no alterar la relación entre los brazos y el tronco. Simplemente, espere a que la cabeza del palo contacte con el suelo.

Manos
Adopte un grip seguro pero neutral.

ERNIE ELS – HOMBRE ALTO, POSTURA PERFECTA

No existe mejor ejemplo de postura perfecta ante la bola que la de la joven estrella sudafricana **Ernie Els**. A pesar de su 1,90 m y de sus 95 kg de peso, posee la constitución perfecta para jugar al golf. Esto se debe a que presta mucha atención a los elementos básicos de la colocación. Todas las claves de la postura están expuestas en esta fotografía de 1994.

Rodillas
Flexione un poco las rodillas.

Cara del palo
Apunte con ella hacia el objetivo.

TERCERA LECCIÓN

Mejorar el stance y la posición ante la bola

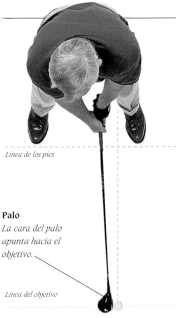

Línea de los pies

Palo
La cara del palo apunta hacia el objetivo.

Línea del objetivo

LA ANCHURA DEL stance –la distancia a la que se separan los pies en la colocación– viene determinada por el palo con que se va a jugar, y es un factor decisivo para una colocación consistente. Igual de importante es la posición ante la bola, ya que ésta influirá en la trayectoria y en el ángulo de ataque de la cabeza del palo en el momento del impacto. Estas claves fomentan una colocación y una posición ante la bola uniformes dirigidas a lograr un toque más consistente.

POSICIÓN DE LA BOLA
Al poner la bola a la altura de la parte interior del talón izquierdo, aumentan las posibilidades de que la cabeza del palo llegue a la bola con el ángulo correcto de ataque.

CLAVE 1 UNA BASE SÓLIDA PARA EL DRIVER

Con el palo más largo que lleva en su bolsa, es decir, con el driver, es lógico que sus pies deban estar más separados que con cualquier otro palo, con la bola colocada justo en línea con la parte interior de su talón izquierdo.

Manos
Colóquelas a la altura de la bola o cerca de ella en la colocación.

Rodillas
Flexiónelas un poco.

Stance
Asegúrese de que los talones presentan la misma anchura que sus hombros.

DETECTOR DE DEFECTOS **MALA COLOCACIÓN**

La posición de la bola en su stance influye directamente en el trayecto que toma la cabeza del palo en el impacto, lo que determinará la dirección inicial del golpe. Esta visión aérea muestra la repercusión que puede tener una mala colocación ante la bola sobre la dirección inicial del golpe.

Si la bola está **demasiado retrasada***, la cabeza del palo pasará de dentro hacia fuera en el momento del impacto: enviará la bola a la derecha del objetivo.*

Si la bola está **demasiado adelantada***, la cabeza del palo pasará de fuera hacia dentro en el impacto: la bola se dirigirá hacia la izquierda del objetivo.*

DETECTOR DE DEFECTOS **ANCHURA INCORRECTA DE STANCE**

Al igual que una buena colocación ayuda a realizar un buen swing, también podemos decir que los errores más pequeños que en ella se detecten pueden ocasionar grandes problemas en el movimiento. Escoja el ancho del stance. Si los pies están **muy separados**, le será imposible girar las caderas y los hombros hasta la extensión necesaria, y el backswing resultará limi-

tado. Si los pies están **demasiado juntos** en el stance, resulta igualmente peligroso. Un stance estrecho no proporciona una base lo suficientemente estable para el swing. Permite disponer de mucho espacio para girar el tronco, pero esta situación no genera el poder y la fuerza necesarios en el swing de golf. Asimismo también se perderá, casi con certeza, el equilibrio.

Hombros
Sienta que el hombro izquierdo está más alto que el derecho.

GREG NORMAN – IMPROVISACIONES PARA GIRAR MEJOR

Greg Norman posee un swing ortodoxo, aunque también improvisa. Al colocarse, suele abrir la punta del pie izquierdo, lo que le permite despejar un poco más su costado izquierdo tras el impacto. Asimismo, no gira de forma excesiva en el back-

swing, y opone cierta resistencia a la vez que el tronco se arrolla sobre sus piernas. Siga su ejemplo; como alternativa, si la flexibilidad del cuerpo constituye un problema, abra la punta del pie derecho para girar mejor en el backswing.

Manos
Cerciórese de que están adelantadas a la bola.

Stance
Con un wedge, adopte un stance estrecho.

CLAVE 2 ESTRECHAR EL STANCE PARA EL WEDGE

En el extremo opuesto del driver, dentro de la escala de palos de golf, los pies deberían juntarse cuando empleamos un wedge. La verdadera naturaleza de este golpe y la del swing relativamente corto que precisa significa que no requiere mucho equilibrio. En alguna parte entre un driver y un wedge reside la anchura ideal de stance para cada uno de los demás palos de la bolsa. Probar y errar deberían indicarnos la forma de sentirnos más cómodos.

CUARTA LECCIÓN

Afinar la precisión

CON LA MISMA FRECUENCIA que juegan los profesionales del Tour, constantemente vigilan su puntería y su alineación. Si una pistola no apunta correctamente, la bala no dará en el blanco, y este principio se adapta perfectamente al swing de golf. La cara del palo debe encararse hacia el objetivo y la alineación del cuerpo debe concordar con el ángulo de la cara del palo –conocido como la alineación paralela ideal.

Éstas son las claves que nos ayudarán a conseguir esa alineación.

CLAVE 1 VISUALIZAR LA SITUACIÓN
Colóquese detrás de la bola y mire hacia abajo a lo largo de la línea del objetivo. Visualice el tipo de golpe requerido, el vuelo de la bola y el lugar exacto donde ésta aterrizará.

CLAVE 2 APUNTAR CON LA CARA DEL PALO
Con una clara imagen mental del golpe que se intenta efectuar, escoja un objetivo intermedio como referencia, una hoja, la longitud de un palo o algo semejante, que se encuentre frente a la bola a lo largo de la línea hacia el objetivo. Encare la cara del palo hacia ese punto, en vez de a la lejana bandera.

Bola
Escoja el lugar donde quiere que aterrice la bola.

Visión
Fije una línea de mira por encima del objetivo intermedio.

Objetivo
Línea directa hacia el objetivo final.

Palo
Encárelo directamente hacia un objetivo intermedio.

CLAVE 3
CONSTRUIR UN STANCE BÁSICO

Una vez situada la cara del palo, el siguiente paso consiste en construir un stance en torno a ella. Para efectuar un golpe recto, que no se tuerza en el aire, cerciórese de que los pies, las caderas y los hombros están cuadrados con la posición de la cara del palo. Esto se conoce como la alineación paralela ideal, y repercutirá de modo positivo sobre la forma y la calidad del swing completo.

Brazos
Una buena angulación del dorso permite que los brazos cuelguen libremente.

Cabeza del palo
Encuadre el palo detrás de la bola.

Mano izquierda
Asegúrese de que su parte posterior apunte hacia el objetivo.

Pies
Cerciórese de que la línea de la punta de los pies esté parelela a la línea del objetivo.

DETECTOR DE DEFECTOS
RIESGOS DE UNA MALA ALINEACIÓN

La alineación es uno de los factores del pre-swing que puede establecerse incorrectamente y, si no se remedia, puede destruir la trayectoria del mismo. Con un stance cerrado (*inferior izquierda*), en el que cada elemento apunta a la derecha del objetivo, resulta inevitable que el palo baje muy por dentro. De igual modo, con un stance abierto (*inferior derecha*), hay muchas probabilidades de que la cabeza del palo venga por fuera de la línea en la bajada. De nuevo, lejos de lo ideal. Recuerde, el swing de golf es una reacción en cadena. Empezar mal un swing es difícilmente recuperable. El swing completo se convierte en una serie de compensaciones, y esto es algo que hay que evitar a toda costa.

ZONA DE PRÁCTICAS
VERIFIQUE SU ALINEACIÓN

Siempre que entrene, acostúmbrese a colocar algún palo en la hierba que le indique la alineación perfecta. Esto le ayudará a alinear los pies de forma automática y correcta en relación con el objetivo. Ensayar golpes hacia un objetivo cuando la alineación es incorrecta sólo nos acarreará más defectos en el swing y anulará la misión de nuestro propósito inicial.

JAMIE SPENCE – ELABORAR UNA IMAGEN MENTAL POSITIVA

Visualizar un golpe antes de colocarse es una parte esencial de cualquier rutina que precede al éxito del mismo. Todos los jugadores de élite lo hacen, como el inglés **Jamie Spence**, quien se sitúa detrás de la bola e imagina el vuelo y la trayectoria del golpe. La visualización es un excelente hábito al que tenemos que acostumbrarnos. Esto le ayudará a establecer una especie de visión de túnel, donde se procura excluir todas aquellas distracciones que puedan causar estragos durante una vuelta, tales como cavilar sobre la profundidad del estanque que hay a la derecha del green. Para realizar mentalmente mejores golpes de approach y menos vacilantes, acostúmbrese a visualizar la situación.

QUINTA LECCIÓN

Poner en marcha el swing

LA COLOCACIÓN DEFINITIVA debe parecer atlética y «lista para salir». Una vez colocados, muchos jugadores emplean el conocido «swing de gatillo». Éste fomenta un primer movimiento de swing suave al alejarse de la bola. Para golfistas con tendencia a «congelarse» encima de la bola o aquellos que inician el backswing demasiado deprisa, desarrollar un «swing de gatillo» constituye el mejor antídoto.

Ojos
Concentre todos sus sentidos en el objetivo.

PLAYER, PALMER, NICKLAUS – GRANDES «PISTOLEROS» DEL SWING

Resulta más fácil perpetuar un movimiento que iniciarlo. Por ello muchos grandes golfistas inician su swing con un ligero movimiento para apretar el «gatillo del swing» y entrar en acción. **Gary Player** (*izquierda*) golpea la bola a la altura de su rodilla derecha; **Arnold Palmer** (*centro*) le da al palo un toque final, lo mueve de modo agresivo antes de lanzar la bola; **Jack Nicklaus** (*derecha*) gira la cabeza hacia la derecha al igual que Nick Faldo. Todos estos movimientos tienen una cosa en común: ayudar al jugador a suavizar el inicio del backswing, y evitar así cualquier precipitación o movimiento espasmódico que pueda destruir todo lo esencial del engranaje del swing. Tómese el tiempo necesario para experimentar con cada uno de estos movimientos –si desarrolla un «gatillo» eficaz, hallará la diferencia.

Manos
Ejerza una ligera presión sobre el grip.

CLAVE **1** TOMAR UNA REFERENCIA EXACTA
Emplee una visión de túnel. Intente concentrarse en el objetivo y ausentarse de todo lo que le rodea.

Pies
Reparta el peso en la punta de los dos pies.

Cabeza del palo
Sitúe el palo con suavidad detrás de la bola.

ZONA DE PRÁCTICAS
CÓMO PERMANECER RELAJADO

Un grip empuñado con demasiada fuerza puede destruir un swing, incluso antes de iniciarlo. La tensión en las manos conduce a tensar los brazos y los hombros; esto causaría un giro limitado en el swing, como se aprecia en las fotografías.

Sea cual sea el palo, es vital aprender a cogerlo con suavidad. Este ejercicio le ayudará a relajarse. Sitúese en posición normal para ejecutar un golpe y deje que sus brazos cuelguen con naturalidad. Ahora ensaye un movimiento normal de backswing. Los brazos se pueden balancear hasta la cima fácilmente, y los hombros y el tronco giran con más agilidad, de este modo se proyecta un movimiento libre lejos de la bola.

CLAVE 2

LISTO PARA ENTRAR EN ACCIÓN

Agite un poco el palo para liberar cualquier tensión que pudiera insinuarse en las manos y en los brazos, y sienta el peso de la cabeza del palo en las manos. «Patalee» ligeramente para mantener las piernas vigorosas y aplomadas, listas para llevar el peso hacia atrás y hacia delante en el swing.

Cabeza
Gírela hacia la derecha para dejar sitio al giro completo de hombros.

EVITE LA TENSIÓN
Agite el palo hacia atrás y hacia delante para evitar la tensión en manos, brazos y hombros.

Manos
Coja el grip con suavidad y comience a agitarlo.

Cabeza del palo
Realice movimientos firmes de ensayo del swing previsto.

Pies
«Patalee» para lograr la posición correcta.

TÉCNICAS PARA UN DRIVE MÁS LARGO

NO EXISTE NINGÚN otro golpe que dé más satisfacción y que iguale a un drive bien empalado, que vuela en la distancia y acaba en el medio de la calle. Esto lo saborean los jugadores consumados y constituye la envidia de los que, «desesperados», quieren emularlos. Sin embargo, la distancia desde el tee se confunde con frecuencia con la fuerza y el poder muscular. Si bien debemos aceptar que nunca seremos capaces de golpear la bola tan lejos o tan impresionantemente como Greg Norman o John Daly, estamos a tiempo de mejorar de modo ostensible nuestro drive desarrollando una técnica a conciencia desde el tee.

TOM WATSON
Un swing suelto y amplio, que imprime una inmensa velocidad a la cabeza del palo en vez de gran fuerza, constituye el secreto que se esconde detrás del éxito del golpe de bola de Tom Watson a lo largo de los años.

GREG NORMAN
El australiano Greg Norman es uno de los más exquisitos jugadores de driver que se han visto en golf. Es fuerte, ciertamente, pero su distancia desde el tee y, más importante aún, su precisión son fruto del empleo de una perfecta técnica, en vez de fuerza bruta.

1 LA COLOCACIÓN
Greg Norman, con esta colocación, está perfectamente preparado para realizar un potente swing. Levanta un poco la cabeza del palo del suelo para alejarlo suavemente, y gira la punta del pie izquierdo hacia el hoyo para lograr que su lado izquierdo se abra paso con más facilidad a través del impacto.

2 LA SUBIDA
Éste es un ejemplo perfecto de subida en bloque. Esto proporciona un amplio arco y da ritmo al swing, ingredientes necesarios para generar potencia y así lanzar la bola más lejos.

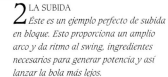

3 EN LA CIMA
La posición de Greg en la cima del backswing es perfecta, un modelo para todo el mundo. Los hombros han efectuado un giro de 90°, la espalda está apuntando hacia el objetivo y el palo se halla perfectamente alineado.

JOHN DALY

John Daly es el hombre que todos deseamos ver «como vuela» con un driver. Envía la bola a distancias extraordinarias gracias a un poderoso giro de hombros y a un swing muy largo. No obstante, la clave es que su potencia está al servicio de una buena técnica.

6 EL FOLLOWTHROUGH
La cabeza del palo gira libremente a través de un elevado followthrough, que ratifica que todos los elementos del swing se han realizado con corrección. Observe el finish perfectamente equilibrado.

5 A TRAVÉS DEL IMPACTO
Aquí reside otra de las claves de la distancia y la precisión de Greg Norman. Con su costado izquierdo alejado, las manos y los brazos se extienden por completo a lo largo de la línea. Observe que la cabeza de Greg conserva su posición ligeramente detrás del punto de impacto.

4 EL DOWNSWING
Dentro del downswing, Greg deja caer el palo dentro ligeramente más plano, lo que le facilita atacar la bola desde dentro. El brazo derecho permanece pegado al cuerpo, el costado izquierdo se ha alejado y la cabeza se mantiene detrás de la bola.

PRIMERA LECCIÓN

Mejorar el backswing

ANNIKA SORENSTAM – CAMBIAR EL PESO PARA OBTENER LA MÁXIMA FUERZA

La fuerza se genera mejor al trasladar el peso de atrás hacia delante, en armonía con la dirección del swing. Si el tronco se arrolla y el peso se cambia correctamente en el backswing, lo normal es que se produzca un movimiento lateral sobre el pie derecho. La ganadora del Open Femenino Americano de 1995, **Annika Sorenstam**, es un buen ejemplo. Observe la posición de su cabeza en la colocación y compárela con la posición de la misma en la cima del backswing. Ésta se ha movido unos 12 a 15 cm, lo que le ha permitido «quedarse detrás de la bola».

EL SWING DE golf es, en su totalidad, una reacción en cadena, en la que un buen movimiento nos lleva de modo natural a otro. Los primeros eslabones del proceso son obviamente los más importantes, pues determinan no tan sólo la forma, sino también la calidad total del swing. De este modo, una buena colocación y un buen inicio aumentan inmediatamente las posibilidades de completar un buen swing y, por consiguiente, una elaboración del golpe más consistente.

CLAVE **1** COMPROBACIONES PREVIAS

Es importante habituarse a comprobar la lista de los fundamentos del pre-swing. Empiece por comprobar si la postura es correcta (*véase* página 70); así como la distribución del peso –ligeramente apoyado en el lado derecho cuando usemos un palo largo; asegúrese de que la bola está frente al talón izquierdo y, finalmente, compruebe la altura del tee.

Palo
Sienta que la varilla es la prolongación de su brazo izquierdo.

Grip
Adopte un grip neutral en el que se puedan ver dos nudillos de cada mano.

COMPROBAR LA ALTURA DEL TEE
No desaproveche las ventajas del tee; asegúrese de que se halla a la altura idónea. Por regla general, el canto superior del driver debería estar a la altura de la mitad de la bola. Esto se aplica independientemente de la medida y diseño de la cabeza del driver. Asimismo es aplicable a los palos abiertos, tales como un «spoon» o una madera 3, jugados desde el tee.

Rodillas
Asegúrese de que están cómodamente flexionadas en la colocación.

Talones
Sitúelos más o menos a la misma anchura de los hombros.

55%   45%

CLAVE 2

PENSAR «TODO BRAZOS»

Crear la sensación de «todo brazos» durante los primeros 75 cm de la subida proporciona mayores dividendos. La subida «todo brazos» empuja el hombro, la rodilla y la cadera izquierda hacia la bola. El tronco también actúa en el swing de brazos, mientras que las manos y las muñecas permanecen pasivas.

Barbilla
Manténgala alta y separada del pecho.

Palo
Lleve el palo hacia atrás lentamente y forme un arco amplio.

Piernas
Manténgalas firmes al comienzo de la subida.

ZONA DE PRÁCTICAS ELÉVELO SI LO DESEA

No existen reglas estrictas sobre si el talón izquierdo debe o no permanecer en el suelo durante el backswing. A comienzos de siglo, era un movimiento integrado en el swing, quizá debido a la propia naturaleza restrictiva de la ropa. Hoy en día, depende de la flexibilidad del jugador. Si necesita elevar el talón izquierdo para completar el giro del swing, levántelo. Sin embargo, retrase lo más que pueda esta acción para ayudar a crear resistencia en el swing.

Ángulo recto
Forme un ángulo de 90° entre la varilla y el antebrazo izquierdo.

Tronco
Gire la espalda de forma natural hacia el objetivo.

Rodilla izquierda
Alinee la rodilla izquierda y la cadera hacia la bola como respuesta al movimiento de torsión que realiza el tronco.

Caderas
Aleje la cadera derecha de la bola.

Rodilla derecha
Gire alrededor de una rodilla flexionada.

Peso
El peso se traslada ligeramente hacia el pie derecho.

60%   40%

ERNIE ELS – LA SUBIDA EN BLOQUE

Buenos golfistas barren el palo hacia atrás de forma baja y lenta al inicio de la subida. Esto se conoce como la clásica acción en bloque: proporciona anchura y coordinación en el swing de forma inmediata –esencial para los golpes enteros, pero particularmente para los palos más largos.

Observe la subida del campeón del Open Americano de 1994 **Ernie Els**. El tronco, los brazos y el palo se mueven con total armonía. Las muñecas restan prácticamente pasivas, sólo comienzan a doblarse cuando las manos alcanzan un punto exacto, justo debajo de la cadera derecha. Se trata, sin duda, de la perfecta subida a imitar.

CLAVE 3

GIRAR Y COLOCARSE EN EL SITIO

Las muñecas se tuercen al tiempo que el cuerpo continúa girando y los brazos elevan el palo a su plano. Un buen punto de verificación en el swing lo encontramos en la posición del reloj de «las nueve en punto» (*véase* página 168), momento en el que la cabeza del palo apunta al cielo.

SEGUNDA LECCIÓN

Mejorar el downswing

LA TRANSICIÓN DEL backswing completo al comienzo del downswing (bajada del palo) constituye un punto crítico dentro de la totalidad del swing. Y aunque el downswing sea claramente una reacción, en vez de una acción independiente, existen todavía ciertas consideraciones clave que pueden ayudar a crear un suave y correcto ataque en el downswing.

CLAVE **1** ENTRAR «EN PISTA»

La posición al final de la subida es producto de un trabajo llevado a cabo en la primera fase del backswing. Si, tras el inicio de la subida y el giro, el palo se sitúa en la posición ideal (*véase* página 81), lo más difícil ya está hecho. Rote el cuerpo hasta que los hombros completen un giro de 90° y, mientras los brazos continúan subiendo, lleve el palo de forma natural hasta que se ajuste en la cima del swing.

DETECTOR DE DEFECTOS
NO SE PRECIPITE EN LA BAJADA

Precipitarse en el downswing es una de las mayores acciones criminales en golf. Desde el momento en que el palo se precipita desde la cima, el downswing se vuelve muy estrecho y demasiado apretado. No hay sitio por donde pasar y la única vía que resta es bajar verticalmente sobre la bola, perdiendo así fuerza y dirección –exactamente todo lo contrario de lo que requiere el driver.

Hombros
Asegúrese de que los hombros han girado 90°.

Posición del palo
Intente dejar la varilla del palo lo más horizontal posible.

Caderas
Cerciórese de que las caderas han girado 45°.

Línea de los pies

Línea del objetivo

VISTA AÉREA
La varilla del palo apunta en paralelo a la línea del objetivo, y los dos pulgares se hallan debajo de la varilla.

Rodilla derecha
Manténgala flexionada para crear resistencia en el swing.

Pie derecho
La mayor parte del peso se traslada al pie derecho.

75%   25%

CLAVE
2

CAMBIAR EL PESO EN LA BAJADA

Al iniciar la bajada del palo, el peso debe trasladarse de forma gradual hacia el lado izquierdo. No obstante, no debe ser un movimiento precipitado, de lo contrario el swing se volverá muy estrecho. Las rodillas permanecen ancladas para sostener el desenlace del tronco. Aquí, el secreto radica en la suavidad.

Ángulo recto
Mantenga un ángulo de 90° entre el antebrazo izquierdo y la varilla del palo.

Codo derecho
Déjelo caer como si quisiera meterlo en el bolsillo.

Rodillas
Manténgalas flexionadas, al mismo tiempo que separadas.

Peso
Devuelva de nuevo el peso hacia el lado izquierdo.

50%   50%

FRED COUPLES – EL «MOVIMIENTO MÁGICO»

El experimentado profesor y gurú de golf Harvey Penick denominó el inicio ideal del downswing como «Movimiento Mágico». **Fred Couples** demuestra este arte a la perfección.

Al comienzo de su bajada, Couples simplemente traslada el peso hacia su pie izquierdo, mientras que, al mismo tiempo, atrae el codo derecho hacia el cuerpo. Así es como debe ser: un movimiento sutil pero enormemente eficaz. Note también que el ángulo que se forma en la muñeca derecha se mantiene –es ahí donde se acumula la fuerza.

ZONA DE PRÁCTICAS
ENCUENTRE EL CAMINO INTERIOR

Si miramos por debajo de la línea del objetivo, podremos apreciar con toda claridad la ventaja del «Movimiento Mágico». A medida que el peso comienza a trasladarse hacia la izquierda y el codo derecho cae hacia el costado, el palo entra automáticamente en el camino perfecto. Compruebe cómo este movimiento abate el swing de forma plana, incluso sin fuerza desde su cima. Ésta es la posición idónea para bajar el palo a través de la trayectoria más óptima, dejando la cabeza del mismo encarada hacia la bola.

TERCERA LECCIÓN

Impactar mejor la bola

EL FACTOR COMÚN a todos los grandes pegadores de driver ha sido la posición en el momento del impacto. Desde la rápida y convulsiva acción de Harold Hilton a finales del siglo pasado, hasta la suavidad del ritmo de los grandes pegadores Fred Couples y Ernie Els, la posición en la que el palo encuentra la bola ha cambiado muy poco.

Cabeza
Manténgala detrás del punto de impacto.

Hombro derecho
Muévalo por debajo de la barbilla a lo largo del impacto.

Brazos
Extiéndalos totalmente para restablecer el radio del swing.

Talón derecho
Deje que se levante del suelo a la vez que el tronco gira detrás de la bola.

Ángulo de la varilla en el impacto

25%   75%

CURTIS STRANGE – EL CORRECTO RADIO DE SWING

El brazo izquierdo estirado no es vital en el backswing, pero resulta crucial para un buen impacto en el downswing, ya que permite que la cabeza del palo vuelva a la bola encarada y en el correcto ángulo de ataque. Esto se conoce como el restablecimiento del radio del swing. Uno de los campeones del Open Americano, **Curtis Strange**, nos ofrece un perfecto ejemplo de este movimiento. El hecho de que aquí se emplee un hierro en vez de un driver resulta irrelevante. En la cima del backswing, el codo izquierdo se halla claramente doblado, pero observe su posición a través del impacto: el brazo izquierdo se estira y restablece el radio de su swing, produciendo así un sólido contacto.

CLAVE CONTACTAR

1 El impacto perfecto no consiste en llegar a una posición dada, sino en pasar a través de ella (y esto sucede así con todos los palos). A pesar de todo, el movimiento del driver a través del impacto es una imagen excepcional que hay que tener en mente –recalcando los elementos clave en esta zona crítica del swing. Pero recuerde, pase el swing a través de ella.

ZONA DE PRÁCTICAS
CAMINAR A TRAVÉS DEL IMPACTO

Del mismo modo que un boxeador traslada su peso desde el pie de atrás al de delante para arremeter un potente puñetazo, un golfista también tendría que utilizar el peso con el fin de lograr el mejor efecto, sobre todo con los golpes largos. El propósito de este ejercicio es usar correctamente el peso en el área crítica, a través de la zona de pegada y hacia el final del swing.

1 *Colóquese ante la bola como siempre, pero coja el palo más corto. Recuerde que esto sólo es un ejercicio.*

2 *Suba el palo, realice un buen giro y esfuércese para trasladar el peso hacia el lado derecho.*

3 *Traslade todo el peso hacia el pie de delante a lo largo de la zona de impacto.*

4 *Continúe hacia delante y déjese llevar por el golpe –el peso transportará el cuerpo hacia delante.*

CLAVE 2 GIRO LIBRE TRAS EL IMPACTO

Este punto, una vez impactada la bola, no es más que una rodadura libre que se inicia en el momento en el que el palo, tras el choque, empuja los brazos hacia delante. El driver es el palo más dinámico de la bolsa y requiere un swing más potente, pero se tiene que seguir manteniendo un equilibrio perfecto. Nunca puede darse la sensación de inestabilidad. Si esto ocurre, reduzca el swing al 75 % de su fuerza.

CLAVE 3 TERMINACIÓN EQUILIBRADA DEL SWING

El driver requiere suavidad y ritmo para conferirle distancia y exactitud. Un followthrough perfectamente equilibrado es la confirmación de que se ha conseguido. La sensación de realizar una perfecta terminación del swing (finish) centra nuestras ideas y aumenta las posibilidades de un swing controlado.

Hombros
Conduzca el hombro derecho por debajo de la barbilla.

Columna vertebral
Manténgala en un ángulo relativamente recto para facilitar el estiramiento en la parte más baja de la espalda.

10% 90%

Equilibrio
Concentre la mayor parte de su peso en la pierna izquierda.

20% 80%

CUARTA LECCIÓN

Encontrar esa distancia adicional

EL SECRETO PARA obtener una distancia adicional con el driver está, tan sólo, en la mejor técnica. La tecnología más moderna en drivers no dará ningún resultado distinto, a no ser que se haga el swing apropiado. Golpear la bola más lejos significa concentrar los movimientos y las sensaciones clave, que proporcionan la fuerza justa cuando la necesitemos: en el impacto de la bola.

JOHN DALY – EL GIRO EXAGERADO

El ganador del Open Británico de 1995, **John Daly**, es sin duda el pegador más largo en golf. Con un impracticable y largo backswing, combinado con una potente bajada, envía la bola casi a distancias imposibles. Su swing no es nada recomendable para la mayoría de los jugadores, pero ciertos aspectos técnicos pueden resultar benefi-ciosos. Por ejemplo, no se asuste del over-swing: es mejor que un swing demasiado corto. Recuerde que cuanto más largo sea el backswing, más suave será el ritmo, particu-larmente en la transición de la subida a la bajada del palo.

CLAVE **1** PENSAR «AMPLIAMENTE»

Para lograr una distancia adicional, amplíe su stance un poco para otorgar más estabilidad al swing y poder soportar de este modo una acción más poderosa. Un poco más de peso en el lado derecho en la colocación, una proporción de 60 a 40, posibilita un buen giro hacia atrás desde la bola, así como un quiebro potente. Esto es importante porque le protege contra un temido giro inverso, que deja el peso en la pierna izquierda en el backswing –el mayor destructor de distancias en golf.

ZONA DE PRÁCTICAS LA BARBILLA ALTA

La frase «mantener la cabeza baja» es un consejo dañino y perjudicial. Concentrarse para mantener la cabeza quieta en un punto crea una limitación virtual en cualquier otra par-te del swing, concretamente en el giro de hombros y en el cambio de peso, dos áreas bastante críticas. Pensar en man-tener la barbilla en alto, en vez de la cabeza baja, le pro-porcionará un mayor espacio para girar el hombro izquier-do debajo de la barbilla, forzando así un mejor quiebro.

CREAR UN BUEN ÁNGULO
La postura ante la bola es crucial. Flexione las rodillas y doble la cintura para hacer que los brazos caigan en una postura relajada. Un buen ángulo en su cuerpo producirá un buen swing.

Cabeza del palo
Suspenda el palo detrás de la bola para conseguir una subida suave.

Stance
Amplíe el stance un poco más que para los otros golpes.

60% 40%

CLAVE 2 — ESTIRARSE HACIA FUERA EN LA SUBIDA

Resulta vital emprender una subida del palo lo más amplia posible. Éste debería alejarse de la bola, hacia atrás, de forma amplia y lenta. La extensión de los brazos empuja al hombro izquierdo a pasar por debajo de la barbilla, mientras que los músculos de la parte inferior izquierda se estiran al tiempo que el cuerpo se enrolla.

Brazo izquierdo
Gire el antebrazo izquierdo para asegurarse de que la cara del palo está cuadrada con la trayectoria del swing.

VISTA AÉREA
Acomode de modo gradual el peso en el lado derecho, con las rodillas ancladas para soportar el enrollamiento del tronco en el backswing.

Crear amplitud
Arrastre el palo lejos de la bola dibujando lentamente un amplio arco.

70%   30%

GREG NORMAN – SUSPENDER LA CABEZA DEL PALO PARA LOGRAR UNA SUBIDA AMPLIA Y SUAVE

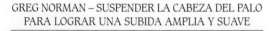

Muchos golfistas, entre los que se encuentran **Greg Norman** y Jack Nicklaus, suspenden la cabeza del palo por encima del suelo en la colocación. No es una de las técnicas más fáciles de lograr, pero ofrece la particularidad de proporcionar suavidad y amplitud a la subida. Esto resulta especialmente importante cuando tratamos de sacar más distancia al driver. Los beneficios que se obtienen de esta técnica se valorarán aún más cuanto más tiempo la practiquemos. Un consejo final: asegúrese de que la bola está colocada frente al talón izquierdo. Esto le asegurará que la cabeza del palo barrerá la bola del tee, el impacto ideal para sacar el máximo rendimiento al loft que tiene su driver.

CLAVE 3 — GOLPEAR FUERTE CON LA MANO DERECHA

Inicie la bajada con suavidad (*véase* el «Movimiento Mágico», página 83), pero luego golpee fuerte con la mano derecha a lo largo del impacto. Henry Cotton dijo que esto no era posible sin que la mano izquierda trabajara con ella al unísono. Usted tendría que notar que el antebrazo derecho cruza por encima del izquierdo a través del impacto y continúa así hasta la parte alta del finish.

Peso
Trasládelo hacia el lado izquierdo en el momento del impacto.

QUINTA LECCIÓN

Planear la estrategia en el tee

EL TEE DE SALIDA es un área del campo donde el jugador puede decidir dónde colocar la bola. Piense primero y actúe después. Un planteamiento táctico en este momento puede darle muchos beneficios; aquí mostramos las claves que debe tener en cuenta antes de salir con el driver.

CLAVE **1** TEE ALTO PARA VUELOS MÁS ELEVADOS
Clavar la bola con el tee a diferentes alturas facilita un mejor swing y ayuda a mover la bola con más facilidad por el aire. Cuando jugamos un hoyo con el viento a favor para lograr la distancia máxima, hay que colocar el tee más alto de lo normal. De este modo, el vuelo de la bola será más elevado, por lo que podrá aprovecharse mucho más de la ayuda que le ofrece el viento.

Espalda
Manténgala recta a pesar de estar lejos de la bola.

CON EL VIENTO
Aprovéchese del viento a favor para sacar más distancia. Al elevar el tee, permitirá que el viento se «lleve» la bola, transportándola así mucho más lejos.

Coja el palo lo más largo posible y eleve el tee.

Stance
Sitúese a unos 5 cm más alejado de la bola que en un stance normal para lograr un plano de swing más redondeado.

Posición normal de los pies

ERNIE ELS – FUERZA EN RESERVA

Muchos profesionales, como **Ernie Els**, reservan un poco de fuerza cuando salen desde el tee. Prefieren dejar la bola en medio de la calle que 35 m más larga en rough. A no ser que la situación sea desesperante, y se precise una actuación dramática, haga siempre el swing al 70 u 80 % de su fuerza total. Esto le proporcionará un golpe sólido que, en la mayoría de las ocasiones, cubrirá la distancia necesaria.

UN TIPO DE SWING REDONDEADO
Poner la bola más alta en el tee implica un tipo de swing más redondeado, lo que proporciona un efecto de draw a la bola (efecto ligero hacia la izquierda en el vuelo de la misma).

CLAVE 2 · TEE BAJO PARA UN VUELO RASO

Jugar en contra del viento es hacerlo contra el mayor destructor de distancias que existe. Cuanto más baja mantenga la bola, menos afectada se verá por el viento. Coloque el tee bajo para conseguir un vuelo más rasante y penetrante. Pero evite cortar el golpe tal y como está colocada la bola muy verticalmente, ya que podría crear un excesivo backspin (efecto de retroceso), que hace que la bola suba más.

COLIN MONTGOMERIE – GOLPEAR LA CALLE

Colin Montgomerie es conocido, entre otras cosas, por ser uno de los pegadores más rectos que existen hoy en día. Esto puede ser atribuido a que cuida con esmero cierto tipo de golpe y confía en él. Se trata del golpe con fade desde el tee, con un ligero efecto de izquierda a derecha. Con esta imagen mental, coloca la bola alta y en el lado derecho del tee, y apunta con el palo hacia la parte izquierda de la calle. Si el golpe se realiza tal y como estaba planeado, la bola irá a parar al centro de la calle. Incluso volando muerta pero recta, acabará en la parte izquierda de la calle o, a lo sumo, al borde de un ligero rough. Y si por alguna circunstancia Colin exagera el fade, la bola caerá a la derecha de la calle, o en un rough ligero en un mal día. Descubrir qué tipo de golpe encaja con usted es la clave de la consistencia.

Cabeza
Manténgala lo más quieta posible.

Espalda
Debe mantenerla recta sobre un stance ligeramente más vertical.

CONTRA EL VIENTO
Golpear la bola en contra del viento puede afectar severamente la distancia del golpe. Al poner el tee bajo, la bola, por defecto, volará por debajo del viento.

UN SWING MÁS VERTICAL
Del mismo modo que elevar el tee es fomentar el draw, ponerlo más bajo de lo normal provoca un swing más vertical y, por lo tanto, una tendencia a golpear la bola con fade. Si juega un hoyo que tiene peligro a la izquierda, baje el tee y coja el grip del palo más bajo.

Piernas
Sienta la tensión de los muslos en la colocación.

Combatir el hook (efecto hacia la izquierda)
Coja el palo más corto y coloque el tee más bajo de lo normal para fomentar un plano de swing más vertical. Así aplacará el golpe con hook.

Fade (efecto izquierda)
Para favorecer el fade, colóquese una fracción más cerca de la bola con el propósito de incitar un plano de swing más vertical.

Posición normal de los pies

FUNDAMENTOS PARA UN CONSISTENTE JUEGO DE HIERRO

LOS HIERROS LARGOS son los que deberían llamarse «los palos que dejan la bola en cualquier parte del green». Incluso los mejores jugadores sólo colocan unos pocos golpes de este tipo relativamente cerca del hoyo. Cuando decida batallar con un hierro medio, necesitará alzar la mirada más arriba de lo normal. Los jugadores de driver largo y de putter bien trazado deberían asimilar estos encabezamientos, ya que el juego de hierro sólido es igual de importante. Desde la clásica acción de Ernie Els hasta el estilo personal de Raymond Floyd, la consistencia sigue siendo el elemento común que une a los grandes artistas del juego con los hierros.

DAVID GRAHAM
Gracias a su juego de hierro de obstinada precisión, el australiano David Graham ganó dos Grandes y una serie de torneos alrededor del mundo. Su triunfo en el Open Americano de 1981 en Merion se basó en la precisión de los golpes de hierro a bandera y en coger todas las calles; el último día entregó una tarjeta con 67 golpes.

ERNIE ELS
Ernie Els es hoy en día uno de los mejores golfistas del mundo; y el hecho de que posea semejante calidad de juego con los hierros no es una coincidencia. Lo hace todo de forma sistemática para brindarse a sí mismo la mejor oportunidad de dar buenos golpes de hierro.

1 LA COLOCACIÓN
Ernie Els realza la importancia de una buena postura y de una colocación cómoda y relajada ante la bola. Como todos los buenos jugadores, mantiene la cabeza erguida en la colocación y los brazos cuelgan de forma natural, libres de toda tensión.

2 GIRAR Y LEVANTAR
Tras iniciar una perfecta subida en bloque, Ernie endereza las muñecas, colocando el palo en el plano ideal. El tronco comienza a rotar, y el hombro izquierdo gira por debajo de la barbilla.

3 EN LA CIMA
Ésta es una posición soberbia en la cima del backswing, y constituye un modelo para cualquiera que esté trabajando para mejorar su swing. Los hombros han realizado un giro completo de 90°, y las caderas y rodillas soportan el movimiento rotatorio que realiza el tronco.

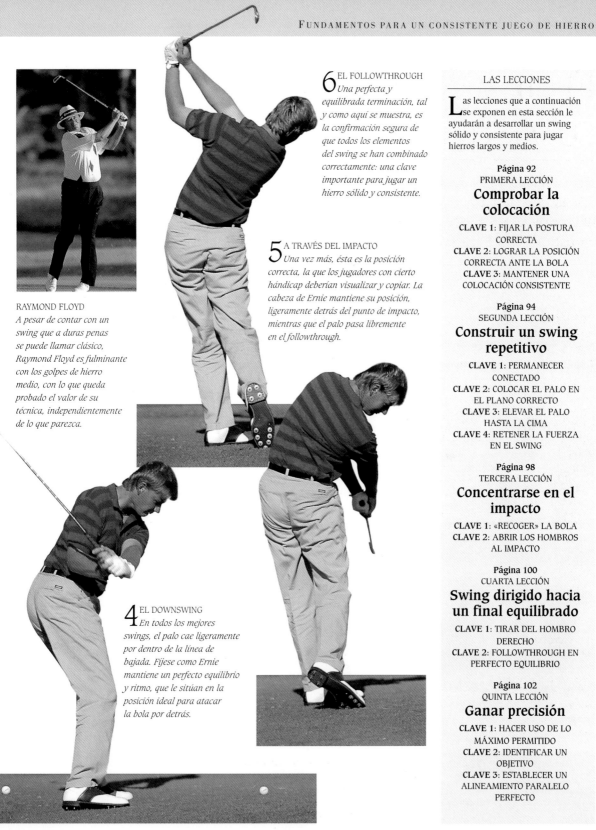

RAYMOND FLOYD
A pesar de contar con un swing que a duras penas se puede llamar clásico, Raymond Floyd es fulminante con los golpes de hierro medio, con lo que queda probado el valor de su técnica, independientemente de lo que parezca.

6 EL FOLLOWTHROUGH
Una perfecta y equilibrada terminación, tal y como aquí se muestra, es la confirmación segura de que todos los elementos del swing se han combinado correctamente: una clave importante para jugar un hierro sólido y consistente.

5 A TRAVÉS DEL IMPACTO
Una vez más, ésta es la posición correcta, la que los jugadores con cierto hándicap deberían visualizar y copiar. La cabeza de Ernie mantiene su posición, ligeramente detrás del punto de impacto, mientras que el palo pasa libremente en el followthrough.

4 EL DOWNSWING
En todos los mejores swings, el palo cae ligeramente por dentro de la línea de bajada. Fíjese como Ernie mantiene un perfecto equilibrio y ritmo, que le sitúan en la posición ideal para atacar la bola por detrás.

LAS LECCIONES

Las lecciones que a continuación se exponen en esta sección le ayudarán a desarrollar un swing sólido y consistente para jugar hierros largos y medios.

Página 92
PRIMERA LECCIÓN
Comprobar la colocación

CLAVE 1: FIJAR LA POSTURA CORRECTA
CLAVE 2: LOGRAR LA POSICIÓN CORRECTA ANTE LA BOLA
CLAVE 3: MANTENER UNA COLOCACIÓN CONSISTENTE

Página 94
SEGUNDA LECCIÓN
Construir un swing repetitivo

CLAVE 1: PERMANECER CONECTADO
CLAVE 2: COLOCAR EL PALO EN EL PLANO CORRECTO
CLAVE 3: ELEVAR EL PALO HASTA LA CIMA
CLAVE 4: RETENER LA FUERZA EN EL SWING

Página 98
TERCERA LECCIÓN
Concentrarse en el impacto

CLAVE 1: «RECOGER» LA BOLA
CLAVE 2: ABRIR LOS HOMBROS AL IMPACTO

Página 100
CUARTA LECCIÓN
Swing dirigido hacia un final equilibrado

CLAVE 1: TIRAR DEL HOMBRO DERECHO
CLAVE 2: FOLLOWTHROUGH EN PERFECTO EQUILIBRIO

Página 102
QUINTA LECCIÓN
Ganar precisión

CLAVE 1: HACER USO DE LO MÁXIMO PERMITIDO
CLAVE 2: IDENTIFICAR UN OBJETIVO
CLAVE 3: ESTABLECER UN ALINEAMIENTO PARALELO PERFECTO

PRIMERA LECCIÓN

Comprobar la colocación

LA POSICIÓN DE colocación ante la bola es un elemento vital, pero sin duda con frecuencia lo descuidamos en el momento de jugar un hierro. Es algo que hay que controlar muy de cerca, así no tendrá excusas si lo hace mal. Todos los grandes jugadores llevan a cabo la misma rutina para llegar a la colocación final ante la bola, antes de dar cada golpe. Cada uno tiene su propia forma de hacerlo, pero todos acaban igual. Las idiosincrasias de cada persona carecen de importancia, si al final la colocación es consistente. Lo realmente importante es desarrollar los hábitos de una buena colocación.

CLAVE **1** FIJAR LA POSTURA CORRECTA

La postura ideal viene determinada por la longitud de la varilla. Con la larga varilla del hierro 3, nos tenemos que colocar ante la bola con un stance más alejado y con la columna más vertical, una posición parecida a la que se requiere para un driver (*véase* página 72). En comparación, el hierro 6, que es aproximadamente 5 cm más corto de varilla, requiere un stance más cerrado y una cintura más doblada. El hierro 9, más corto todavía, necesita que el stance se acerque aún más a la bola y que la cintura se doble mucho más para facilitar un plano de swing más vertical.

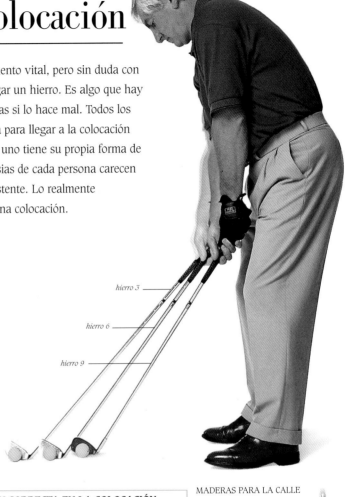

hierro 3

hierro 6

hierro 9

ZONA DE PRÁCTICAS **HALLAR LA POSICIÓN CORRECTA EN LA COLOCACIÓN**

1 Comience por colocarse detrás de la bola y mire hacia el objetivo. Luego escoja un punto hacia el cual apuntar.

2 Coja el palo con la mano derecha. Coloque la cabeza del mismo detrás de la bola, con el codo derecho pegado a la cadera.

3 Sin mover los pies, coja el palo con el grip normal. Doble la cintura y fije el palo detrás de la bola.

4 Flexione las rodillas para que las piernas se activen sobre un stance cómodo. Ello asegura una posición consistente ante la bola.

MADERAS PARA LA CALLE
Realmente resultan muy efectivas cuando los hierros no constituyen la mejor opción en la calle. Con un lie (posición en la que reposa la bola) descubierto, una madera de cabeza pequeña en la calle perdona mucho más que un hierro largo. Incluso en condiciones húmedas, las maderas con la cara más abierta hacen más factible la posibilidad de arrastrar la bola lejos y de facilitar su transporte por el aire. Si juega sobre un suelo totalmente empapado, hágalo con la máxima carga.

Madera 7

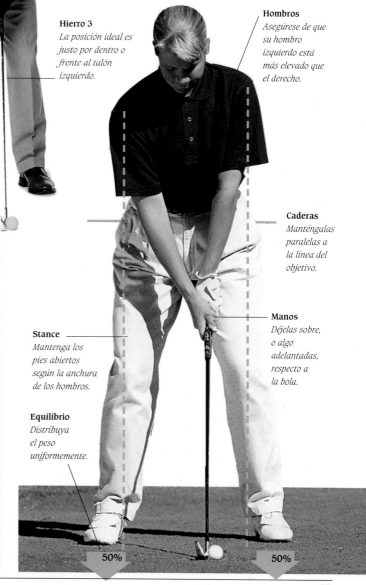

CLAVE 2 LOGRAR LA POSICIÓN CORRECTA ANTE LA BOLA

La posición de la bola dicta el ángulo de ataque. Con un hierro 3, donde con una acción de barrido se consiguen los mejores resultados, la posición de la bola está frente al talón izquierdo en la colocación, similar a lo que ocurre con el driver. El hierro 9 requiere un ángulo de ataque más vertical, de este modo la bola se beneficia al estar más retrasada para favorecer un golpe vivo. El hierro 6 se sitúa entre ambos casos y eso se refleja también en la posición de la bola. Todos estos son puntos de referencia útiles pero no tenga miedo de experimentar un poco.

Hierro 6
La posición de la bola está entre ambos talones.

Hierro 9
Una buena orientación es a 10 cm del talón derecho.

CLAVE 3 MANTENER UNA COLOCACIÓN CONSISTENTE

Una colocación consistente resulta vital en la preparación del golpe con los hierros. La clave reside en crear y mantener una colocación rutinaria que se adapte a la persona. Los pies y los hombros alineados paralelamente, el peso distribuido por un igual, las manos sobre, o algo adelantadas, respecto a la bola, constituyen los principios comunes a todos los grandes golfistas. La elección entre una posición convencional ante la bola, tal y como se muestra aquí con el hierro 5, o la versión de Jack Nicklaus, depende de cada uno.

Hierro 3
La posición ideal es justo por dentro o frente al talón izquierdo.

Hombros
Asegúrese de que su hombro izquierdo está más elevado que el derecho.

Caderas
Manténgalas paralelas a la línea del objetivo.

Manos
Déjelas sobre, o algo adelantadas, respecto a la bola.

Stance
Mantenga los pies abiertos según la anchura de los hombros.

Equilibrio
Distribuya el peso uniformemente.

50%   50%

JACK NICKLAUS – UNA ÚNICA COLOCACIÓN ANTE LA BOLA

De entre todos los grandes jugadores, **Jack Nicklaus** se diferencia del resto por su única colocación ante la bola, independientemente del palo que emplee. La opinión de Nicklaus al respecto se basa en que la posición de la bola frente al talón izquierdo es el único punto donde la cabeza del palo se moverá paralela a la línea del objetivo. Cualquier otra posición de la bola hacia el pie derecho implica que ésta se golpeará demasiado pronto en el downswing –cuando el palo aún está avanzando de dentro hacia fuera. En vez de esto, él prefiere ampararse en un stance abierto para los golpes más cortos, e ir retrasando progresivamente el pie derecho para ampliar y cuadrar más su stance.

SEGUNDA LECCIÓN

Construir un swing repetitivo

EL LEGENDARIO BEN HOGAN golpeaba la bola más recta y de forma más consistente que el resto de jugadores. Una vez comentó: «Quiero ser recordado como el hombre que golpea la bola más recta, no más lejos». Esto fue una clara, aunque rara, visión interna de la forma de pensar que poseía este gran hombre, de la cual todos podemos aprender. Cuantas más veces repitamos y ejercitemos nuestro swing, más frecuentemente podremos predecir el resultado –la clave de nuestra batalla en el campo de golf.

BEN HOGAN – PRECISIÓN ANTES QUE DISTANCIA

Ben Hogan fusilaba sus golpes de hierro a través del aire, hacia una parte del cielo que parecía pertenecerle. Al hacer siempre el swing de la misma forma, era capaz de repetirlo una y otra vez. Nunca dio la más ligera muestra de forzar un golpe, todo se reducía a consistencia y exactitud –una lección para todos nosotros. Al escoger un hierro más de lo necesario y realizar el swing suave y fácil, se puede adquirir precisión porque la calidad del impacto realizado es mucho mejor y más consistente.

CLAVE **PERMANECER CONECTADO**

1 Uno de los factores comunes a todos los grandes jugadores de hierro lo constituye el inicio de la subida en bloque, conocido como «permanecer conectado». Esto significa estar seguro de que los hombros, brazos, manos y el palo se mueven lejos de la bola con suavidad y al unísono en el momento en que se inicia el backswing. Cualquier tipo de desconexión en ese momento puede resultar desastroso.

Cuerpo
Permita que su lado izquierdo trabaje hacia la bola.

Inicio de la subida
Mantenga la cabeza del palo paralela a la línea de los pies durante los primeros 30 cm de la subida.

Subida
Mueva hacia fuera y al unísono las manos, los brazos y el palo.

Traslado del peso
Sienta el cambio de peso del pie izquierdo al derecho.

Cabeza del palo
Realizar la subida en bloque asegura que la cabeza del palo viaja en un arco amplio y alejado de la bola.

Rodilla derecha
Deje flexionada la rodilla derecha.

60%

40%

Cabeza del palo
La cara del palo se mantiene encarada a lo largo de la trayectoria del swing.

CLAVE
2 COLOCAR EL PALO EN EL PLANO CORRECTO

El siguiente paso en la subida del palo es quebrar o enderezar las muñecas hacia arriba para colocar el palo en el plano correcto. Al mismo tiempo que los brazos continúan el swing y el cuerpo su giro, las muñecas se enderezan consiguiendo que la cabeza del palo apunte hacia el cielo. El ángulo ideal de la varilla en este punto sería el mismo que se forma en el momento de la colocación en el stance.

Cabeza
Manténgala al mismo nivel que en la colocación inicial.

Muñecas
Quiébrelas a la vez que los brazos continúan el swing.

Hombros
Gire el hombro izquierdo hasta el punto donde estaba situado el derecho en la colocación inicial.

Tronco
Gírelo en armonía con el movimiento de brazos en el swing.

Rodilla derecha
Manténgala flexionada.

Talón izquierdo
Levántelo del suelo si es necesario.

DETECTOR DE DEFECTOS
LA CARA DEL PALO FUERA DE SITIO

Cara cerrada *Se debe principalmente a la falta de rotación de la mano y del antebrazo al alejarse de la bola. Como resultado, la posibilidad de poner de nuevo la cara del palo cuadrada en su sitio resulta muy remota.*

Cara abierta *Es abanicar la cara del palo dentro de una posición excesivamente abierta. Como resultado realizará movimientos compensatorios para volver a encararla.*

ZONA DE PRÁCTICAS
AUTOANÁLISIS

Uno de los principales problemas que aparecen cuando autoanalizamos nuestros propios fallos es la incapacidad de apreciar realmente el swing y comprobar los distintos elementos. Realizar un swing frente a un espejo o ventana puede sernos útil para comprobar la posición del palo y el plano del movimiento. Pero la prueba más exacta es la evidencia fotográfica: conseguir que un amigo le saque fotos desde distintos ángulos en la bajada del palo es casi lo más recomendable.

Inmortalizar el swing
Pídale a un amigo que fotografíe su swing desde varios y distintos ángulos.

Construir un swing repetitivo

CLAVE 3 ELEVAR EL PALO HASTA LA CIMA

Esta posición en la cima ha de revisarla ante un espejo o grabarla en vídeo. Es importante que la varilla del palo, si se halla horizontal respecto al suelo, esté paralela a la línea del objetivo. El ángulo de la cara del palo debería coincidir con el antebrazo. Este ángulo recibe el nombre de neutral o cuadrado, y es la posición ideal para apuntar al objetivo. Asimismo mantiene el ángulo de la espalda y la posición de la cabeza originales.

Encarado en la cima
Coloque la varilla paralela a la línea del objetivo en la cima del swing y asegúrese de que la cara del palo y el antebrazo estén en el mismo ángulo.

CARA CERRADA
La cara del palo está cerrada o encogida y el resultado podría ser un golpe con pull o con hook.

CARA ABIERTA
Aquí, la cara del palo está abierta y podría causar un golpe con push o slice.

ZONA DE PRÁCTICAS
90° – PUNTO DE COMPROBACIÓN

Es importante que la cara del palo esté encarada a la trayectoria del swing desde el comienzo hasta el final. Este simple ejercicio simplifica la comprobación de la posición de la cara del palo, al menos al comienzo del backswing.

1 *Comience por una colocación normal ante la bola. Utilice un hierro medio.*

2 *Inicie la subida, pero pare cuando la varilla se encuentre en posición horizontal respecto al suelo.*

3 *Ahora gire 90° hacia la derecha, con los brazos más bajos, doble la cintura y apoye el palo.*

4 *Sin volver a coger el grip, la cara del palo debería seguir cuadrada al stance, como antes.*

Cabeza
Manténgala al mismo nivel a lo largo de todo el swing.

UN GIRO PODEROSO
Observe el grado de fuerza. Los hombros han girado 90° y las caderas 45°. La mayor parte del peso se halla ahora claramente sobre del pie derecho.

Rodilla derecha
Note la resistencia en ambas rodillas y en el muslo derecho.

Línea del objetivo

JOSÉ MARÍA OLAZÁBAL - FINALIDAD DEL SWING DE PRÁCTICAS

El último gran profesor americano, Harvey Penick, creía plenamente en la realización del swing de práctica con un propósito. Muchos golfistas mueven el palo hacia atrás y hacia delante sin ningún fin.

Hojee el libro de **José María Olazábal**. Haga el swing de práctica con un propósito. Apunte hacia un objetivo concreto, como por ejemplo un trozo de hierba que sobresalga, y simule que ese trozo es la bola. Cierre los ojos y sienta un ritmo suave. Agarre el palo ligeramente y escuche el sonido que hace la cabeza del palo cuando pasa por el área de impacto. Emplee esos apreciados segundos para adoptar una compostura antes de realizar el swing definitivo.

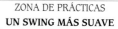

ZONA DE PRÁCTICAS
UN SWING MÁS SUAVE

Usando un grip de baseball (*véase* página 69), haga un swing con dos hierros juntos. Muévalos hacia atrás y hacia adelante suave y pausadamente; concéntrese en mantener un buen ritmo y un perfecto equilibrio. Note que los músculos empleados en el swing se estiran y se acostumbran al movimiento realizado.

Bajada de la varilla
Intente realizar una bajada relativamente plana.

Codos
Deje caer el codo derecho por dentro de la línea de bajada.

CLAVE 4 — RETENER LA FUERZA EN EL SWING

El «Movimiento Mágico» se aplica tanto al juego del hierro como al del driver. Acomode el peso, suave pero firmemente, hacia la parte trasera del lado izquierdo y comience a desenvolver el tronco. El codo derecho debería bajarse por dentro, pero no se preocupe todavía por las manos –ya que entrarán en juego en el área del impacto (*véase* página 98).

HACER Y DESHACER
Al bajar el palo, sienta que, al empujar el hombro izquierdo, éste se aleja de la barbilla. Entonces comience a desenvolver el tronco.

Muñeca izquierda
Mantenga un ángulo de 90° entre la muñeca izquierda y la varilla del palo durante el máximo tiempo posible.

Talón derecho
Permita que se eleve del suelo cuando haya trasladado el peso hacia el lado izquierdo.

TERCERA LECCIÓN

Concentrarse en el impacto

DETECTOR DE DEFECTOS
POSICIÓN DEFICIENTE DE LA BOLA

Con la bola **demasiado adelantada** en el stance, lo más probable es que la cabeza del palo alcance la base del arco antes que la bola. El resultado es probablemente un golpe «pesado», donde el palo golpea la hierba antes que la bola, o un topazo.

Con la bola **demasiado atrasada** en el stance, los resultados pueden ser igualmente catastróficos. La cabeza del palo contacta con la bola antes de haber tenido tiempo de alcanzar la base de su arco. El resultado es probablemente un golpe de hierro tenue al golpear la bola alrededor de su ecuador.

ANTE GOLPES DE HIERRO limpios y sólidos, el impacto es el momento de la verdad. Todo lo que forma parte del swing revierte en esa única décima de segundo y en ese momento crítico. La calidad del golpe se puede determinar únicamente mediante la calidad del impacto. No obstante, es importante reconocer que estas imágenes son posiciones sin movimiento; el swing se realiza a través de ellas y no hacia ellas.

CLAVE
1
«RECOGER» LA BOLA

Todos los golpes de hierro deben ser atacados hacia abajo si se pretende que vuelen de forma consistente y con precisión. Con los hierros largos, el golpe descendiente resulta menos preciso que con los más cortos. Una buena imagen para recordar es la de la cabeza del palo «recogiendo» la bola en el camino a lo largo de la zona de impacto. No piense en «golpear»: concéntrese en «recoger». Con una buena posición de la bola y con el ángulo de ataque correcto, el impacto bola-suelo proporcionará golpes limpios y vigorosos.

Cabeza
Manténgala detrás del punto de impacto.

Muñeca izquierda
Déjela firme después de haber golpeado la bola.

Brazos
Extiéndalos completamente tras el impacto.

Posición de impacto
Asegúrese de que las manos dirigen la cabeza del palo hacia la bola en el momento del impacto.

Talón derecho
Levantarlo del suelo es la señal de que el peso del cuerpo se dirige hacia el objetivo.

35%   65%

BALLESTEROS, TREVIÑO, WOOSNAM – EL IMPACTO PERFECTO

Existen tantos swings de golf como personas que practican este juego. Sin embargo, los mejores jugadores poseen una posición casi idéntica en el momento del impacto. Aquí vemos a **Seve Ballesteros** (*izquierda*), **Lee Treviño** (*centro*), y a **Ian Woosnam** (*derecha*), tres grandes golfistas con distintas complexiones que presentan su propio y único swing; se pueden observar los elementos comunes en el punto de impacto. En cada caso, la cadera izquierda se ha apartado de la línea, el peso recae en el pie de delante y la muñeca izquierda está firme.

ZONA DE PRÁCTICAS
GOLPEE LIMPIA Y VIGOROSAMENTE

Un golpe limpio y vigoroso es lo más importante del juego de los hierros, por lo tanto es vital evitar el «golpear pesado» –cuando golpeamos suelo-bola en vez de bola-suelo. Trabaje este ejercicio para conseguir un golpe limpio. Comience por preseleccionar la colocación para una posición de impacto ideal. Traslade el peso al pie izquierdo y eleve un poco del suelo el talón derecho. Recuerde, las caderas y los hombros deberían estar ligeramente abiertos con la cabeza y el cuerpo un poco más encima de la bola. Esto crea la sensación de una buena posición de impacto, aunque se trate de una imagen congelada.

1 *Colóquese con una «imagen congelada» de la posición de impacto.*

2 *Realice el backswing trasladando el peso hacia el lado derecho.*

3 *Devuelva el peso hacia la izquierda, pasando a través de la posición inicial.*

4 *Consiga una posición equilibrada, con el peso en el pie de delante.*

CLAVE **2**

ABRIR LOS HOMBROS AL IMPACTO

Es un error común pensar que el cuerpo se ha de cuadrar de nuevo en el momento del impacto para que sea correcto el contacto con la bola. De hecho, las caderas, el cuerpo y los hombros están ligeramente abiertos hacia la línea del objetivo en el impacto. Esto proporciona el espacio necesario para que los brazos puedan efectuar la bajada del palo por la trayectoria adecuada hacia la bola. El cuerpo tiene que «permanecer fuera del camino» para asestar un golpe consistente.

Rodilla
Impulse un poco la rodilla derecha en el impacto.

Talón derecho
Elévelo al mismo tiempo que traslada el peso hacia el lado izquierdo.

Manos
Las manos y los brazos llevan la cara del palo encarada por detrás de la bola en la dirección deseada.

Cabeza de palo
Realiza un perfecto contacto bola-suelo.

CUARTA LECCIÓN

Swing dirigido hacia un final equilibrado

ZONA DE PRÁCTICAS
ENTRENAR PARA GIRAR MEJOR

Con el fin de trasladar correctamente el peso en el swing, empiece a mover la cabeza hacia la derecha en el back-swing. Sin embargo, un movimiento demasiado lateral en la mitad inferior del cuerpo causará problemas si el timing no es absolutamente correcto. Éste es un ejercicio muy útil para fomentar una rotación del cuerpo más eficaz. Primero, clave un paraguas de golf o una varilla vieja en el suelo, aproximadamente a 15 cm del costado izquierdo.

1 Haga el swing hacia atrás con el peso en la rodilla derecha.

2 En la zona de impacto, la cadera izquierda empieza a alejarse.

3 Realice un followthrough sin rozar el paraguas.

4 Acabe en perfecto equilibrio sin desplazar el paraguas.

Aunque no se pueda hacer nada para influenciar el vuelo de la bola después de golpearla, el followthrough sigue siendo una parte importante dentro de la totalidad del swing. Si nos concentramos durante el swing sobre ciertos «factores postimpacto», muchas veces fomentamos mejoras en la propia naturaleza del swing –influenciando al mismo tiempo el impacto y la precisión.

Hombro
Tire del hombro derecho mientras pasa por debajo de la barbilla.

CLAVE **1** TIRAR DEL HOMBRO DERECHO
Intente permanecer con la mirada fija en la bola el máximo tiempo posible durante el impacto. Dirija el hombro derecho por debajo de la barbilla hacia el objetivo. Conocida como «buena extensión», ésta es una imagen positiva que hay que tener en mente de cómo el palo pasa a través de la zona de impacto.

Manos
El movimiento natural de cruzar la mano derecha por encima de la izquierda indica que se han pasado correctamente a través del impacto.

Caderas
Continúe desenvolviendo las caderas y el tronco a través de la zona de impacto.

Piernas
Mantenga el equilibrio durante la bajada del palo y en el impacto.

20%

80%

ZONA DE PRÁCTICAS **EL EJERCICIO DEL LÁTIGO**

Éste es un ejercicio particularmente útil, realizado por muchos golfistas de élite, que ayuda a mantener, o incluso a recuperar, el ritmo y el movimiento durante una vuelta. Desde un stance normal, suspenda la cara del palo aproximadamente 60 cm por encima del suelo. Fustigue la cabeza del palo hacia atrás y a través del impacto. Concéntrese en el sonido de la cabeza del palo cuando pasa por la zona de impacto. Sin alcanzar la bola en ese vuelo libre del swing, debería hacer un expresivo sonido de latigazo. Al repetir continuamente esto, el cuerpo empezará a soltarse. Esto proporciona una suave aceleración de la cabeza del palo en la bajada y a través del impacto. A partir de ese momento continúe y deléitese con esta sensación en su swing actual.

Espalda
Acabe con la columna tan recta como sea posible.

Pie derecho
Muestre los clavos en el followthrough.

Hombro derecho por encima del pie izquierdo

Vista aérea
El cuerpo está perfectamente equilibrado en el finish.

5%   95%

CLAVE 2 FOLLOWTHROUGH EN PERFECTO EQUILIBRIO

Mantener el equilibrio es decisivo para un buen juego con los hierros. El swing se debería acabar con la columna recta y con el hombro derecho por encima del pie izquierdo. Cualquier titubeo o pérdida del equilibrio constituye un claro indicio de que algo no va bien en el swing. A menudo, un equilibrio deficiente es consecuencia de un swing demasiado rápido o brusco. Modere la fuerza y mantenga el equilibrio.

LANNY WADKINS Y FRED COUPLES – SWINGS VELOCES

Diversos jugadores poseen diferentes velocidades de swing. **Lanny Wadkins** (*izquierda*) es el más rápido en el circuito profesional –tan pronto como coge el palo en la mano, la bola ya sale disparada hacia el objetivo. **Fred Couples** (*derecha*), por otro lado, presenta un swing más lento y lánguido a la hora de entrar en juego.

A pesar de la diferencia de velocidad, cada uno hace el swing con un ritmo que le permite controlar el palo. Una manera de determinar la velocidad del swing es el porcentaje del resultado del ejercicio. Acuda a la zona de prácticas y golpee diez bolas al 50 % de su fuerza, luego otras diez al 60 % y así hasta llegar al máximo de su fuerza. Esta prueba le ayudará a determinar qué swing le lleva al más alto nivel de consistencia, tanto en términos de calidad de golpe como en distancia alcanzada.

QUINTA LECCIÓN

Ganar precisión

DESGRACIADAMENTE, ES IMPOSIBLE adivinar lo que pasa por la mente de los profesionales durante un torneo. Es una lástima porque la sabiduría y la experiencia resultan tan importantes como un buen swing. No obstante, queda aún mucho por aprender del estudio de los profesionales, y de los caminos que siguen durante 18 hoyos. Se puede aprender bastante mediante un minucioso estudio del campo –que constituye otro elemento clave para el buen juego de los hierros.

LARRY MIZE - LA SALIDA SOÑADA

El primer golpe de salida marca con frecuencia el tono de los del resto de la vuelta, tal y como lo demostró **Larry Mize** en la última vuelta del Open Británico de 1994 en Turnberry. Con dos bunkers flanqueando la primera calle a la caída del drive, el área de aterrizaje de la bola resultaba peligrosamente estrecha. A pesar de la clara ventaja que representaba quedarse lo más cerca posible del green en este corto par 4, Mize dejó el driver en la bolsa y cogió un hierro para salir en el tee. Una vez seguro en la calle, embocó la bola, y consiguó un eagle. Resulta esencial tener un buen comienzo, coja el palo que le permita alcanzar la primera calle desde el tee, y desde el inicio de la vuelta se percatará de que la precisión es más importante que la distancia.

ZONA DE PRÁCTICAS
APRENDER A MEDIR LA DISTANCIA

Resulta vital conocer la distancia que alcanza cada hierro de la bolsa. La mayoría de los golfistas tienen una idea aproximada de ello pero, para mejorar el juego de los hierros, las distancias deben medirse escrupulosamente. Este ejercicio establece un baremo para cada palo, información esencial a tener en el campo. Golpee 20 bolas con cada palo, descarte las cinco más largas y las cinco más cortas. Allí donde reposen las diez bolas restantes corresponderá a la distancia media que puede efectuar con cada palo que haya probado con este sistema.

CLAVE 1 HACER USO DE LO MÁXIMO PERMITIDO

Es importante hacer pleno uso del área del tee para los golpes de hierro en los hoyos cortos. El reglamento de golf permite como máximo una distancia de dos palos hacia atrás a partir de las marcas del tee; este espacio adicional debería aprovecharse. Indudablemente, la parte posterior del área del tee, donde la mayor parte de los jugadores han colocado la bola, estará menos estropeada e incluso mucho menos. Asimismo ensaye empleando la totalidad de la anchura del área del tee. Jugar desde distintos ángulos puede ofrecer una vía más directa hacia la bandera.

Distancia máxima
La bola puede colocarse dentro de la distancia de dos palos hacia atrás desde las marcas del tee.

Posición de los pies
Teniendo en cuenta que la bola está situada dentro del área definida por las dos marcas, los pies pueden colocarse fuera de ella.

VIJAY SINGH – ENTRENAMIENTO DURO

No es ninguna casualidad que el jugador de las islas Fidji, **Vijay Singh**, sea hoy en día uno de los mejores golfistas del mundo, además de ser uno de los que más entrena de entre los jugadores del Tour. Vijay ha recolectado los frutos que le han dado las horas de duro trabajo en la zona de prácticas.

Hay mucho que aprender de esta forma de trabajar. De cualquier modo, entrenar puramente sin ninguna finalidad proporciona muy pocos beneficios. Ha de encontrar un propósito definido en cada sesión de entrenamiento. Si los golpes de hierro no son limpios y vigorosos, compruebe los elementos citados en las páginas anteriores, averigüe la causa, y entonces practique el remedio. Incluso en el caso poco probable de estar contento con todos los aspectos de su juego, diríjase siempre a la zona de prácticas con un propósito.

Punto estático
Encare la cara del palo por encima de una vieja huella de chuleta entre la bola y el objetivo.

CLAVE 3 ESTABLECER UN ALINEAMIENTO PARALELO PERFECTO

Acostúmbrese a construir el stance alrededor de la posición de la cara del palo, encarado a la línea del objetivo. Aprenda a emparejar un stance cuadrado con una cara del palo encarada, alineándose con el zócalo de su casa o con algún dibujo de la alfombra.

Repítalo muy a menudo, hasta que el alineamiento paralelo perfecto llegue a ser casi natural.

CLAVE 2 IDENTIFICAR EL OBJETIVO

Todo el área del tee de salida de un par 3 cuenta con zonas más lastimadas debido a las huellas de las chuletas. En vez de mirarlas con malos ojos, utilícelas como punto de referencia para el alineamiento. Encuentre una que coincida con la línea del objetivo y coloque la bola detrás de ella. Encare la cara del palo sobre este punto para estar seguro de apuntar correctamente cada vez. Lógicamente, emplee la misma huella de chuleta pero, en esta ocasión, ponga la bola en el tee delante de ella. Ahora balancee la cabeza del palo hacia abajo a lo largo de la línea marcada por la huella de la chuleta e impacte la bola. Esto ayuda a promover un ataque alineado y, en consecuencia, proporciona más golpes en línea.

Línea del objetivo

Hombros

Punta de los pies

Caderas

ALINEAMIENTO PARALELO

Pies
Cerciórese de que los pies estén paralelamente alineados.

Bases para mejorar el pitch

Aunque nunca podremos emular el poder de pegada que poseen John Daly o Greg Norman, no existe ninguna razón por la cual no podamos imitarles a la hora de realizar un golpe de pitch y en el juego corto. La clave de un resultado bajo radica en estos aspectos. No existen limitaciones físicas que nos retengan, por lo que cualquier jugador está capacitado para dejar la bola cerca del hoyo con un golpe de pitch. En esta sección, estudiaremos las técnicas que hacen que los grandes jugadores sean terriblemente precisos con el pitch e identificaremos las lecciones que podemos introducir en el plan para la mejora de nuestro juego.

TOM KITE
La precisión de los golpes de approach de Tom Kite es lo que le ha convertido en uno de los líderes en ganancias, lo que demuestra que la distancia conseguida desde el tee no es un requisito primordial para el éxito.

NICK FALDO
El británico Nick Faldo es un maestro del juego corto y posee un hábil y maravilloso toque con los palos de pitch. Su ritmo suave nos desvela el porqué muchos de sus golpes de pitch acaban cerca del hoyo.

1 LA COLOCACIÓN
Aunque es un hombre alto, Nick no permite que su cuerpo se abalance sobre la bola a la hora de colocarse. Dobla la cintura con naturalidad, mantiene las rodillas flexionadas, la barbilla alta y la cabeza estática en el momento de subir el palo.

2 LA SUBIDA
Como todos los grandes golfistas, Nick Faldo presenta una excelente subida en bloque con el palo, manos, brazos y hombros alejándose de la bola al unísono. Sus muñecas no empiezan a «romperse» hasta que las manos están casi a la altura de la cintura.

3 EN LA CIMA
Hacer tres cuartas partes de backswing es el secreto que se esconde detrás de un golpe de pitch controlado. Nick realiza un giro completo de hombros, pero las manos llegan solamente a la altura del hombro. La distancia del golpe se controla con la longitud del swing.

6 EL FOLLOW-THROUGH

Es aquel momento en el que el swing traslada el palo hacia delante para completar a la perfección un final equilibrado. Tal y como el palo pasa con total libertad hacia la cima, automáticamente obliga a Nick a levantar la cabeza para observar el vuelo de la bola.

SANDY LYLE
Además de ser reconocido como uno de los más prestigiosos golfistas en cuanto a distancia de pegada se refiere, y particularmente con los hierros largos, Sandy Lyle es también un magnífico maestro en el juego corto. Gran parte de su control proviene de su subida relativamente corta acompañada de un ritmo suave.

5 TRAS EL IMPACTO
Ésta es la posición perfecta tras el impacto. La cabeza de Nick se mantiene quieta hasta que el palo ha pasado libremente a través de la bola –el peso del cuerpo se traslada hacia el lado izquierdo.

4 LA BAJADA DEL PALO
El stance ligeramente abierto de Nick, ingrediente básico para los golpes de pitch, le ayuda a aligerar el lado izquierdo en la bajada dejando la cara del palo encarada por detrás de la bola en la trayectoria y ángulo de ataque deseados.

PRIMERA LECCIÓN

La precisión del hierro corto

UNA DE LAS principales claves para conseguir resultados más bajos radica en la precisión de los hierros cortos. Convertir tres golpes en dos al acercar la bola a bandera es un arma decisiva en la lucha por mejorar. El principal elemento es el control. Los jugadores menos habilidosos se resisten porque golpean la bola con un swing completo, y asumen que un golpe de pitch ha de jugarse como cualquier otro golpe. ¡Nada más lejos de la realidad!

JOSÉ MARÍA OLAZÁBAL – CONOCER LA DISTANCIA EXACTA CON EL PITCH

Mejor incluso que conocer cuánto pega un palo es desarrollar una distancia favorita –una «zona de pitch» hacia la cual jugar. En cierta ocasión bien conocida, **José María Olazábal**, habiendo enviado su drive hacia una zona problemática, preguntó a su caddie: ¿qué palo me dejará la bola a 84 metros de bandera? Previsiblemente, Olazábal quería quedarse en una posición desde la cual se sintiera plenamente confiado para salvar el par del hoyo con un pitch y un putt. Todas las horas empleadas en el tee de prácticas dan su resultado. Establecer una distancia personal de pitch da seguridad en el juego. Esto proporciona otra arma para lograr acercar la bola y ayudar a salvar algunos golpes.

CLAVE 1 CAMBIAR SUTILMENTE LA COLOCACIÓN

Aquí la preparación es decisiva. Es necesario que la posición de la bola esté hacia la mitad del stance (*véase* página 93) –esto asegura que la bola se golpee limpiamente en un ángulo de ataque ligeramente descendiente. Asimismo resulta esencial comprobar que la varilla y el brazo izquierdo estén en línea recta en la colocación –así se favorece también un contacto bola-suelo.

Cabeza
Manténgala alta y firme.

Brazos
Relaje el tronco y sienta que los brazos cuelgan completamente libres de tensión o rigidez.

Manos
Manténgalas adelantadas con respecto a la bola.

Varilla
Forme una línea recta con la varilla del palo y el brazo izquierdo.

Bola
Posicione la bola cerca del centro del stance.

50%   50%

CLAVE 2 — ABRIR EL STANCE

Una de las principales diferencias entre un golpe corto y uno completo radica en la colocación ante la bola. La alineación debería ser un poco más abierta en la colocación para ayudar al lado izquierdo a apartarse tras el impacto. Esto no constituye un gran cambio, pero es suficiente para marcar una diferencia. El otro aspecto destacable de esta colocación es que, a pesar de la alineación abierta, la cara del palo debe seguir apuntando directamente al objetivo.

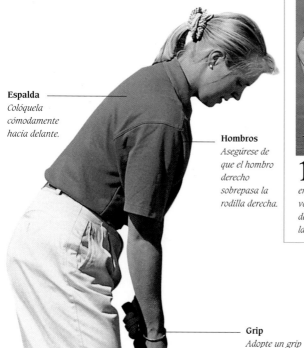

Espalda
Colóquela cómodamente hacia delante.

Hombros
Asegúrese de que el hombro derecho sobrepasa la rodilla derecha.

Grip
Adopte un grip seguro, pero ligero.

Stance
Separe los pies un poco más de lo normal en la colocación.

Cara del palo
Encárela hacia el objetivo marcado.

ZONA DE PRÁCTICAS — TRABAJAR LA SUBIDA EN BLOQUE

Uno de los mayores errores que cometen los jugadores cuando realizan golpes cortos con el pitch es quebrar demasiado en el comienzo de la subida del palo. La consecuencia es obvia, una pérdida de coordinación e inconsistencia a la hora de juzgar tanto la línea como la distancia. Para evitar realizar este quiebro excesivo, se presenta este ejercicio que proporciona mayor sincronización al palo, manos, brazos y torso alejarse de la bola. Esto le ayudará a conseguir un golpe de bola más consistente y juzgará mejor la distancia.

1 *Colóquese ante la bola como siempre, coja el palo entre la parte superior de la varilla y la parte inferior del mango, manteniendo la misma postura.*

2 *Ahora comience a subir el palo sin alterar la relación que existe entre los brazos, el palo y el torso. Simplemente gire el tronco, y pare en el momento en que vea las manos sobrepasar la rodilla derecha.*

GARY PLAYER – LA ELECCIÓN DEL EQUIPO CORRECTO

Gary Player, uno de los cuatro profesionales que ha ganado los cuatro Grandes, es partidario de decir que «el 70 % de todos los golpes que jugamos están dentro de los 90 metros a green»; una sutil pero precisa estadística. Y lo más desconcertante es que muchos golfistas de club salen al campo mal equipados para enfrentarse a las exigencias del juego, que se presentan con más énfasis en los golpes cortos. No caiga en la trampa. Lleve en su bolsa tres wedges, un pitching wedge de un juego corriente y dos wedges útiles. Existe gran variedad de ellos con diferentes aperturas desde 52° a 60°, que deberían proporcionarle la ayuda necesaria cuando se presente cualquier eventualidad.

SEGUNDA LECCIÓN

Elaborar un mecanismo mejor

EXISTEN DOS ETAPAS para desarrollar un buen mecanismo en la ejecución de los golpes cortos. La primera es elaborar una técnica que produzca de forma consistente un vuelo de bola preciso. La segunda fase es aprender a juzgar la distancia. Esta lección le ayudará a desarrollar técnica, pero las resoluciones sobre la distancia sólo dependen de la experiencia y de la práctica.

CLAVE **1** REALIZAR UNA SUBIDA ORDENADA

Abrir el stance ligeramente le ayuda a curvar el movimiento de la parte inferior del cuerpo, que, a su vez, le ayuda a crear resistencia al tiempo que el tronco gira en redondo. Al coger el palo más corto para reducir el backswing a tres cuartos, se llega a una posición más ordenada y compacta, que ejerce un mayor control sobre el golpe. A pesar del swing más recortado, sigue siendo imprescindible trasladar el peso de forma correcta. Esa sensación debería tenerla sobre la rodilla y muslo derechos.

NICK FALDO – UN BACKSWING MÁS CORTO

Para jugar un golpe de pitch más corto, donde la precisión es un premio, puede beneficiarnos el coger el grip más abajo, tal y como **Nick Faldo** lo demuestra en estas fotos. Con esto se consigue que las manos estén más cerca de la cabeza del palo y de la bola, aumentando así el control. Esto automáticamente recorta el backswing a tres cuartos, lo que reduce a su vez la distancia del vuelo de la bola sin ningún esfuerzo; por lo tanto, coja el grip más corto y deje que el palo haga el trabajo.

Muslo derecho
Note en él cierta tensión.

DE FRENTE
Un buen traslado de peso y una buena rotación del tronco son tan vitales en un pitch de 90 metros como en un drive de 275 metros.

Rodilla derecha
Manténgala flexionada.

Pie izquierdo
Deje el talón izquierdo pegado al suelo.

CLAVE
2
DESPEJAR EL LADO IZQUIERDO

Como el swing es relativamente corto, el cuerpo tiene menos tiempo para girar hacia delante en la línea de bajada del palo. Abriendo ligeramente el stance resulta más fácil despejar el lado izquierdo fuera de la línea. Esto tiene un sentido y es darle a la parte izquierda prioridad en la salida –lo cual es exactamente lo que se necesita para que la cabeza del palo baje por la trayectoria correcta.

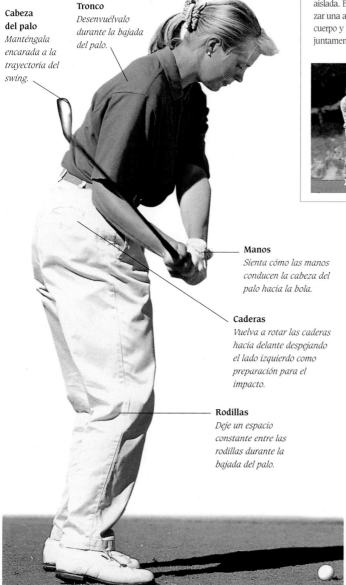

Cabeza del palo
Manténgala encarada a la trayectoria del swing.

Tronco
Desenvuélvalo durante la bajada del palo.

Manos
Sienta cómo las manos conducen la cabeza del palo hacia la bola.

Caderas
Vuelva a rotar las caderas hacia delante despejando el lado izquierdo como preparación para el impacto.

Rodillas
Deje un espacio constante entre las rodillas durante la bajada del palo.

ZONA DE PRÁCTICAS **ENTRENAR UNA ACCIÓN ROTATORIA**

La acción del cuerpo es la sala de máquinas del swing, indiferentemente del golpe que se ha de jugar. Si imaginamos que la espalda es un cilindro giratorio que se mueve en armonía con los brazos, habremos captado la imagen perfecta.

Los problemas sólo aparecen si el cuerpo y los brazos comienzan a trabajar de forma independiente y aislada. Este ejercicio ayuda a realizar una acción más completa con el cuerpo y los brazos trabajando conjuntamente a lo largo de toda ella.

Colóquese ante la bola con los pies más juntos –no más de 15 cm de separación–, y realice una serie de golpes de pitch con tres cuartos de swing. Este stance producirá una pérdida de equilibrio ante cualquier anormalidad en el swing.

Con el propósito de mantener el equilibrio, se fuerza el cuerpo para arrollarlo en el backswing antes de desenvolverlo en el downswing. Esto produce una acción rotatoria más efectiva, con las manos trabajando en perfecta armonía.

FRED COUPLES –
MANTENER EL MISMO RITMO

Fred Couples es un maravilloso jugador de pitch. El ritmo constante de su swing se ve inmediatamente. Es el mismo para cada pitch que juega. Cuando varía la distancia, Couples no cambia el ritmo del swing, simplemente cambia su largura.

Ésta es la clave para juzgar la distancia con más exactitud. Cuando practica estos golpes de pitch adapta la longitud del swing a la distancia que pretende alcanzar, pero mantiene exactamente el mismo ritmo en cada golpe.

Elaborar un mecanismo mejor

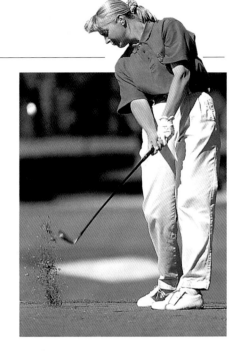

CLAVE **3** GOLPEAR ENCARADAMENTE LA BOLA

Cuando el lado izquierdo se despeja, los brazos ya tienen espacio para llevar la cara del palo encarada hacia la bola y en la trayectoria correcta. Si se adopta un stance cuadrado para el juego del pitch, faltará tiempo para mover el lado izquierdo hacia la posición de la fotografía.

CLAVE **4** LIBERAR LA CABEZA DEL PALO

Desde una buena posición justo antes del impacto, la cabeza del palo se dispara libremente hacia el objetivo. No nos preocupa que la bola vuele hacia la izquierda y que la cabeza del palo ruede a través de la zona de impacto. Todo el trabajo bien hecho al comienzo da ahora sus frutos.

Hombros

Manténgalos ligeramente abiertos a lo largo del impacto.

Manos

Asegúrese de que están ligeramente adelantadas a la bola en el impacto.

Cabeza del palo

Ha de encararse con la bola y hacerlo en la trayectoria ideal de swing.

ZONA DE PRÁCTICAS ELIMINAR EL SHANK

El shank no es sólo el golpe más destructivo que existe en golf sino también el más espantoso. Generalmente es el resultado de una trayectoria de swing excesivamente de fuera hacia dentro, lo que provoca que la bola salga descontrolada a la derecha de la dirección que lleva la cabeza del palo. La propia naturaleza del ataque en la bajada del swing para los golpes de pitch hace que las probabilidades de shank sean gradualmente mayores.

Este ejercicio ayuda a eliminarlo fomentando un swing por dentro de la línea y, al mismo tiempo, manteniendo el ataque necesario para descargar sobre la bola.

 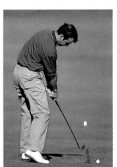

1 *Colóquese con un stance normal, con otra bola por fuera de la que va a golpear. Sitúe el palo detrás de la más alejada sin cambiar el stance.*

2 *Al bajar el palo, golpee la bola más próxima. Esto fomenta un swing por dentro de la bola y hacia la línea del objetivo.*

CLAVE 5 ENTRAR EN EL FOLLOWTHROUGH

Una vez situados en el followthrough, compruebe que el peso ha pasado al pie izquierdo y que el hombro derecho se ha movido hacia el hoyo.

Hombro derecho
Se ha de mover hacia el hoyo.

Caderas
Gírelas hasta que queden encaradas al objetivo.

Rodilla derecha
Muévala en el golpe.

Talón derecho
Se levanta del suelo en el momento en que se traslada el peso.

Pie izquierdo
Continúe trasladando el peso hasta que quede sobre el pie izquierdo por completo.

Columna
Manténgala recta procurando no forzarla en la parte más baja de la espalda.

ZONA DE PRÁCTICAS APRENDER A GOLPEAR PRIMERO LA BOLA

Para aquellos que tienen dificultades en darle limpiamente a la bola antes que al suelo, este ejercicio les ayudará a conseguir un golpe más vigoroso. Coloque una funda a unos 45 cm detrás de la bola. Luego realice varios golpes de pitch, asegurándose de que la cabeza del palo no roce la funda en la bajada. La funda fuerza a las manos a que se adelanten a la cabeza del palo durante más tiempo y así fomenta un ángulo de ataque algo más vertical a la bola. Al repetir el ejercicio, este movimiento le resultará cada vez más cómodo. Esto constituye una buena práctica que, con un entrenamiento gradual, producirá un mejor swing.

FOLLOWTHROUGH VISTO DESDE LA DERECHA
La mayor parte del peso debería estar ahora en el lado izquierdo, con el hombro derecho por encima del pie izquierdo, y con los clavos del zapato derecho a la vista.

TERCERA LECCIÓN

Pitch con la bola mal colocada

TODOS TENEMOS QUE aceptar aquellas situaciones en las que la bola se queda mal colocada, ya sea en el rough o en la calle. Forma parte del juego del golf. No obstante, jugadores como Seve Ballesteros demuestran con frecuencia que estas situaciones son más fáciles de resolver de lo que aparentan. Unos sencillos reajustes deberían bastar para eliminar el miedo que produce la mayoría de los lies (asentamiento de la bola) dificultosos.

SELECCIÓN DEL GOLPE **EL FACTOR LIE**

No existe ningún palo que sea el ideal para todos los golpes que tengan la bola mal colocada. Seleccionar el palo correcto es casi tan importante como desarrollar una técnica efectiva. La primera reacción al ver la bola mal colocada es coger un sandwedge, pero no siempre es lo más aconsejable. En la mayoría de los casos, lo que se precisa es un canto inclinado y dirigente para cortar la bola por detrás. Desde un lie pelado, una huella de chuleta o cuando la bola reposa en un rough profundo, lo recomendable es elegir un pitching-wedge o incluso un hierro 9. Un canto más afilado y dirigente permite al palo cortar y pasar a través de la interferencia, lo que proporciona una oportunidad de golpear la bola de forma encarada.

Lie pelado   Huella de una chuleta   Rough espeso

CLAVE 1 UN ATAQUE MÁS VERTICAL

La clave para jugar una bola situada en un rough espeso radica en un ángulo de ataque más vertical. En el stance, colóquese a unos 2,5 cm retrasado de la bola –de este modo las manos se adelantan perfectamente a la cabeza del palo. Sienta que el peso está un poco más aposentado sobre el pie izquierdo de lo que lo estaría para un golpe de pitch normal –una proporción de 60-40 es una buena referencia.

Manos
Sitúelas bien adelantadas a la bola.

Varilla
Asegúrese de que la varilla del palo y el brazo izquierdo formen una línea recta hacia la bola.

Stance
Colóquese con un stance normal y amplio, con la bola más o menos centrada.

CURTIS STRANGE – GOLPAZO PARA SALIR DE ROUGH

Como demuestra el doble campeón del Open Americano **Curtis Strange**, una de las pocas ocasiones en golf donde la fuerza bruta entra en juego es cuando una bola reposa en las espesas barbas del rough. Si el lie de la bola no es muy profundo al impactar intente arrancar la máxima cantidad de hierba posible y acabe el swing de forma equilibrada. No cambie el ritmo del swing, sólo introduzca un poco de fuerza muscular adicional en su parte baja.

40%   60%

Peso
Manténgalo centrado sobre la bola.

Rodilla derecha
Gire en redondo el tronco con la rodilla derecha flexionada.

50%   50%

CLAVE 2 GIRAR Y SUBIR EL PALO HASTA EL FINAL

Realice un backswing normal. Las únicas variaciones evidentes respecto a un golpe de pitch normal serían: una fijación de muñecas más temprana en la subida y la centralización del peso sobre la bola al final del backswing. Estos factores se combinan entre sí para fomentar un vuelo del palo en bajada más cortante y agudo, exactamente lo que se necesita para sacar la bola con fuerza.

SEVE BALLESTEROS – CREATIVIDAD E INVENCIÓN

No existe nadie más hábil para salir airoso de las peores situaciones que **Seve Ballesteros**. Siga su ejemplo, y no tema experimentar con los palos, incluso durante una vuelta. Cada golpe de pitch no tiene que descender siempre hacia la bandera desde una altura de 46 metros. Haga caer la bola en green desde distintas distancias; aprovéchese del contorno del suelo para arrastrarla hacia la bandera; ponga en práctica varias alturas de vuelo. Pero, sobre todo, utilice la imaginación.

CLAVE 3 EMPUJAR LA CABEZA DEL PALO HACIA LA BOLA

Acto seguido, empuje con fuerza la cabeza del palo hacia la parte trasera de la bola, y diríjala hacia delante. La mayor parte del peso debe recaer sobre el pie izquierdo en el momento del impacto, y la cabeza tiene que estar encima de la bola al tiempo que la cabeza del palo corta la hierba.

Mano izquierda
Mantenga la mano y la muñeca izquierda firmes.

EL DICTAMEN DE LAS MANOS
Preste atención a este impacto inmortalizado en el momento que la bola sale de una vieja huella de chuleta. Fíjese en el ángulo de la varilla con relación al suelo: resulta dramáticamente oblicuo. Esto confirma que las manos están dirigiendo la cabeza del palo a través del impacto.

30%   70%

PRINCIPIOS PARA UN CHIP CON PRECISIÓN

CHIP ES EL nombre que se le da a aquellos golpes ejecutados alrededor del green o muy próximos al mismo. Resulta sorprendente lo fácil que parece cuando lo realizan los grandes jugadores. Cuando José María Olazábal se coloca para efectuar un golpe de chip-and-run (golpe corto rodado) al borde de green, lo que pretende es meter la bola en el hoyo y no dejarla cerca de él. Es cierto que el chip es uno de los golpes más sencillos del golf. Una buena técnica y un buen toque, acompañados de imaginación y confianza, son sus ingredientes básicos.

LARRY NELSON
Larry Nelson es un profesional que raramente aterriza en problemas cuando falla un green, pero cuando esto sucede, cuenta con un gran juego corto para recobrar el rumbo. Tenía 21 años cuando golpeó por primera vez una bola de golf, y posteriormente aprendió a jugar con la ayuda de un libro.

JOSÉ MARÍA OLAZÁBAL
José María Olazábal, al igual que su compatriota Seve Ballesteros, es un experto artesano alrededor de los greens. La combinación de un primoroso toque junto con la imaginación y conocimiento de cómo se comportará la bola, le convierten en uno de los mejores en este apartado.

1 LA COLOCACIÓN
José María coloca la bola a la altura del talón izquierdo para su golpe «flotante» de chip. Está completamente relajado y ha decidido el lugar exacto donde él quiere que su bola aterrice.

2 LA SUBIDA
Aquí, la subida en bloque, vital para todos los golpes, es muy evidente. José María mantiene su cabeza quieta, con el peso favoreciendo ligeramente el lado derecho. Transferir muy poco o nada de peso es lo que se necesita para este golpe.

3 EL BACKSWING
La longitud del backswing determina la distancia del golpe. José María sube el palo despacio y con suavidad, lo que permite que las muñecas se quiebren con naturalidad. Su peso permanece predominantemente en el lado izquierdo.

WAYNE GRADY

Wayne Grady disfrutó durante muchos años de la reputación nada envidiable de quedar siempre clasificado en segunda posición. Pero lo que ganó fue una bien merecida reputación por su agudo juego corto. Su toque de chip alrededor de los greens fue lo que le hizo ganar el Campeonato USPGA de 1990.

6 EL FOLLOWTHROUGH
Perfectamente colocado, con el peso principalmente en el lado izquierdo, José María mantiene el palo dentro de un followthrough controlado. Las manos han viajado un poco más arriba que en el backswing, lo que indica que el palo ha sido acelerado al pasar por la bola.

5 A TRAVÉS DEL IMPACTO
A través del impacto José María ha «sacado la cara del palo» impidiendo el cruce de su mano derecha sobre la izquierda. Esta técnica mantiene la cara del palo abierta a través del impacto y logra que el golpe aterrice con más altura y suavidad y que ruede poco.

4 LA BAJADA
José María está seguro de que sus manos están por delante de la cabeza del palo en la bajada para asegurar un vigoroso contacto bola-suelo. Su finalidad es, literalmente hablando, hacer que la cara del palo se deslice por debajo de la bola, levantando en el proceso una pequeña chuleta.

PRIMERA LECCIÓN

Conocer el comportamiento de la bola

SER CAPAZ DE predecir el lugar exacto donde reposará la bola al efectuar un chip es tan vital como la habilidad de realizarlo. El efecto, la trayectoria y el rodar tienen que tomarse en cuenta, pues cada aspecto repercute sobre la aproximación de la bola al hoyo. Las siguientes claves, junto con la experiencia y la práctica, le ayudarán a predecir con mayor facilidad el comportamiento de la bola.

SELECCIÓN DEL GOLPE **EL FACTOR LIE**

Muchos golfistas no se fijan en que el lie de la bola influye notablemente en este vuelo a través del aire. Un lie pelado, por ejemplo, donde haya poca o nada de hierba bajo la bola o donde esté segada a ras, produce un vuelo más bajo de lo normal. Por lo tanto, con este tipo de lie no debería intentar jamás un golpe alto y cortado. Sin embargo, con hierba más alta ocurrirá lo contrario. La bola saldrá de esta situación con un vuelo relativamente alto, aunque con mucho menos backspin debido a que la hierba se interpone entre la cara del palo y la bola. Cuando la bola en este lie repose relativamente bien, puede intentar una gama de golpes más variada.

Lie pelado   *Lie blando en hierba alta*

CLAVE **1** AFRONTAR UNA CUESTA ARRIBA
Si se usa un palo más abierto en una cuesta arriba se obtendrá un swing más corto y suave, lo que permitirá controlar la distancia con más facilidad. La bola también saldrá hacia delante con una trayectoria baja y con un poco de backspin (vuelo de la bola con efecto de retroceso), lo que facilitará el control de la velocidad de la misma.

Muñecas
Mantenga la muñeca izquierda firme a través de la bola.

Trayectoria
Un palo más cerrado crea un vuelo más bajo.

Torso
Gírelo en armonía con el swing de los brazos.

USAR UN PALO MÁS CERRADO EN CUESTA ARRIBA
La cuesta incrementa de forma eficaz la apertura del palo. Seleccione siempre un hierro más largo de lo normal –la elección depende de la inclinación. Coloque la bola adelantada en el stance.

Subida
Acorte la longitud de la subida.

Rodillas
Mantenga la flexión original de la rodilla izquierda.

Equilibrio
Centre la distribución del peso a la largo del golpe.

50%

50%

CLAVE
2

AFRONTAR UNA CUESTA ABAJO

Con un lie en bajada, la bola tiende a salir con una trayectoria baja, dificultando su control. Si elige un palo lo más abierto posible, éste le ayudará a compensarlo. El sand wedge resulta a menudo el palo ideal para esta situación. Sustituye buena parte del control, que de forma natural se pierde en una cuesta abajo y, al mismo tiempo, proporciona la suficiente elevación de la bola para asegurar un suave aterrizaje.

COLIN MONTGOMERIE – GOLPEAR EN EL SITIO

Todos los profesionales juegan golpes de forma diferente alrededor de green empleando una variedad de palos o una serie de golpes. Pero una cosa que ninguno de ellos olvida es elegir el lugar exacto donde quieren que aterrice la bola –incluso antes de sacar el palo de la bolsa. El escocés **Colin Montgomerie** no es una excepción. Cuando juega un golpe de chip sabe dónde aterrizará la bola y dónde se parará sin dejar de mantener una técnica sencilla y bonita.

Éste es el mejor camino para practicar los golpes de chip: empiece por visualizar el golpe, teniendo en cuenta lo que hará la bola; apunte hacia el lugar exacto de aterrizaje, preferentemente en green, para asegurar incluso el bote; y luego seleccione el palo que mejor se adapte a este objetivo. Si golpea con consistencia en el sitio, cosechará resultados más bajos.

USAR UN PALO MÁS
ABIERTO EN CUESTA ABAJO
Elija un hierro más abierto en bajada para contrarrestar el efecto del declive. Coloque la bola retrasada en el stance.

Trayectoria
Una buena técnica proporciona suficiente distancia y control.

Cuerpo
Permanezca agachado en el golpe el mayor tiempo posible.

Subida
Gire las muñecas en el backswing para crear el suficiente ángulo de ataque vertical.

Peso
Sopórtelo sobre la pierna más baja durante todo el swing.

Cabeza del palo
Deslícela a través de la hierba y por debajo de la bola.

40%

60%

SEGUNDA LECCIÓN

Perfeccionar el golpe de chip

EL GOLPE BÁSICO de chip es simplemente eso: básico. No es una técnica complicada, y las cosas sencillas se captan mucho mejor. La exclusiva finalidad de este golpe es la de elevar la bola por encima y más allá de cualquier irregularidad del terreno y sobre la superficie plana del green, rodando suavemente hacia el hoyo. Así se afina la técnica del chip con el mínimo esfuerzo y la máxima precisión.

ZONA DE PRÁCTICAS
EL EJERCICIO DEL CHIP AL AZAR

Una sesión de práctica realmente efectiva debería intentar reproducir lo más exactamente posible cualquier situación probable que pueda presentarse en el campo. La sensación debería ser la misma que se tiene cuando jugamos una vuelta formal, experimentando la presión de «sólo una oportunidad por golpe» asociada con un juego competitivo. He aquí un ejercicio muy práctico para agudizar la actuación alrededor de green.

Lance varias bolas al azar alrededor del green, y luego continúe el juego con cada una de ellas, tal y como hayan quedado. Disponga de tres o cuatro palos a mano y visualice cada golpe antes de colocarse ante la bola. Esto le ayudará a determinar qué palo funciona mejor en ciertas situaciones.

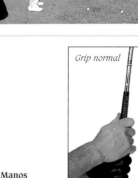

CLAVE 1 ADOPTAR LA COLOCACIÓN CORRECTA
La posición ideal para el golpe de chip se resume en una frase: «Bola retrasada, manos adelantadas y peso adelantado». Esto proporciona un ligero ángulo de ataque descendente y un golpe vigoroso, vitales para realizar buenos golpes de chip. Coja el palo unos 5 cm más corto, bloquee el cuerpo, traslade el peso sobre el pie izquierdo y mantenga ligeramente presionado el grip.

Stance
Adopte un stance más abierto que el empleado en un golpe de hierro.

Bola
Se coloca retrasada en el stance.

Manos
Coja el palo más corto y adelante las manos a la bola.

Peso
Trasládelo hacia el pie izquierdo para facilitar un golpe hacia abajo.

Grip normal

Grip corto

AGARRAR EL PALO MÁS CORTO
Mientras que los hierros largos se agarran hacia el final del mango (izquierda), en los golpes cortos y en los chips es conveniente colocar las manos más abajo (derecha). Así las manos se acercan a la bola, lo que mejora el control sobre el golpe.

40%   60%

Hombros
Controle el golpe con un suave pero firme giro de hombros.

Muñeca derecha
Quiébrela para colocar las manos en posición dominante.

Equilibrio
Continúe manteniendo el peso del cuerpo adelantado hacia el lado izquierdo.

40% — 60%

COREY PAVIN – UN TOQUE SUAVE DESDE UNA POSICIÓN CERCANA

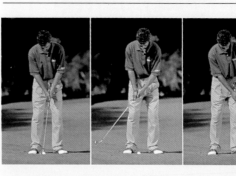

Corey Pavin, ganador del Open Americano de 1995, es conocido por ser uno de los competidores más esforzados y por su agudo y cortante juego corto. Bajo las condiciones más duras es capaz de atacar el hoyo desde las posiciones más inverosímiles. La acción de chip de este profesional es una doctrina en sí misma. Simplemente observe lo relajado que está. Coge el grip «suave»; su postura resulta sencilla y cómoda, sin descuidarla para nada.

Siga el ejemplo de Pavin e intente relajarse sobre la bola. Sujete el grip con suavidad; permanezca relajado, y su habilidad de calibrar el peso en los golpes de chip se agudizará como la de él.

MANTENER LA MUÑECA IZQUIERDA FIRME A TRAVÉS DEL IMPACTO
Intente mantener el ángulo formado entre las dos muñecas a través de la bola. Esto evita que la cabeza del palo sobrepase las manos, lo que podría conducirle a acucharar la bola desastrosamente.

CLAVE 2 GIRAR LA MUÑECA DERECHA EN LA SUBIDA
Este golpe requiere un movimiento fijo de brazos, controlado básicamente por un giro suave pero firme de hombros. Asimismo realice un ligero quiebro en la parte posterior de la muñeca derecha al mismo tiempo que el palo se aleja de la bola. Este ángulo ayuda a colocar las manos en una posición dominante para guiar la bajada de la cabeza del palo hacia la bola.

CLAVE 3 MANOS ADELANTADAS EN LA ZONA DE IMPACTO
Para realizar un golpe vigoroso, intente situar de nuevo las manos, los brazos y la cabeza del palo en el lugar exacto en que se encontraban en el momento de la colocación. El peso debería asentarse en el lado izquierdo durante todo el movimiento. Así se produce un contacto bola-suelo, que dirige la bola hacia el objetivo.

Impacto
Un golpe seco hacia abajo produce una trayectoria rasa y con un poco de efecto.

40% — 60%

TERCERA LECCIÓN

Dar una altura extra al chip

UN CHIP DESDE un lie problemático normalmente deja al jugador con dos alternativas. El golpe bajo es básicamente el golpe de chip modelo, jugado con un palo más cerrado. Sin embargo, el golpe alto, la única opción para sobrepasar los hazards (obstáculos tanto de agua como de arena), cuenta con sus propios e indispensables requisitos. Aquí veremos cómo, al ir por alto, se pueden obtener resultados bajos.

Backswing
Realice un swing relativamente largo para un golpe de esta longitud.

CLAVE 1 COLOCARSE PARA ALCANZAR ALTURA

Empiece por coger el grip con suavidad y abrir la cara del palo. Coloque las manos más encima de la bola –esto mantendrá la apertura y le protegerá de un golpe excesivamente inclinado. Al mismo tiempo, abra el stance para fomentar una trayectoria de swing ligeramente de fuera hacia dentro, la cual ayudará a dar al golpe un vuelo suave y flotante.

Muñecas
Colóquelas en el backswing.

Tronco
Permita que el tronco gire en respuesta al movimiento de balanceo de los brazos.

Stance
Adopte un stance más ancho que para un chip normal.

Bola
Colóquese con la bola a la altura de la parte interior del talón izquierdo.

Peso
Mantenga el peso eventualmente distribuido.

SEVE BALLESTEROS – LEVANTARLA Y DEJARLA RODAR

En alguna parte entre el chip rodado y el jugado por alto se encuentra el cortado, el golpe genial que **Seve Ballesteros** desenmascaró en el hoyo 72 del Masters Europeo de 1993 en Crans-sur-Sierre. El golpe de chip es en sí mismo aquel que todos deseamos jugar, pero reproducir su timing es harina de otro costal. Al haber incrustado su drive dentro de los árboles a la derecha de la calle, jugó un increíble golpe de recuperación a través de un pequeñísimo hueco entre las ramas, sobre un muro y cerca de seis metros por encima de la superficie del green. Desde allí, jugó el golpe más exquisito, un chip rodado directamente al hoyo que aseguraba uno de los birdies más increíbles de la historia. Resulta asombroso lo que puede llegar a conseguirse con un poco de imaginación, con mucha práctica y con una gran dosis de genialidad.

CLAVE 2 MANTENER UN SWING LARGO

La confianza depositada en un swing largo para un golpe corto constituye la clave de esta situación. Note que la cabeza del palo se desliza a lo largo de la línea de los pies los primeros 45 cm de la subida. Luego permita que las muñecas giren hacia arriba, y que la cabeza del palo se mueva dentro de la línea, completándose el backswing.

Hombros
Gire el hombro izquierdo para despejar el camino a través de la zona de impacto.

Swing
Hágalo hacia y a través de la colocación original.

Cabeza del palo
Deslícela a través de la hierba y por debajo de la bola.

TOM WATSON – VUELO ALTO, ATERRIZAJE SUAVE

En la última vuelta del Open Americano de 1982 en Pebble Beach, **Tom Watson** jugó uno de los golpes cortados más grandes de todos los tiempos. Situado a un golpe por delante de Jack Nicklaus, Watson falló el green y fue a parar a una zona terrible del traicionero hoyo 17. Dado el lie y el corto espacio de green entre él y la posición de la bandera, parecía inevitable practicar un costoso bogey. Aunque Watson evocó un golpe milagroso, hizo aterrizar la bola en el collarín del green y desde allí ésta se escurrió dentro del hoyo para rematar el torneo con un birdie. No importa el grado de dificultad del golpe, simplemente escoja un lugar y encomiéndese para que la bola aterrice en él.

CLAVE **3** DESLIZAR LA CABEZA DEL PALO POR DEBAJO

Imagínese tratando de sacar una fina chuleta de césped debajo de la bola a través del impacto; como si quisiera «quitar los pies» de debajo de la bola. Sea positivo y acelere la cabeza del palo suavemente a través de la bola. Recuerde, para efectuar este golpe es necesario que exista un poco de hierba alrededor de la bola, no lo intente desde un lie pelado.

CLAVE **4** MANTENER UN RITMO SUAVE

Al acelerar a través del impacto, la cabeza del palo casi puede sobrepasar la bola. Intente imaginar que la cabeza del palo se desliza por debajo de la bola y a través de ella. La bola saldrá alta con tanta suavidad que, de hecho, es casi posible correr hacia delante y atraparla antes de que llegue al suelo. La práctica continuada le ayudará a desarrollar el aplomo necesario para conseguir un swing largo y lento, así como la confianza para jugar algunos golpes de chip audaces.

Manos y cuerpo
El cuerpo sigue desenvolviéndose al tiempo que las manos continúan el swing.

Trayectoria
A pesar de la longitud del swing, la bola sale alta y recorre tan sólo una corta distancia.

Peso
Note que permanece atrasado más de lo normal durante el swing.

CUARTA LECCIÓN

El chip a borde de green

GREG NORMAN – «CEPILLAR» Y RODAR

Resulta sorprendente ver las ventajas de un golpe de chip realizado con una madera abierta. Tal y como lo demostró **Greg Norman** en el Desert Classic de Dubai en 1994, es un golpe viable y provechoso, la bola se levanta ingeniosamente sobre la superficie del green, desde donde puede rodar con suavi-

dad hacia el hoyo, como un putt. Y para aquellos que les cuesta ejecutar un chip rodado, este golpe constituye una gran alternativa. La base de una madera abierta es plana, lo que imposibilita que la cabeza del palo tropiece con el suelo detrás de la bola. En cambio, el palo se deslizará por la superficie del césped.

CLAVE 1 COLOCARSE CON UN GRIP DE PUTT
Como este golpe es una mezcla de un chip y un putt, empiece por probar un grip de putt, o al menos experimente con él para ver su reacción. Esto mejora el control en los golpes de chip y los protege de una excesiva acción de muñecas, que, desde una distancia corta, pueden producir golpes inconsistentes y erráticos.

Cuando la bola se empotra contra el collar de rough que rodea el borde de un green, puede crear un trance odioso. Por extraño que parezca, cuanto más cuidado esté el campo, más difícil resulta el golpe. Hay que tener presente que, aparentemente, no es ni un putt ni un chip pero, en realidad, ése es exactamente el tratamiento que deberíamos darle: una mezcla de ambos.

Línea de visión
Mire directamente encima de la bola.

Manos
Colóquelas adelantadas a la bola.

Grip
Manténgalo ligeramente presionado pero seguro.

Parte más baja del cuerpo
Déjela totalmente quieta.

Pie izquierdo
El peso debería apoyarse más en el pie izquierdo.

40% 60%

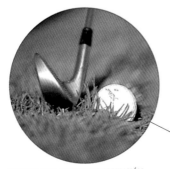

CABEZA DEL PALO EN SUSPENSIÓN
Coja un hierro corto, colóquese como si se tratase de un putt y olvídese de que el filo del palo está justo por encima del ecuador de la bola.

Punto de mira
Fije la vista sobre el punto que intenta impactar.

Muñecas
Mueva las muñecas lo menos posible.

Subida
Mantenga la cabeza del palo a ras del suelo en la subida.

Muñeca izquierda
Conserve el ángulo original en la muñeca izquierda.

Ecuador de la bola

ZONA DE PRÁCTICAS **EL DESCARADO «CHIP-PUTT»**

Existe una alternativa descarada para «golpear» la bola desde el collarín de rough que hay alrededor del green. Gire el grip sobre sí mismo, de manera que la punta se asiente detrás de la bola. Esta operación no se puede ejecutar con todos los putters, pero vale la pena intentarlo, si es factible.

1 Colóquese ante la bola como en un putt recto, gire el grip de modo que la punta del putter cuelgue detrás de la bola lo más encarada posible.

2 Repita el golpe de putt, tratando de golpear la bola en su ecuador. Aunque la bola pueda saltar brevemente en el aire, entonces se asentaría y rodaría con suavidad hacia el hoyo.

Cabeza
Deje la cabeza y los hombros tan quietos como le sea posible durante el swing.

Manos
Acelérelas suavemente junto con la cabeza del palo a través de la bola.

Followthrough
Imagine que la cabeza del palo viaja a ras del suelo a través del impacto.

CLAVE 2 GOLPEAR LA BOLA POR EL ECUADOR
Realice un backswing compacto «rompiendo» muy poco las muñecas. Céntrese en golpear justo por encima del ecuador de la bola con el canto de la base de la cabeza del palo. No se quite la bola de encima, simplemente mantenga las muñecas firmes, como lo haría en un golpe de putt. La propia naturaleza de esta acción asegura que no existe nada que interfiera o dificulte la cara del palo en el rough. Por el contrario, contribuye a fomentar un contacto lo más limpio posible.

CLAVE 3 RODAR LA BOLA COMO UN PUTT
La mayor ventaja de todos estos golpes consiste en que hacen rodar la bola con suavidad, que es, obviamente, lo que se necesita cuando el green está inminentemente cerca. Jugada correctamente, la bola rodará a través del green justo como un putt.

RESPUESTAS AL JUEGO DEL BUNKER

UNA BOLA REPOSANDO en la arena produce un temor especial en el jugador medio, sin embargo, muchos profesionales realmente preferirían estar en bunker antes que en rough al lado de green. Ellos están seguros de poder dejar la bola cerca para poder salvar el par. En esta sección aprenderemos algunos trucos profesionales empleados por jugadores de la talla de Bernhard Langer y, cómo no, por el maestro especialista en los golpes de bunker, Gary Player. Mostraremos lo más sobresaliente del juego en este apartado.

HUBERT GREEN
Ganador del Open Americano y del USPGA, Hubert Green nos da una perfecta lección de cómo hay que jugar un golpe de explosión desde el bunker. Una buena técnica le capacita para deslizar la cabeza del palo a través de la arena, para «salpicar», literalmente, la bola fuera del bunker.

BERNHARD LANGER
Uno de los golfistas más finos que han surgido de Europa, Bernhard Langer no presenta ninguna debilidad en su juego, tan sólo la distancia. Una de sus habilidades más certeras es la facilidad con que realiza un golpe de recuperación desde el bunker. Posee un maravilloso toque respaldado por una excelente técnica.

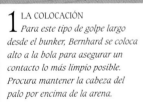

1 LA COLOCACIÓN
Para este tipo de golpe largo desde el bunker, Bernhard se coloca alto a la bola para asegurar un contacto lo más limpio posible. Procura mantener la cabeza del palo por encima de la arena.

2 LA SUBIDA
Aquí es evidente una subida amplia y en bloque. La cabeza del palo, las manos, los brazos y los hombros se alejan de la bola en bloque, como si se tratara de un golpe convencional desde la calle.

3 EN LA CIMA
Ésta es una posición perfecta en la cima del backswing. Bernhard ha realizado un giro completo de hombros, el palo está exactamente en línea, sus caderas resisten muy bien y el se halla perfectamente colocado para emprender un swing hacia abajo por detrás de la bola.

6 EL FOLLOWTHROUGH
Ésta es una posición clásica de followthrough. El palo ha pasado libremente a través del impacto hacia esta posición perfectamente equilibrada, claro exponente de que se ha controlado todo el swing.

5 DENTRO DEL FOLLOWTHROUGH
Observamos aquí una extensión completa a través de la bola. Bernhard ha trasladado el peso hacia el lado izquierdo durante el impacto y ha pasado el hombro derecho más allá de la barbilla. Comienza a elevar la cabeza para ver el resultado del golpe.

4 A TRAVÉS DEL IMPACTO
Al tratarse de un golpe largo desde bunker, Bernhard impacta la bola antes que la arena, tal y como lo haría con un golpe normal desde la calle. Para un golpe corto desde bunker, la cabeza del palo debería contactar primero con la arena e impulsar la bola hacia fuera junto con una porción de arena.

LAS LECCIONES

L as lecciones que figuran en esta sección le ayudarán a desarrollar la técnica para la mayoría de los golpes desde bunker con los que probablemente se enfrentará.

PRIMERA LECCIÓN

Colocarse con el sand wedge

No EXISTE NINGÚN otro palo diseñado para trabajar tan específicamente a favor de los jugadores como el sand wedge. Sin embargo, sólo unos pocos golfistas saben sacar el mayor partido del potencial de este palo. Comprender cómo funciona este wedge especial resulta vital para llegar a convertirse en un jugador de bunker más preciso.

CLAVE 1 — ABRIR LA CARA Y CONFIGURAR EL GRIP

Aquí, el saber cómo y cuándo se coge el palo resulta crucial. Empiece por abrir la cara del palo y luego configure el grip –así asegura que la cara del palo permanecerá abierta durante el swing. No abra la cara girando simplemente las manos hacia la derecha, ya que ocasionará que ésta vuelva cuadrada en el impacto. Asimismo coja el palo muy corto.

Mano derecha
Coja el palo y asegúrese de que su cara esté abierta antes de configurar el grip.

Cabeza de palo
Ábrala y manténgala suspendida por encima de la arena.

GENE SARAZEN – EL PADRE DEL SAND WEDGE

El sand wedge nació en los años treinta cuando **Gene Sarazen** –quien, a pesar de haber ganado varios títulos importantes, se consideraba a sí mismo como un jugador de bunker relativamente mediocre– decidió mejorar su material. Desestimó el afilado canto de su wedge, que tendía a favorecer una penetración demasiado profunda de la cabeza dentro de la arena. En su lugar apareció un diseño más redondeado, con un borde más ancho en la base para mejorar el asentamiento. Experimentando con él, descubrió que en cuanto la cabeza del palo entraba en la arena, el borde de la base lo forzaba hacia arriba y hacia fuera. Esto creó un efecto «de explosión» que arrojaba la bola fuera junto con una porción de arena.

COGER EL PALO CORTO
Coger el palo corto al mismo tiempo mejora el control y compensa el hecho de que los pies están más abajo del nivel de la bola.

CLAVE 2 — ABRIR EL STANCE

Para jugar golpes de bunker al lado de green, el stance y la cara del palo se deben abrir hacia la línea del objetivo. Abrir el stance implica alinear los pies, las caderas y los hombros a la izquierda del objetivo. Recíprocamente, abrir la cara del palo significa apuntar justamente en línea con el stance. Sin embargo, estos factores opuestos se combinarán para producir un golpe recto.

CLAVE 3 — ASENTARSE SÓLIDAMENTE

Hunda los pies en la arena para afirmar la base y evitar cualquier desprendimiento en mitad del swing. Al hundir los pies, también notará la profundidad y la textura de la arena, lo que le proporcionará una valiosa pista para saber cómo reaccionará la cabeza del palo en el impacto y cómo saldrá la bola.

Tronco
Al colocarse, alinee los hombros, el torso y las caderas hacia la izquierda de la línea del objetivo.

Manos
Afloje un instante el grip y coloque las manos encima de la bola.

Rodillas
Flexione las rodillas para obtener una base a punto para hacer el swing.

Pies
Abra el stance para favorecer una trayectoria de swing de fuera hacia dentro.

Stance abierto

Cabeza de palo
Asegúrese de que ésta no toca la arena al colocarse.

Línea del objetivo

Manos
Mantenga el grip ligeramente presionado.

Pies
Asiéntese firmemente en la arena.

Stance abierto

Línea del objetivo

VISTA AÉREA
Con los pies y el cuerpo alineados hacia la izquierda del objetivo, la cabeza del palo sigue una trayectoria de swing de fuera hacia dentro. Al combinarlo con una cara del palo abierta, se produce un golpe recto con una trayectoria suave y flotante.

SEGUNDA LECCIÓN

Mejorar la técnica del golpe de bunker

LA TÉCNICA PARA jugar mejor desde bunker se vuelve completamente objetiva cuando comprendemos la forma de trabajar del sand wedge y los fundamentos de colocación y postura. La aplicación de una técnica perfecta eliminará el miedo endémico que muchos golfistas padecen al tener que jugar desde bunker.

BERNHARD LANGER – EL MISMO PUNTO

Partiendo de la base de que la arena posee una textura consistente, el palo debería golpear el mismo punto detrás de la bola en todos los golpes de bunker, hasta un máximo de 27 m. Éste es el sistema que adopta **Bernhard Langer** y emplearlo tiene la gran ventaja de simplificar las cosas. Mantenga el mismo movimiento y ritmo en todos los golpes de bunker. Elija el punto detrás de la bola y acelere siempre en el impacto. Lo único que cambia en el backswing es su longitud.

CLAVE
1 ALEJAR EL PALO
AL UNÍSONO
Resista la tentación de permanecer demasiado vertical en la primera parte de la subida. Mantenga las muñecas prácticamente pasivas cuando el palo se aleje de la bola, intentando sincronizar el swing de brazos y el giro del cuerpo. Note que la primera parte de la subida es un movimiento en bloque y que la cabeza del palo dibuja una trayectoria a lo largo de la línea de los pies de al menos 45 cm.

Inicio de la subida
La cabeza del palo permanece paralela a la línea de los pies durante los primeros 30 cm de la subida.

Línea de los pies

TOME LA TRAYECTORIA CORRECTA
Al menos durante los primeros 45 cm de la subida, asegúrese de que la cabeza del palo dibuja una trayectoria alejada de la bola y paralela a la línea de la punta de los pies.

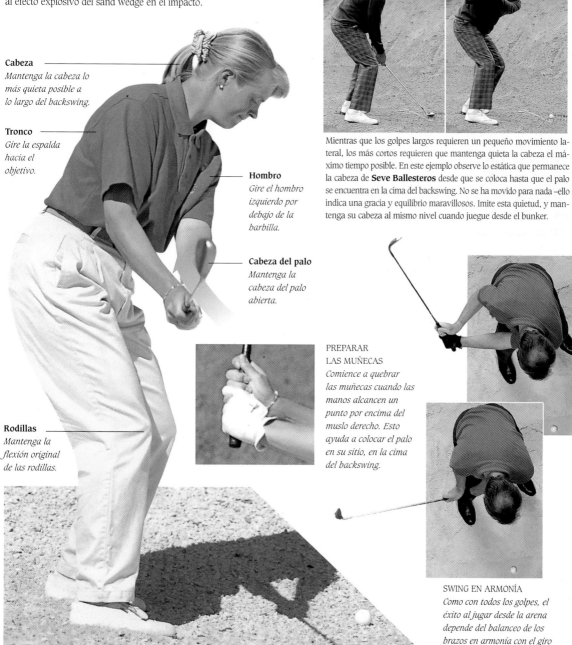

CLAVE 2 GIRAR Y ABRIR

Al mismo tiempo que continúa el swing, sienta que la muñeca y el antebrazo izquierdos giran, algo como cuando gira el brazo para mirar la esfera del reloj. Esta «manivela» abre la cara del palo y le ayudará a sacar el máximo partido al efecto explosivo del sand wedge en el impacto.

Cabeza
Mantenga la cabeza lo más quieta posible a lo largo del backswing.

Tronco
Gire la espalda hacia el objetivo.

Hombro
Gire el hombro izquierdo por debajo de la barbilla.

Cabeza del palo
Mantenga la cabeza del palo abierta.

Rodillas
Mantenga la flexión original de las rodillas.

SEVE BALLESTEROS – CABEZA AL MISMO NIVEL

Mientras que los golpes largos requieren un pequeño movimiento lateral, los más cortos requieren que mantenga quieta la cabeza el máximo tiempo posible. En este ejemplo observe lo estática que permanece la cabeza de **Seve Ballesteros** desde que se coloca hasta que el palo se encuentra en la cima del backswing. No se ha movido para nada –ello indica una gracia y equilibrio maravillosos. Imite esta quietud, y mantenga su cabeza al mismo nivel cuando juegue desde el bunker.

PREPARAR LAS MUÑECAS
Comience a quebrar las muñecas cuando las manos alcancen un punto por encima del muslo derecho. Esto ayuda a colocar el palo en su sitio, en la cima del backswing.

SWING EN ARMONÍA
Como con todos los golpes, el éxito al jugar desde la arena depende del balanceo de los brazos en armonía con el giro del tronco.

Mejorar la técnica del golpe de bunker

CLAVE 3 GIRAR HASTA LA CIMA

A medida que el cuerpo continúa su giro, note que la cabeza del palo se «endereza» hacia el cielo. Mantenga las rodillas flexionadas, con el peso del cuerpo centrado sobre la bola.

Subida
Mueva el palo hacia atrás, ejecutando una subida amplia y suave.

Bajada
Baje el palo dentro de una trayectoria más plana hacia la arena detrás de la bola.

COLOQUE LAS MUÑECAS
Quiebre totalmente las muñecas en la cima del backswing para crear un ángulo de 90° entre la muñeca izquierda y la varilla del palo.

ZONA DE PRÁCTICAS **GOLPEAR EL PALO HACIA ABAJO Y A TRAVÉS**

Gene Sarazen trabajó duro en el diseño del sand wedge, por lo tanto asegúrese de que éste trabaja para usted y no en su contra. Este ejercicio resulta práctico para sentir cómo debería trabajar el sand wedge. Colóquese en un bunker y realice una serie de swings continuados –hacia atrás y hacia delante, abofeteando la cabeza del palo firmemente contra la arena. No golpee la bola. Únicamente acostúmbrese a la sensación que produce la cabeza del palo al golpear a través de la arena, pero sin ahondar en ella. Siéntase cómodo con este ejercicio, y luego coloque unas bolas en la arena e intente revivir exactamente aquella sensación. Deje que la bola se introduzca en la trayectoria del swing.

NICK PRICE – JUZGAR LAS DISTANCIAS

Una de las claves para calcular la distancia desde los bunkers radica en el followthrough. Así lo demuestra **Nick Price**, realizando un swing con un finish completo para las sacadas largas de bunker alrededor de green. Cuando la posición de la bandera esté cerca del bunker, realice un followthrough más corto. Esto le ayudará a medir el compás de la bajada y, con ello, la distancia del vuelo de la bola.

VISUALIZACIÓN **EL CONTACTO CORRECTO**

Desde el bunker resulta especialmente importante visualizar exactamente el punto de impacto. Imagínese que la bola está sobre un tee escondido debajo de la arena, olvídese de la bola y concéntrese para intentar podar el tee. Si lo hace correctamente, propulsará la bola hacia fuera con la cantidad conveniente de arena.

CLAVE **4** REALIZAR UNA EXPLOSIÓN CONTROLADA

Acelere suavemente la bajada del palo hacia un punto que se encuentre escasamente 5 cm detrás de la bola. A medida que el cuerpo se desenvuelve en la bajada, sienta cómo las manos se arrastran hacia la izquierda empujando la cabeza del palo a través de la línea del impacto. Asegúrese de que la mano derecha no se cruza por encima de la izquierda.

Columna
Mantenga la columna con su ángulo original.

Cadera
Retire la cadera izquierda a través del impacto.

Rodillas
Mantenga las rodillas flexionadas.

Peso
Deje el peso en el lado izquierdo a través del impacto.

ZONA DE PRÁCTICAS **«EXPLOSIONAR» ENTRE LAS LÍNEAS**

Si se centra sólo en el punto donde la cabeza del palo golpea la arena, puede descuidar la atención sobre el lugar por donde va a emerger el palo, por lo que el resultado podría ser un pésima acción de excavado y un golpe blando. Dibuje dos líneas en la arena de unos 18 cm de separación.

Éstas indican el punto de entrada y el lugar por donde emergerá la cabeza del palo. A continuación, alinee unas bolas entre las líneas y realice el swing adentrando la cabeza del palo por una y haciéndola salir por la otra.

Cabeza de palo
Imagine que la cabeza del palo se desliza a través de la arena y debajo de la bola.

PASAR LA CABEZA DEL PALO
La geometría de un buen juego desde bunker resulta en estos momentos aparente. Si el stance y la cara del palo están abiertos, y si el swing se hace a lo largo de la línea de los pies, la bola volará recta. La trayectoria debería ser alta y suave, como si flotara.

131

TERCERA LECCIÓN

Enfrentarse a un lie aplastado

UNO DE LOS lies que más nos espanta en golf es el de la bola enterrada en la arena del bunker. Conocido como «huevo frito» debido a su similitud dibujada en la arena, se produce como consecuencia del aterrizaje de una bola que volaba muy alto y que cae directamente sobre arena blanda, quedando la bola medio enterrada por el impacto. Aparentemente la situación resulta complicada, y en muchas ocasiones realmente lo es, pero la escapada es siempre posible. Estas secuencias muestran cómo.

CLAVE 1 CUADRAR EL STANCE Y LA CARA DEL PALO

El golpe para jugar la bola enterrada está en contra de las técnicas requeridas para realizar cualquier otro golpe desde el bunker. Para empezar, la cara del palo necesita estar encarada hacia el objetivo en vez de abierta; en el stance, hay que colocarse con la bola retrasada, y no frente al talón izquierdo, e incluso el peso debe colocarse sobre el lado izquierdo. Además, manténgase encarado hacia el objetivo.

Muñecas
Quiebre las muñecas antes de lo normal en el backswing.

Cara del palo
Mantenga la cara del palo encarada, en vez de abierta, en la subida.

Stance cuadrado

Línea del objetivo

ZONA DE PRÁCTICAS
CUADRAR LA CARA DEL PALO EN ARENA MOJADA

Existe una gran diferencia entre un golpe de bunker sobre arena mojada del realizado sobre arena seca. La cara del palo debe cuadrarse en la colocación, no abrirse, incluso si se tiene un lie perfecto. Una vez realizado este cambio, aplique el procedimiento normal para ejecutar un golpe desde bunker, pero tenga presente que la bola tiende a salir un poco más baja de lo normal.

En una arena apelmazada por la lluvia, juegue un pitching wedge, ya que su canto más vertical y agudo cortará la arena con más eficacia y creará un efecto de explosión mayor de lo que uno puede desear en arena mojada.

CLAVE 2 MANTENER EL BACKSWING VERTICAL

Aquí la bajada del palo tiene que ser mucho más vertical que para los demás golpes de bunker –todo junto constituye una acción más punzante. Para preestablecer un ángulo de ataque más vertical, coloque el palo más vertical en la subida. Quiebre las muñecas y apunte hacia el cielo con la cabeza del palo antes de lo normal.

Equilibrio
Sienta que el cuerpo está sobre la bola en la cima del backswing.

SANDY LYLE – SACAR DE BUNKER A LARGAS DISTANCIAS

El golpe largo de bunker es duro pero, a menudo, los profesionales hacen que parezca más fácil. Y nada más representativo que aquella ocasión en la que **Sandy Lyle** realizó una sacada de bunker con un hierro 7 en el último hoyo del Masters Americano de 1988, un golpe que decidió su victoria. Lyle realizó varios ajustes claves a su sacada normal de bunker, ajustes válidos para cualquiera que tenga un golpe largo desde la arena. Elija un palo

con suficiente apertura para superar el labio frontal, pero intente coger uno más del que hubiera jugado normalmente desde la misma distancia en la calle. Colóquese un poco más retrasado de la bola en el stance y agarre el palo más corto.

Realice tres cuartos de swing y concéntrese en elevar la bola del suelo limpiamente. Para conseguir que ésta haga backspin tendrá que efectuar de manera pronunciada el golpe de pitch hacia arriba.

CLAVE **3** MANTENER EL PESO CENTRADO
En la cima del backswing, el peso del cuerpo debe centrarse sobre la bola, quizá favoreciendo al lado izquierdo justo una fracción de tiempo. Esto ayuda a proporcionar un ángulo de ataque en bajada más vertical de lo normal.

CLAVE **4** APORREAR LA CABEZA DEL PALO HACIA ABAJO
Gran parte de la velocidad de la cabeza del palo se produce para forzar la bola hacia arriba con la intención de sacarla y así salvar la situación. Sea agresivo y golpee con fuerza la cabeza del palo contra la arena –no se preocupe demasiado por el followthrough. La bola saldrá un poco baja y con un pequeño backspin, lo que le permitirá que ruede un poco tras su aterrizaje.

MANTENER LAS MUÑECAS SÓLIDAS COMO UNA ROCA
Con este golpe, en el que la arena interfiere enormemente, resulta vital coger el palo con firmeza y mantener las muñecas sólidas como una roca a lo largo de la zona del impacto. Cualquier debilidad hará que la bola no salga de bunker.

CUARTA LECCIÓN

Jugar con la bola situada por encima de los pies

CUANDO LA BOLA aterriza sobre cualquier talud de arena, la colocación, el swing y el vuelo de la misma se ven seriamente afectados. Con la bola colocada por encima del nivel de los pies existen varios factores que pueden marcar la decisiva diferencia entre el éxito y el fracaso. El mayor peligro radica en coger demasiada arena y no lograr que la bola salga del bunker.

CLAVE 1 COGER EL PALO CORTO Y APUNTAR A LA DERECHA

Aquí la colocación obviamente es diferente a cualquier otro golpe de bunker cerca de green, y los ajustes que a continuación exponemos son absolutamente esenciales para un resultado satisfactorio. La bola está más cerca de la cabeza de lo normal, por consiguiente coja el palo más corto para hacer subir la cabeza de éste hasta el mismo nivel de la bola (la mano derecha casi podría tocar la varilla en una situación de talud pronunciado). El ángulo de la columna se estrechará automáticamente, mientras que el peso se trasladará hacia la punta de los pies para ayudar a mantener el equilibrio a lo largo de todo el swing. Apunte ligeramente a la derecha del objetivo.

Grip
Coja el palo muy corto, toque la varilla si fuera necesario en caso de una inclinación muy vertical.

Cabeza del palo
Deje la cabeza del palo suspendida por encima del punto situado detrás de la bola donde se pretende golpear la arena.

CLAVE 2 SUBIR EL PALO ACORDE CON LA INCLINACIÓN

La columna en posición vertical, con la bola más alta que los pies, puede significar una cosa y sólo una: que el swing se realizará más alrededor del cuerpo, creando la tendencia a que la bola vuele hacia la izquierda del objetivo. Por este motivo es por lo que resulta vital apuntar hacia la derecha de la bandera. La consabida sacada de bunker con trayectoria de swing de fuera hacia dentro no es apropiada en esta situación. En vez de esto, realice un swing en línea con el talud siguiendo una trayectoria de dentro hacia fuera.

Peso hacia adelante
Mueva el peso desde los talones hacia adelante para contrarrestar el efecto de talud.

CLAVE 3 MANTENER INVARIABLE EL ÁNGULO DE LA COLUMNA

El ángulo de la columna debe mantenerse exactamente como estaba en la colocación original, a lo largo de todo el camino hacia la cima. Manteniendo la cabeza a la misma altura durante todo el swing, se asegura un ángulo de la columna constante y se incrementan las posibilidades de realizar el golpe deseado.

BOBBY JONES – POSITIVO EN LA ARENA

Muchos consideran que el único que ha desafiado a Jack Nicklaus como el jugador más grande de todos los tiempos ha sido **Bobby Jones**. Éste una vez comentó: «La diferencia entre un bunker y un obstáculo de agua es la misma que la existente entre el choque de un coche y el de un avión. En un choque con un coche usted, al menos, puede tener la posibilidad de salir ileso». En otras palabras, no desfallezca si su bola va a parar a un bunker, las cosas podrían haber sido peores. Siga este consejo: piense siempre positivamente, trabaje sobre la técnica y no se asuste de la arena. No hay nada en ella de lo que asustarnos, excepto del susto en sí.

CLAVE 4 BAJAR EL PALO POR DENTRO

Ahora simplemente vuelva a seguir la misma trayectoria hacia el impacto; concéntrese exclusivamente en golpear la arena escasamente 5 cm por detrás de la bola. No intente guiar o dirigir la bola, confíe en la alineación y en la forma natural del swing.

Altura
Mantenga la misma altura durante todo el swing.

Impacto
Salpique la cabeza del palo hacia abajo por detrás de la bola.

Por dentro de la línea
Note que el palo se aproxima al impacto por dentro de la línea del objetivo.

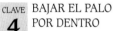

CLAVE 5 CONTINUAR EL GOLPE

Acelere la cabeza del palo a lo largo de toda la bajada hacia el impacto; esto permite que la bola vuele hacia la izquierda, con lo cual, si el stance está cerrado, la bola saldrá recta hacia el objetivo. Es una buena idea que permite golpear la bola un poco más hacia la izquierda en los golpes de bunker más largos alrededor de green.

QUINTA LECCIÓN

Jugar con la bola situada por debajo de los pies

LOS PROBLEMAS CON los que aquí nos enfrentamos son exactamente los opuestos a aquellas dificultades presentadas en las páginas 134-135. La bola está colocada por debajo del nivel de los pies, aunque no lo suficiente para crear una situación imposible en el bunker. Incluso así, éste es probablemente el más difícil de los dos porque existe un mayor riesgo de fallar la sacada.

CLAVE 1 COGER EL PALO LO MÁS LARGO POSIBLE

La clave del éxito aquí, al igual que cuando la bola se encuentra por encima del nivel de los pies, radica fundamentalmente en la colocación. Comience por coger el palo lo más largo posible para que la cabeza del mismo pueda llegar a la bola. Doble un poco más la cintura y apunte a la izquierda del objetivo con el fin de compensar el inevitable vuelo empujado propiciado por la colocación y la inclinación. Elija también el punto por donde el palo entrará en la arena.

Plano vertical
Coloque el palo en una posición más vertical para balancearlo por una trayectoria de fuera hacia dentro.

Columna
Mantenga el ángulo de la columna constante.

Muñecas
Quiebre las muñecas antes que para cualquier golpe normal de bunker.

Hombro izquierdo
Gire el hombro por debajo de la barbilla.

Columna
Mantenga el ángulo de la columna de forma constante durante todo el swing.

Peso
Coloque el peso atrás, hacia los talones, durante algo más de tiempo de lo normal para evitar cualquier pérdida de equilibrio debido a la cuesta abajo durante el swing.

Grip
Agarre el palo lo más largo posible para mantener la cabeza del palo cerca de la bola.

Pies
Entierre los pies para establecer una base sólida para el swing.

CLAVE 2 PERMANECER AGACHADO EN EL BACKSWING

La clave en el backswing consiste en mantener la cabeza al mismo nivel durante todo el movimiento. Saque el palo hacia atrás por fuera de la línea, entonces quiebre las muñecas colocando la varilla del palo en posición vertical. De nuevo, concéntrese en no mover la posición de la cabeza –levantarla incluso una fracción de segundo resultaría desastroso.

GARY PLAYER – PRACTICAR PARA IMPROVISAR

A veces, la única solución es un golpe de bunker poco ortodoxo, tal y como **Gary Player** lo improvisó en el Open Británico Senior de 1994 en el Royal Lytham and St. Annes. Sólo el hecho de sacar la bola constituyó toda una hazaña, y con todo, una merecida recompensa por los años de duro trabajo invertidos en el juego de bunker. Por lo tanto, siempre que tenga oportunidad de practicar, no se limite a dar golpes convencionales de bunker. Ejercite la imaginación y póngala a prueba, preparada para enfrentarse a situaciones imposibles que puedan aparecer durante una vuelta real.

 CLAVE 3 «SALPICAR» HACIA ABAJO DETRÁS DE LA BOLA

A continuación, simplemente fije la vista en ese punto en la arena detrás de la bola, y sacuda la cabeza del palo hacia abajo. Una vez más, permanezca agachado el máximo tiempo posible –al menos, hasta que la bola emprenda el camino. Recuerde que la bola se dirigirá un poco hacia la derecha del objetivo, con un pequeño efecto de slice, por lo tanto, sea permisivo.

Altura
Conserve la original durante todo el swing.

Rodillas
Flexione las rodillas para alcanzar la bola en la bajada.

Equilibrio
Al golpear permanezca agachado el máximo tiempo posible, y confíe en el palo para generar altura.

CLAVE 4 GOLPEAR ABAJO Y PASAR EL PALO

Intente pasar el palo a través de la arena por debajo de la bola y a lo largo de la línea paralela con los pies. Este golpe de fuera hacia dentro debería sacar la bola baja pero directa hacia la bandera.

Cabeza del palo
Deslice la cabeza del palo de fuera hacia dentro a través de la línea.

SEXTA LECCIÓN

Jugar con la bola situada cuesta arriba

CUANDO LA BOLA aterriza sobre un lie cuesta arriba, un simple reajuste del stance y de la colocación es todo lo que se precisa normalmente para enfrentarse a una situación que muy a menudo parece peor de lo que en realidad es. Recuerde que la cuesta arriba ocasionará que la bola salga más alta, y que caiga sobre el green rápidamente, lo que, al menos, permite jugar un golpe agresivo.

Peso
Mantenga el peso en el lado derecho durante todo el camino hacia la cima del backswing.

CLAVE 1 ACOPLAR EL STANCE A LA INCLINACIÓN
La solución en esta situación consiste en conseguir que el ángulo de la columna se acerque lo más posible a la perpendicular de la inclinación. Intente ascender lo suficiente como para colocarse la bola en el talón izquierdo o incluso más hacia delante. Y, por supuesto, con la pierna de arriba flexionada para ayudar a establecer un stance estable sobre la bola. Si esta pierna está demasiado rígida, se perderá el perfecto equilibrio del swing y toda esperanza de salir del bunker.

Grip
Mantenga el grip firme pero relajado.

Rodilla izquierda
Mantenga la rodilla de arriba flexionada.

Postura
Acople el ángulo de los hombros con el ángulo de la cuesta.

Peso
Asegúrese de que el peso recae sobre el lado derecho.

CLAVE 2 MANTENER EL PESO ATRASADO
Durante la subida, la clave radica en conservar la distribución exacta del peso establecida en la colocación. Sienta que el swing pasa por encima de la rodilla derecha. No se ladee demasiado para no apartarse del objetivo, y sobre todo no se recline sobre el lado izquierdo. Limítese a permanecer lo más estable posible.

GARY PLAYER – EXPLOSIÓN VIOLENTA

Cuando la bola se halla en un bunker cuesta arriba, muchos golfistas cometen el error de golpear la pendiente con un ángulo demasiado vertical. Este error está motivado por defecto de alterar el stance, con lo que se obtienen como resultado golpes inconsistentes, pesados y superficiales. Capte esta sugerencia del maestro de la arena, **Gary Player**, y construya un stance acoplado a la pendiente, lo que le permitirá que, mediante un swing lo más normal posible, pueda alcanzar el resultado deseado. Encarámese al talud, flexione la rodilla superior y note que la mayor parte del peso lo soporta la pierna inferior –esto hace que los hombros estén paralelos a la arena. Si realiza este golpe con una brisa fuerte, prepárese para bañarse en arena.

Palo
*Acabe el swing
completamente.*

CLAVE
3 BALANCEAR EL PALO DENTRO DEL IMPACTO

Ahora, conserve el peso atrasado sobre el pie derecho durante la bajada del palo y sienta que la cabeza del mismo realiza un swing hacia arriba en el impacto, casi como si ésta siguiera el contorno de la arena.

Muñecas
*Trabaje más duro para
despejar el lado izquierdo
durante la bajada del palo.*

Peso
*Mantenga el
peso detrás
de la bola.*

Rodillas
*Cerciórese de que las
dos rodillas siguen
estando flexionadas.*

CLAVE
4 SACAR EL PALO SIGUIENDO LA INCLINACIÓN

Muchos golfistas dejan la bola muy corta cuando juegan desde una cuesta arriba, por lo tanto, sea positivo e intente que la bola aterrice sobre la bandera. La probabilidad de volearse el objetivo es mínima, y la bola seguramente se parará rápidamente, casi sin rodar.

SÉPTIMA LECCIÓN

Jugar con la bola situada cuesta abajo

EN UN BUNKER, un lie cuesta abajo es duro de tratar. Resulta difícil generar mucha altura desde este tipo de lie; un serio problema es que la mayoría de los bunkers cuentan con un talud frontal que hay que sobrepasar. No caiga en la tentación de tratar de ayudar a la bola a volar en el aire, pues puede resultar desastroso. Siga estas claves y convierta la pesadilla de la cuesta abajo en una experiencia más placentera.

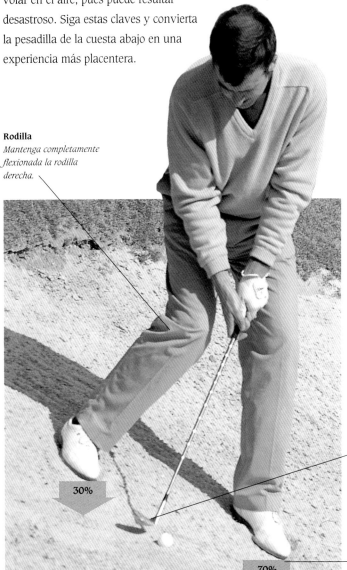

Rodilla
Mantenga completamente flexionada la rodilla derecha.

30%

70%

DETECTOR DE DEFECTOS
PENALIDADES DEL BACKSWING

Todo jugador debería saber que no se puede apoyar el palo en el suelo al colocarse en un obstáculo. Sin embargo, lo que tiende a olvidarse es que tocar la arena durante la subida del palo constituye también una infracción, castigada con un golpe de penalización. En un bunker con un lie vertical en bajada existe un peligro real de que esto suceda, por lo tanto, preste mucha atención para que esto no ocurra.

CLAVE 1 ATRASAR LA BOLA EN EL STANCE
Colóquese con la bola atrasada en el stance o, por lo menos, al centro para de ese modo poder crear un ángulo de ataque lo más vertical posible. Existen otros elementos que hay que introducir en la colocación, elementos que no se aplican en ningún otro golpe. Traslade el peso hacia el lado izquierdo y perciba cierta tensión en el muslo izquierdo. Además, coja el palo corto para tener el máximo control al golpear la bola.

Cabeza del palo
Abra la cabeza del palo hasta donde lo lleve.

Equilibrio
Sitúe el peso predominantemente sobre el pie izquierdo.

UN ATAQUE MÁS VERTICAL
Con un ángulo de ataque más vertical que en cualquier otro golpe desde bunker, facilita que la cabeza del palo «salpique» hacia abajo en la arena detrás de la bola.

Muñecas
Quiebre las muñecas e intente colocar la varilla lo más vertical posible.

30%

70%

BERNHARD LANGER – MANTENER EL EQUILIBRIO EN UNA CUESTA

Bernhard Langer, además de ser un gran esquiador, posee otras muchas aptitudes en el campo de golf: asemeja el arte de mantener el equilibrio en la arena con el manejo de los promontorios, ondulaciones y vicisitudes de un descenso de esquí. Es simplemente cuestión de trasladar sus teorías y sensaciones de la nieve a la arena. Se trata de viajar con velocidad manteniendo el propio equilibrio, que es meramente una reacción instintiva –el peso se traslada, por norma general, hacia la pierna más baja.

En las pendientes (ya sean de subida o bajada) del bunker, se aplica lo mismo: el peso tiene que estar sobre la pierna más baja, lo que proporcionará la plataforma idónea sobre la cual mantener el equilibrio. Esto también ayuda a alinear los hombros con el ángulo de la pendiente, convirtiendo así el swing en algo natural.

MANTENER EL EQUILIBRIO
Permanezca adelantado hacia el lado izquierdo; éste es probablemente el único golpe en golf, a excepción del putt, donde no se debería, bajo ningún concepto, alejar el peso del objetivo en el swing.

Tronco
Permanezca agachado durante el golpe el máximo tiempo posible.

Cabeza del palo
Note cómo la cabeza del palo persigue a la bola.

<table>
<tr><td>CLAVE</td><td></td></tr>
<tr><td>2</td><td></td></tr>
</table>

CLAVE 2 — CREAR UN ARCO VERTICAL

Suba el palo más vertical que para cualquier otro golpe. Quiebre las muñecas al iniciar la subida con el fin de asegurar que la cabeza del palo evita el talud de detrás del bunker. Al hacerlo, se forma un arco necesariamente vertical dentro del swing.

CLAVE 3 — GOLPEAR CON DUREZA ABAJO PARA CONSEGUIR ALTURA

Apuñale la cabeza del palo hacia abajo dentro de la arena y detrás de la bola. Asegúrese de que las manos han tomado la delantera, con la cabeza del palo volviendo a trazar la misma trayectoria que dibujó desde la bola hacia la subida. La mejor imagen que puede retener es la de la cabeza del palo creando una explosión justo por detrás de la bola. Sea positivo y sienta cómo la cabeza del palo persigue la bola por debajo de la inclinación, al mismo tiempo que viaja a través del impacto. Y, por supuesto, permanezca agachado durante el golpe.

SOLUCIONES PARA GOLPES PROBLEMÁTICOS

No IMPORTA SU estatus, incluso los grandes jugadores se encuentran en apuros ocasionalmente. Y es en esos momentos cuando el jugador medio más se identifica con ellos. Aquí veremos cómo resuelven estas situaciones los grandes maestros para poder aprender de ellos.

La finalidad principal cuando la bola está profundamente enterrada en el rough o detrás de un árbol en línea con el green es tratar de ponerla en juego lo más rápidamente posible. El mejor consejo es tomar el antídoto contra un golpe incómodo y reducir al máximo el daño. Aunque algunas veces resulta difícil decidir la mejor forma de actuar, en esta sección estudiaremos algunos golpes cortos que nos pueden servir de ayuda cuando llegue ese momento.

PAUL AZINGER
Aquí, el americano Paul Azinger se halla literalmente hundido hasta las rodillas en un profundo rough. Sin embargo, ha logrado escapar sacando la bola con dureza mediante un swing vertical, empuñando con fuerza el grip del palo y manteniendo firme la muñeca izquierda a través del impacto.

COLIN MONTGOMERIE
Precariamente colgado en el talud vertical de un bunker, Colin Montgomerie fuerza la bola hacia el objetivo manteniendo su peso atrasado sobre el pie derecho y haciendo el swing siguiendo el talud.

ROBERT ALLENBY
Enfrentado a un grupo de árboles, Robert Allenby encuentra una vía de escape al mantener su peso atrasado y machacar la bola lo más alto y fuerte posible. La astucia es un buen respaldo para esta clase de dificultades.

IAN BAKER-FINCH
Casi cubierto por un árbol, uno de los campeones del Open Británico, Ian Backer-Finch, coge el palo por la varilla y se agacha para jugar desde la maleza este golpe de escapada.

SEVERIANO BALLESTEROS
Maestro de la escapada, Severiano Ballesteros hace volar la bola fuera del espeso rough hacia el objetivo. Ésta es una situación de la que sólo se puede salir gracias a la fuerza bruta.

LAURA DAVIES
Laura Davies necesitó concentrarse para escapar de debajo de estos árboles que descuelgan sus ramas sobre ella. La mano derecha suelta el grip al mismo tiempo que el palo se le enreda al finalizar el swing.

JOSÉ MARÍA OLAZÁBAL
Una singular demostración de equilibrio del español José María Olazábal al desembarazar la bola desde una posición aparentemente imposible, demostrando que, a pesar del grado de dificultad del impedimento, se puede encontrar a menudo una salida.

LAS LECCIONES

Las lecciones que figuran a continuación le ayudarán a prepararse para afrontar lies y situaciones inusuales, que a menudo ocurren durante una vuelta.

PRIMERA LECCIÓN

Jugar con la bola «en el aire»

EL ROUGH ES la dificultad más común que los jugadores tienen que afrontar. Las reglas básicas para el juego normal desde rough están recogidas en las páginas 112-113, pero en el caso de un lie «en el aire» (cuando la bola descansa sobre lo alto de un tepe de hierba), deseche el libro de reglas e improvise. Este golpe se diferencia de todos aquellos que se dan desde hierba alta, y puede acarrear enormes problemas si no lo tratamos con la técnica adecuada.

CLAVE **1** ADOPTAR LA COLOCACIÓN CORRECTA

El problema más evidente cuando la bola está «en el aire», más alta de lo normal, consiste en evitar cortarla limpiamente por debajo. El otro gran peligro reside en golpear la bola por fuera del canto superior de la cara del palo. Para evitar esto, coja el grip corto, al menos 2,5 cm. Al mismo tiempo, en el stance, colóquese un poco más alejado de la bola para aumentar la acción de barrido a través del «área de impacto», y al situarse, suspenda en el aire la cabeza del palo.

TOM KITE – EMPLEAR UNA MADERA ABIERTA

Una madera abierta es uno de los palos más versátiles que llevamos en la bolsa. Como campeón del Open Americano de 1992, **Tom Kite** demuestra aquí su utilidad para todo tipo de lies problemáticos, incluso en rough alto. Esto es debido a que la cabeza del palo tiende a deslizarse a tra-

vés de la hierba con más eficacia, manteniendo la cara del palo enfocada hacia el objetivo durante más tiempo en el impacto. Un hierro largo, por otro lado, tiende a enredarse en la hierba, incluso antes de alcanzar la bola, torciendo de este modo la cara del palo al impactar; el resultado: un golpe indefinido. Salga del rough lo mejor que pueda, y juegue una madera abierta.

AJUSTAR EL GRIP
Coger el palo corto ayuda a reducir la posibilidad de contactar erróneamente con la bola.

Grip
Coja el palo corto, al menos 2,5 cm.

Posición de las manos
Coloque las manos sobre la bola, que debería estar más adelantada de lo normal.

Bola
Sitúe la bola frente al talón izquierdo.

SUSPENDER LA CABEZA DEL PALO
Mantener la cabeza del palo en el aire ayuda a alcanzar la bola «superficial» y evita que ésta se mueva al colocarnos en stance.

Palo
Asegúrese de que el palo se para antes de llegar a su posición horizontal habitual.

Hombros
Gire el hombro izquierdo por debajo de la barbilla.

Cabeza del palo
Imagine la cabeza del palo barriendo la bola lejos, como si estuviera encima de un tee.

CLAVE **2** RECORTAR LA SUBIDA

Evite quebrar las muñecas demasiado pronto en la subida; únicamente aleje suave y lentamente el palo hacia atrás, lejos de la bola, para crear amplitud. Sólo debe recortar la subida. Coger el palo corto realmente ayuda, pero lo necesario es hacer un esfuerzo consciente para detener el palo antes de que llegue a su posición horizontal.

CLAVE **3** BARRER LA BOLA LEJOS

Evite dar un pequeño salto durante la bajada del palo. Concéntrese en trasladar suave y gradualmente el peso hacia la izquierda. Imagine que barre la bola limpiamente por encima de un tee. Si la bola se golpea correctamente, el palo raramente afeitará las cabezas de los tallos de hierba que roce. Recuerde que este golpe hace que la bola vuele más alto que con un hierro normal.

FINISH BALANCEADO
Un finish equilibrado resulta primordial para este golpe y debe hacerlo trasladando la mayor parte del peso hacia el lado izquierdo.

Manos
Sienta las manos por delante de la cabeza del palo, pero no acuchare la bola.

40%   60%

Improvisar golpes de recuperación

MUY A MENUDO, la mejor estrategia para combatir un problema consiste en reducir el daño. En otras palabras, «siga la prescripción facultativa» y encuentre el camino más sencillo hacia la salvación. Algunas veces, sin embargo, se necesita una dosis de aventura. La experiencia demostrada jugando golpes de recuperación poco ortodoxos puede hacer la vida un poco más fácil.

CLAVE
1

JUGAR UN CHIP DE ESPALDAS

Ésta es una de aquellas situaciones que sólo pueden ocurrir media docena de veces al año. Pero podría aparecer en el momento más decisivo de una vuelta; por lo que le conviene prestar atención para aprender a solucionarla. Con la bola encima o contra un árbol, o quizá sobre cualquier otra obstrucción, resulta imposible colocarse si es un jugador diestro. Una opción consiste en jugar un chip de espaldas. Déle la espalda al objetivo y mantenga el palo sólo con la mano derecha. Cójalo de tal forma que la cabeza del mismo se asiente detrás de la bola, con el talón del palo claramente levantado del suelo.

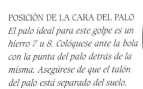

POSICIÓN DE LA CARA DEL PALO
El palo ideal para este golpe es un hierro 7 u 8. Colóquese ante la bola con la punta del palo detrás de la misma. Asegúrese de que el talón del palo está separado del suelo.

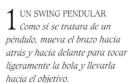

1 UN SWING PENDULAR
Como si se tratara de un péndulo, mueva el brazo hacia atrás y hacia delante para tocar ligeramente la bola y llevarla hacia el objetivo.

2 UN CONTACTO LIMPIO
El objetivo principal es mover la bola, que desde este lugar constituye toda una proeza. Concéntrese simplemente en hacer un swing suave y un contacto limpio.

CLAVE 2 INTENTAR UN CHIP CON LA IZQUIERDA
Existe otra técnica para mover una bola apiñada cerca del tronco de un árbol. Una vez más, ésta se golpea con la punta del palo, pero el golpe se juega a zurdas. No se trata del golpe más fácil para un jugador diestro pero, con un poco de práctica, podría convertirse en nuestro salvador cuando nos encontramos limitados por el espacio. Simplemente gire el palo en redondo e intente posicionarse de la forma más idónea.
No olvide coger el grip con la mano izquierda por debajo de la derecha.

SEVE BALLESTEROS – IMPROVISAR GOLPES DE ESCAPADA

Incluso cuando existen altos riesgos, **Seve Ballesteros** ha jugado golpes de recuperación con las manos al revés, como éste que realizó en el Campeonato Mundial Match Play en 1994. Sin embargo, a pesar de que estos golpes aparentan ser arriesgados, y de hecho lo son, el realizarlos de forma calculada reduce el daño. Seve sólo tenía que tocar la bola para considerar el golpe todo un éxito. ¿Por qué? Porque esto le ahorró un golpe de penalidad y también le dio la oportunidad de acercar un poco más la bola al objetivo.

1 SWING CORTO
De nuevo, realice el golpe lo más simple posible. Haga un swing corto de brazos y hombros, «rompiendo» al mínimo las muñecas.

POSICIÓN DE LA CARA DEL PALO
Con un palo lo suficientemente abierto (un hierro 8 es el ideal) gire la cara del palo sobre sí misma y colóquela de punta ante la bola. No deseche el golpe por su extraña apariencia.

2 PONER LA BOLA A SALVO
Al igual que en el golpe de espaldas, no intente ser demasiado ambicioso. Quédese satisfecho con sólo un contacto limpio que saque la bola hacia un lugar seguro.

TERCERA LECCIÓN

Tratar los lies cuesta arriba

EXISTEN DOS FACTORES claves cuando se trata de luchar con la bola en un lie cuesta arriba. El primero es que la trayectoria del golpe cambiará enormemente si la inclinación es muy pronunciada. El segundo consiste en que la posición en la colocación necesita adaptarse, y esto afectará al tipo de swing. Los lies cuesta arriba tienden a ocasionar golpes que vuelen hacia la derecha, factor que hay que tener en cuenta.

CLAVE 1 — ACOPLAR EL STANCE A LA INCLINACIÓN

En una cuesta arriba existen varios elementos que resultan esenciales para una buena colocación. Al igual que en la arena, la columna ha de estar lo más perpendicular posible a la pendiente. De este modo, se inclinan los hombros hacia atrás y se coloca sobre la rodilla derecha más peso de lo normal. La distribución del peso en la colocación determina finalmente cuán exitosos serán los golpes desde lies inclinados.

SELECCIONAR LA APERTURA

La apertura efectiva de un palo se transforma con la pendiente. En muchos casos, un hierro 7 se convierte en un hierro 9, cambiando la trayectoria del golpe. Gran parte del efecto que producen las pendientes reside en la selección del palo.

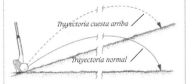

Trayectoria cuesta arriba

Trayectoria normal

PHIL MICKELSON – ALEJAR LA CARA DEL PALO

Con un golpe cuesta arriba, se tiende a empujar la bola hacia la izquierda. Para evitar esto, aleje la cara del palo a través del impacto el mayor tiempo posible, tal como hace el zurdo **Phil Mickelson**. Un diestro debe demorar el cruce de la mano derecha sobre la izquierda. Así la cara del palo permanece cuadrada y mantiene la bola en línea.

«SENTARSE» DETRÁS DE LA BOLA
En una cuesta arriba, la sensación de «sentarse» detrás de la bola facilita la posición correcta.

Ángulo de la columna
Asegúrese de que la columna esté lo más cerca posible de los ángulos rectos que se forman con la inclinación.

Peso
Contrarreste la inclinación colocando más peso sobre la derecha.

40%

60%

Espalda
Gire, dándole la espalda al objetivo.

PENSAR CON AMPLITUD
Es un grave error encoger la subida del palo cuando la bola se halla en una pendiente. Por lo tanto, concéntrese en hacer una subida amplia. En la primera parte del swing, intente mantener las muñecas lo más quietas posible, al mismo tiempo que el palo sube hacia la cima.

CLAVE **2**
MANTENER LA MISMA DISTRIBUCIÓN DEL PESO

Una regla muy útil en la subida es mantener el peso casi donde estaba en la colocación original. Cuanto menos movimiento lateral realicemos, mayor será la probabilidad de contactar la bola de forma limpia y vigorosa.

Caderas
Efectúe una rotación de caderas de 45°.

Cabeza
Sitúela por detrás del punto de impacto.

Rodilla izquierda
Permita que «trabaje por dentro», hacia la bola.

Rodilla derecha
Deje la rodilla derecha flexionada.

Equilibrio
Resístase a la tendencia de ladearse en exceso hacia abajo.

MANTENER EL EQUILIBRIO
La pierna izquierda soporta parte del peso en el followthrough.

CLAVE **3**
BAJAR EL PALO ACORDE CON LA PENDIENTE

Debido a que el peso se halla más atrasado de lo normal y que la parte inferior del cuerpo está menos activa de lo habitual, existe una tendencia a empujar la bola hacia la izquierda, causada directamente por la extremada actividad de las manos a través del impacto. Esto debe evitarse. Intente mantener el mayor tiempo posible la cara del palo enfocada hacia el objetivo; evite los drásticos cambios de peso, permanezca estable sobre la bola y mantenga un ritmo suave.

50%

50%

CUARTA LECCIÓN

Tratar los lies cuesta abajo

Así COMO LOS golpes desde una cuesta arriba son más propensos a salir hacia la izquierda, los realizados en bajada (incluso jugándolos perfectamente) tienden a salir con fade (ligero efecto hacia la derecha en el vuelo de la bola). Una vez más, la colocación y una armonía con la pendiente son los factores claves para controlar de forma satisfactoria la situación.

SELECCIONAR LA APERTURA

Como se dijo en la página 148, la apertura efectiva de un palo cambia según la pendiente. Una muy pronunciada hacia abajo hace que un hierro 7 se convierta casi en un hierro 5, lo que cambia la trayectoria del golpe. Por ello, debe entrenar golpes desde distintas inclinaciones.

Trayectoria normal

Trayectoria en bajada

EN LA CIMA
Continúe con la misma distribución de peso durante el backswing. No obstante, tenga cuidado de no mover el peso debido a la pendiente.

CLAVE 1 ACOPLAR EL STANCE A LA PENDIENTE
En una cuesta abajo, acomode la columna lo más perpendicular posible a la pendiente. Así el peso se traslada hacia el pie izquierdo. Al igual que en el caso de una cuesta arriba, los hombros se inclinan de nuevo, sólo que, esta vez, hacia abajo, acercándose más al suelo.

Bola
En el stance, colóquese más retrasado.

Peso
Coloque más peso en el pie de abajo para facilitar la ejecución de un golpe limpio.

40%

60%

MANTENER EL ÁNGUILO
Durante la bajada del palo, desenvuelva el tronco y mantenga el ángulo que se ha formado entre la muñeca izquierda y la varilla del palo.

Hombros
Dirija el hombro derecho para que pase por debajo de la barbilla.

Caderas
Aparte la cadera izquierda al mismo tiempo que los brazos bajan y pasan.

Rodillas
La rodilla derecha «trabaja» hacia la bola.

A través del swing
Manténgase firme y cace la bola por debajo.

CURTIS STRANGE – COMBATIR LAS CUESTAS

Tales llegan a ser las ondulaciones del viejo campo de St. Andrews que rara vez los jugadores se hallan ante la bola totalmente planos, y siempre se encuentra uno con algún tipo de cuesta con la que batallar. A pesar de las dificultades obvias, **Curtis Strange** batalló de forma extraordinaria en estas cuestas, en la Dunhill Cup de 1989, y batió el récord del campo con un asombroso 10 bajo par, es decir, con un 62, la vuelta más baja que se recuerda en la historia del viejo campo.

CLAVE **2** PILLAR LA BOLA POR DEBAJO
La mayor dificultad cuando se juega una bola en bajada reside en crear altura. Por lo tanto, evite a toda costa levantar la vista en el momento del impacto. Oblíguese a golpear la bola por debajo, como si estuviera cazando la bola hacia abajo, soltando con fuerza la cabeza del palo a través del impacto. Acompañe la bola el máximo tiempo posible; imagínese la cabeza del palo viajando hacia abajo con el hombro derecho «pillando» la bola hacia el objetivo.

CLAVE **3** HACER EL SWING ACORDE CON LA PENDIENTE
Trasladar el peso en una cuesta abajo no supone un problema. La propia naturaleza de la pendiente nos obliga a decantarlo hacia el pie de abajo a través del impacto, pero no descontrole esta transferencia de peso. Debería ser un proceso gradual y suave, enfocado hacia una terminación perfectamente equilibrada.

10%

90%

QUINTA LECCIÓN

Jugar con la bola más alta que los pies

AL IGUAL QUE en una cuesta arriba, una bola situada por encima del nivel de los pies requiere que tanto el stance como el swing se cambien. Esto implica un vuelo diferente de la bola. Para complicar las cosas, la

pendiente puede causar la pérdida del equilibrio del jugador durante el swing. Dejando a un lado la estatura y la complexión de cada uno, las siguientes consideraciones le ayudarán a realizar un swing equilibrado y a golpear sólidamente la bola.

CLAVE **1** COGER EL PALO CORTO Y SEPARARSE DE LA BOLA

Con la bola por encima de los pies, se necesita un stance más vertical de lo normal. Coja el palo corto a 2,5 cm o más, y sitúe el peso un poco más hacia la punta de los pies de lo usual para contrarrestar el efecto deslizante de la pendiente. Además, sepárese un poco más de la bola.

CLAVE **2** HACER EL SWING REDONDO –NO HACIA ARRIBA

Un stance más vertical nos conduce hacia un plano de swing ligeramente más redondo y horizontal. Esto, en parte, hace volar la bola de derecha a izquierda, dato que hay que tener en cuenta a la hora de apuntar hacia el objetivo. Mantenga el ritmo y el ángulo de la columna original y suba completamente el palo hacia la cima.

Manos
Coja el grip corto.

Línea del objetivo
Apunte a la derecha del objetivo para que el resultado sea un golpe de draw (ligero efecto hacia la izquierda en el vuelo de la bola).

Postura
Colóquese un poco más vertical de lo normal.

Pies
Asiente más peso en las puntas.

Columna
Mantenga el ángulo de la columna tal y como estaba en la colocación.

Peso
Trabaje un poco más para lograr un perfecto equilibrio.

CLAVE 3 CONSERVAR LA ALTURA DEL CUERPO

Como en el backswing, es necesario mantener la altura del cuerpo en la bajada del palo. En golf, esto resulta vital para cualquier golpe pero, en particular, en los inclinados, donde el peligro de fallar el golpe aumenta. Si la cabeza se levanta o se agacha en el impacto y se altera el ángulo de la columna, pueden ocurrir todo tipo de fallos y de golpes sin control.

Cabeza
Déjela al mismo nivel.

Hombros
Despeje la cadera izquierda en la bajada.

Rodillas
Mantenga las rodillas flexionadas.

SEVE BALLESTEROS – EQUILIBRIO PERFECTO EN LA ADVERSIDAD

Fíjese en esta fantástica imagen de **Seve Ballesteros** en acción en el Open Británico de 1988. A pesar de las evidentes dificultades presentadas por una pronunciada cuesta arriba, él mantiene claramente el equilibrio al mismo tiempo que eleva su golpe de hierro hacia el objetivo. Por sí sola, esta imagen constituye una lección práctica del arte de jugar desde las pendientes. No importa lo pronunciada que ésta sea, mueva siempre el palo a un ritmo que le permita mantener el equilibrio durante todo el swing. Ésta es la única forma de dar grandes golpes desde situaciones donde las circunstancias no acompañan.

Cabeza
Mantenga la cabeza detrás del punto de impacto.

Cabeza del palo
Suelte la cabeza del palo a través de la bola.

ZONA DE PRÁCTICAS
ELIMINAR EL SLICE

Lo crea o no, el perfil natural de un campo de golf puede remediar un defecto peculiar del swing y ayudar al jugador a concentrarse en el tacto y en las sensaciones correctas. Por ejemplo, cualquiera que tenga tendencia al fade o al slice se beneficiará del tiempo invertido en lanzar bolas situadas por encima del nivel de los pies. Este ejercicio le ayudará a realizar un swing más plano para poder atacar la bola por dentro, lo cual, a su vez, fomenta el draw.

CLAVE 4 GOLPEAR LA BOLA A LAS CUATRO EN PUNTO

Note que la cabeza del palo viaja de dentro hacia fuera a través de la «zona de impacto», e imagine que la cara del palo está encarada hacia el objetivo, como en un impacto de approach. Intente golpear la bola a través de las cuatro hasta las diez en punto (*véase* página 168). La pendiente, acompañada de un swing redondo, favorece este impacto; y recuerde, la bola debería salir con draw.

SEXTA LECCIÓN

Jugar con la bola más baja que los pies

LAS TÉCNICAS EMPLEADAS en el juego de una bola situada más baja que los pies son, por supuesto, casi una imagen calcada de las utilizadas cuando la bola se encuentra en las laderas de las pendientes. La tendencia a caerse hacia abajo persiste de forma real si no se distribuye el peso de forma adecuada.

CLAVE **1** DOBLAR LA CINTURA PARA ALCANZAR LA BOLA
Con la bola colocada más baja que los pies, es necesario doblar la cintura más de lo normal. Coja también el palo lo más largo posible. Acérquese un poco más a la bola y asiente el peso en los talones para prevenir cualquier resbalón al hacer el swing.

CLAVE **2** MANTENER EL ÁNGULO ORIGINAL DE LA COLUMNA
En la subida del palo resulta vital mantener el ángulo de la columna establecido en la colocación. Situar la cabeza al mismo nivel es el factor decisivo que hay que lograr para afianzarse en una cuesta abajo. Esta colocación fomenta un plano de swing más vertical, lo que crea una tendencia a golpear la bola con fade.

EQUILIBRIO EN LA CIMA
Concéntrese para mantener un perfecto equilibrio en la cima del backswing, vital para salir con éxito de una pendiente.

Postura
Dóblese de cintura.

Manos
Coja el palo lo más largo posible.

Pies
Alinee los pies a la izquierda del objetivo.

Línea del objetivo
Apunte a la izquierda para prevenir un posible fade.

Barbilla
Mantenga la barbilla alta para dejar paso al hombro izquierdo.

Muñecas
Al iniciar la subida, adelante las muñecas un poco más de lo normal.

Rodillas
Mantenga la flexión en las dos rodillas.

CLAVE 3

MANTENERLO UNIFORME EN LA BAJADA

Mantenga un ritmo suave en la bajada y concéntrese en conservar el talón izquierdo bien apoyado para contrarrestar la pendiente. La influencia de la misma y un swing vertical son la causa de que la cabeza del palo viaje ligeramente de fuera hacia dentro a través de la zona de impacto. Esto da a la bola un efecto lateral que la hace volar de izquierda a derecha.

Rodillas
Mantenga las rodillas separadas.

Talones
Intente aposentar más peso de lo normal sobre los talones.

Cabeza
Mantenga la cabeza alta en la bajada.

Manos
Tire del palo hacia abajo con dirección a la bola.

Equilibrio
Compense la tendencia a abalanzarse hacia la pendiente.

JOHN DALY – EQUILIBRIO PERFECTO

John Daly, campeón del Open Británico de 1995, demuestra simplemente cómo se juega desde un lie más bajo que los pies. A la vez que apunta a la izquierda para prevenir un desvío hacia la derecha, mantiene un perfecto equilibrio, a pesar de la pendiente. Los dos elementos son vitales para golpear la bola sólidamente.

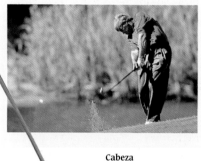

Cabeza
Mantenga la cabeza baja a través del impacto.

Columna
Continúe con el mismo ángulo de la colocación.

Caderas
Despeje la cadera izquierda para hacer un swing de brazos libre.

ZONA DE PRÁCTICAS
ELIMINAR EL HOOK

Para eliminar el hook (efecto exagerado del vuelo de la bola hacia la izquierda), tire bolas colocadas más bajas que sus pies. Esto sitúa el swing sobre un plano más vertical que evita realizar uno exageradamente por dentro, que es la causa de los hooks más pronunciados. Gradualmente, el ataque en la bajada se ha de efectuar más en línea, por lo que la tendencia al hook desaparecerá.

CLAVE 4

BALANCEARSE A TRAVÉS DEL IMPACTO

Quédese agachado a través de la zona de impacto y suelte la cabeza del palo por debajo de la línea del objetivo. El ángulo de la columna debería ser el mismo que el de la colocación, con el peso en el talón izquierdo. Asimismo prevea un vuelo de la bola de izquierda a derecha.

FACTORES PARA UN PUTT PRECISO

EL PUTT SE HA CONSIDERADO siempre como un juego dentro de un juego; una habilidad que el gran escritor Henry Longhurst una vez describió como el «Arte Negro». Ciertamente ha sido motivo de las más profundas investigaciones e inventos en busca de la perfección más que en ningún otro apartado del golf. El putt representa casi la mitad de los golpes dados, en una vuelta de golf completa, por la mayor parte de los jugadores, por lo tanto, cualquier cosa que proporcione una mejoría se busca con ansiedad. No hay nada que sustituya un golpe de putt firme, independientemente de cómo se realice.

ISAO AOKI
El japonés Isao Aoki constituye el clásico ejemplo de un jugador que posee un soberbio golpe de putt encasillado dentro de un estilo aparentemente personal y extraño. Prueba, claro está, que los buenos resultados son más importantes que el método empleado.

NICK PRICE
Nick Price es uno de los grandes jugadores de putt. Su técnica se basa en bloquear la muñeca izquierda y en un golpe de hombro controlado. Observe cómo la cabeza del putter tras el impacto sigue enfocada hacia la línea inicial de la bola.

1 LA COLOCACIÓN
Aoki se coloca ante la bola con la punta del putt levantada, con las manos bajas. Como todos los buenos jugadores de putt, sus ojos se hallan exactamente encima de la bola.

2 LA SUBIDA
Tiene un toque de putter muy bueno en el que emplea sus manos más que sus hombros. Inicia la subida del palo bastante vertical, controlada por la mano derecha.

3 EN LA CIMA
En la cima de la subida, el putter está muy levantado del suelo. Ésta es una posición inusual entre la mayoría de los grandes jugadores de putt; no obstante, parece darle buenos resultados a Aoki.

6 FINISH PERFECTO
Como en todos los golpes de golf, la posición del finish constituye una referencia útil para saber el resultado del golpe. Observe cómo Aoki permanece inmóvil, a excepción de un giro de cabeza para seguir la bola.

CURTIS STRANGE
En evidente contraste con el agachado estilo de Aoki, Curtis Strange se coloca muy erguido, mantiene las muñecas firmes y emplea una acción de péndulo controlada por los hombros.

5 EL FOLLOWTHROUGH
El más ligero movimiento del cuerpo durante el golpe puede causar un putt fallido. Aquí, Aoki permanece inmóvil incluso después de golpear la bola.

4 A TRAVÉS DEL IMPACTO
Aoki consigue su maravilloso toque llevando la cabeza del putt hacia atrás, conservando una posición encarada con el impacto y con la cabeza completamente estática.

LAS LECCIONES

Las lecciones que figuran a continuación le ayudarán a desarrollar su propia técnica de putt, basada en fundamentos sólidos y consistentes.

Colocarse para el putt

EL GOLPE DE putt es en muchos aspectos una versión en miniatura de un swing de golf completo. Por consiguiente, una vez más, la colocación ante la bola constituye el primer paso en el desarrollo de una técnica consistente. Una buena colocación crea una base para golpear bien con asiduidad y proporciona la mejor oportunidad para golpear la bola de forma consistente, haciéndola rodar recta y segura.

CLAVE 1 LA MIRADA SOBRE LA BOLA

El ingrediente más importante del stance del putt (independientemente de la estatura, complexión o estilo individual) es mantener la mirada sobre la bola. Girar la cabeza permite una visión directa de la línea del putt hasta el hoyo sin ninguna necesidad de mover los hombros fuera del alineamiento.

BERNHARD LANGER – DESARROLLAR UNA VISIÓN DE TÚNEL

Las distracciones pueden hacer y deshacer un putt. Una total concentración es vital. Lo que debe visualizar es la bola rodando hacia el hoyo y excluir todo lo demás. **Bernhard Langer**, metódicamente, crea una «pantalla» ante sus ojos a la vez que lee un putt. Esto le proporciona una especie de «visión de túnel» que le abstrae de cualquier movimiento del público. Así se centra en la lectura de la línea y visualiza la trayectoria de la bola hacia el interior del hoyo. Aunque rara vez se encontrará con la multitud que sigue a Langer, el sistema de «visión de túnel» resulta siempre muy eficaz.

Verificar que los ojos estén correctamente fijados en la bola constituye un proceso relativamente sencillo. Asuma una posición normal de putt y deje caer una bola desde el puente de la nariz. Allí donde aterrice, marcará la posición ideal de la bola. Tenga presente que lo primero es encontrar un stance cómodo y luego acomodar la bola dentro de éste y no al revés.

Ojos
Mantenga los ojos fijos en la bola.

Manos
Apunte los pulgares hacia la varilla.

MANTENERSE QUIETO
Observe cómo, a excepción del movimiento de la cabeza, el alineamiento y la posición del cuerpo permanecen en el mismo lugar al mirar el hoyo.

Stance
Adopte un stance relajado y cómodo.

CLAVE 2 COMPLETAR UNA PERFECTA COLOCACIÓN

Se requieren varios elementos para confeccionar una colocación ideal. La bola se debería adelantar en el stance; la posición ideal se halla frente al talón izquierdo. Puede retirarse un poco, pero no más del ancho de una cabeza de palo. Esta posición ayuda a que el putter, en su trayectoria ascendente, encuentre la bola. Las manos necesitan estar encima de la bola o, al menos, ligeramente adelantadas, y la cara del putter debe estar cuadrada con la línea.

SEVE BALLESTEROS – PERFECTAMENTE POSICIONADO

Seve Ballesteros cuenta probablemente con el stance de putt más cómodo del mundo del golf. He aquí todos los elementos: un grip neutral ligeramente presionado; dobla cómodamente la cintura, con lo cual sus brazos cuelgan con naturalidad; su mirada se centra en la bola –simplemente, perfecto.

No es necesario copiar exactamente este estilo, pero cualquier colocación debe ser cómoda para dar lugar a una sensación que pueda mantenerse durante un largo período de tiempo sin ningún tipo de tensión. Esta sensación crea una influencia positiva en el propio golpe de putt.

Hombros
Mantenga los hombros cuadrados con la línea proyectada.

CONSTRUIR UNA UNIÓN NEUTRAL
El grip resulta muy eficaz cuando las palmas de las manos están encaradas la una con la otra. Esto es lo que se denomina un grip neutral, donde las manos están destinadas a trabajar juntas durante todo el golpe. Asegúrese también de que los dos pulgares apuntan hacia la varilla.

Manos
Sitúe las manos encima o ligeramente adelantadas de la bola.

Cara del palo
Asegúrese de que la cara del putter mira en línea recta hacia la línea proyectada.

CUADRARSE
Visto desde el aire, los pies y los hombros están paralelos y la cara del palo cuadrada con la línea. Las manos se hallan adelantadas y la mirada fija en la bola.

SEGUNDA LECCIÓN

Balancear el putter con suavidad

EL MÉTODO MÁS consistente y eficaz para jugar el putt se basa en balancear el palo como un péndulo, hacia atrás y hacia delante, con suavidad y ritmo. El peso de la cabeza del putter genera la fuerza del swing. El cuerpo debe entrenarse para producir el perfecto movimiento de péndulo una vez tras otra.

Cabeza
Mantenga la cabeza quieta durante todo el swing.

Tronco
Forme un triángulo imaginario compuesto por los brazos y los hombros.

Manos
Sostenga el grip ligeramente presionado.

Cabeza del palo
Asegúrese de que la cabeza del palo viaja a ras de suelo.

CLAVE **1** MANTENER EL HOMBRO IZQUIERDO BAJO
Al igual que en un swing completo, la subida del putt se efectúa en bloque. Los brazos, los hombros y el putter se alejan de la bola al unísono junto con las manos, en actitud pasiva. Piense en arrancar con el «hombro izquierdo bajo» para que el movimiento inicial sea correcto.

DAVID FEHERTY – PRACTICAR GOLPES REALES

Emprender suaves golpes de práctica no constituye un problema para la mayoría de los jugadores. El problema surge cuando entra en juego la bola. **David Feherty** presenta un ejercicio particularmente práctico que vale la pena copiar.

Comience por hacer un golpe de práctica normal. Luego, tras colocarse ante la bola, cierre los ojos, y repita el golpe dejando que la bola siga su camino. Esto ayuda a que el golpe real se parezca más al del ensayo, y puede marcar una diferencia sustancial en cuanto a precisión.

ZONA DE PRÁCTICAS
PERMANECER ENCARADO A LA BOLA

El siguiente ejercicio ayuda a mantener la cara del putter cuadrada en la zona de impacto y Nick Faldo lo puso en práctica en la última vuelta que le proporcionó la victoria del Open Británico de 1992.

Comience por colocarse ante un putt de no más de 1,5 m y con un poco de caída si es posible. Cepille la bola hacia el hoyo –no suba el palo–, simplemente barra hacia delante la cabeza del putter desde la «posición de salida». Si emboca la bola es señal de que su alineación es correcta. Si falla, es que o la cara del putter no estaba cuadrada en el stance o que viajaba por fuera de la línea en el momento del impacto. Probar y equivocarse pronto le revelarán cuál es el principal culpable.

Tronco
Constituya un triángulo imaginario durante todo el golpe.

Manos
Devuélvalas a su posición inicial.

JACK NICKLAUS – LA MENTE SOBRE LA MATERIA

Se puede decir que el gran **Jack Nicklaus** nunca ha fallado un putt, mentalmente. Cuando lo prepara, en lo que a él se refiere, la bola irá directamente al hoyo. Hay mucho que aprender de esta actitud. El mejor toque de putt del mundo no tendrá éxito sin una rutina preparatoria apropiada y una concentración al 100 % en cada putt. Nadie en la historia de este juego se ha concentrado más que Jack Nicklaus, lo que le ha convertido, sin duda alguna, en el mejor.

Muñeca izquierda
Mantenga la muñeca izquierda firme durante el impacto.

Cabeza
Deje la cabeza lo más estática posible durante el golpe.

Followthrough
Asegúrese de que es como mínimo tan largo como la subida.

CLAVE 2 GOLPEAR HACIA ARRIBA
Acelere suavemente el putter hacia la parte posterior de la bola. Restrinja las manos a una mera actividad de apoyo, de modo que cada una presione de igual forma el grip. Si la posición de la bola es correcta, la acción de péndulo permitirá que el palo contacte ligeramente con ella al subir.

CLAVE 3 MANTENER FIRMES LAS MUÑECAS
Muy pocos jugadores aportan al followthrough el cuidado y la atención que éste merece. Uno de los puntos más importantes consiste en mantener la muñeca izquierda bloqueada durante la zona de impacto (imagine que el antebrazo está escayolado). Acelere la cabeza del putter hacia el hoyo mientras golpea y cerciórese de que el followthrough es tan largo como la subida del palo.

Encontrar una cura para los problemas de putt

EL PUTT PUEDE causar más quebraderos de cabeza en golf que ningún otro golpe. Los «yips» (una situación donde algo en la mente provoca que la muñeca izquierda se colapse y la mano derecha se superponga y sacuda la bola hacia la izquierda con velocidad errática) han afectado desde siempre incluso a los más grandes jugadores de la historia del golf. Se han probado muchos métodos alternativos para empuñar el putter, al igual que múltiples dispositivos para encontrar una cura. Sin embargo, sea cual sea la alternativa empleada, lo que resulta incuestionable es que se tiene que fomentar la acción pendular: el elemento clave para conseguir un golpe de putt apropiado, repetitivo y con éxito.

Ojos
Fije los ojos sobre la bola.

Línea recta
Mantenga una línea recta con el brazo izquierdo y la varilla del palo.

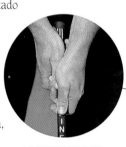

LA IZQUIERDA BAJO
LA DERECHA
El grip de manos intercambiadas constituye el remedio más popular para cualquier jugador afectado por los terribles yips.

BERNHARD LANGER – UN TRIUNFO SOBRE LA ADVERSIDAD

Bernhard Langer ha soportado más agonía en los greens de la que le corresponde. Dos veces se ha visto afectado por los temidos yips, y dos veces los ha superado. Su último antídoto, el grip grapa (en el cual su mano izquierda agarra directamente la varilla y la derecha el antebrazo izquierdo), es una especie de apaño para evitar que la muñeca izquierda se rompa durante el impacto. Esto es lo que los yips son en el fondo: la mano derecha comienza a dominar y el putter parece que actúa por sí solo, sin poderlo controlar. Ponga fin a esto y también acabará con los yips. El método puede parecer aparatoso, pero como Langer ha demostrado, con él se logra el efecto deseado.

CLAVE 1 CAMBIAR EL GRIP
El estilo «alternativo» de putt más popular para ayudar a eliminar los yips es el método de las manos intercambiadas. En vez de coger el grip con la mano derecha por debajo de la izquierda, la posición de las manos se invierte. Esto fomenta una acción más pendular hacia atrás y hacia delante. Aún más importante, bloquea la muñeca izquierda durante el impacto, con lo que se evitan los yips.

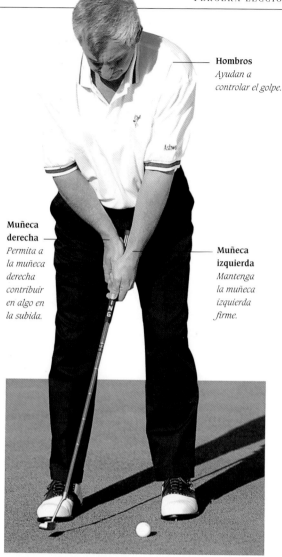

Hombros
Ayudan a controlar el golpe.

Muñeca derecha
Permita a la muñeca derecha contribuir en algo en la subida.

Muñeca izquierda
Mantenga la muñeca izquierda firme.

NICK FALDO – ESCUCHE Y NO MIRE

Levantar la cabeza demasiado pronto es la razón principal por la cual se fallan los putts. Esto es consecuencia de la ansiedad por ver si la bola entra en el hoyo. La paradoja es que cuanto antes miremos, menos probabilidades tendremos de ver la bola caer dentro del hoyo. En putts de 1,5 m o menos, **Nick Faldo** espera siempre hasta oír el ruido de la bola al caer, o hasta que sea evidente que falla el hoyo. Esto fomenta que el cuerpo permanezca estático sobre la bola más tiempo, lo cual revertirá en la mejora de la consistencia y calidad del golpe.

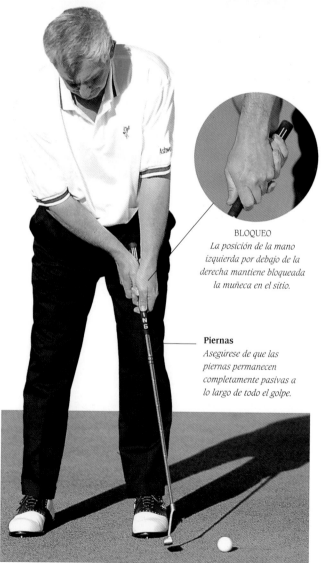

BLOQUEO
La posición de la mano izquierda por debajo de la derecha mantiene bloqueada la muñeca en el sitio.

Piernas
Asegúrese de que las piernas permanecen completamente pasivas a lo largo de todo el golpe.

CLAVE **2** HACER EL SWING HACIA ATRÁS Y A TRAVÉS – BAJO Y SUAVE

El golpe en sí es esencialmente el mismo que el de putt cogido con un grip normal. El swing de brazos se controla mediante un movimiento suave de hombros, y las manos se mantienen pasivas al mismo tiempo que el putter se mueve de atrás hacia delante.

CLAVE **3** MANTENER LA MUÑECA IZQUIERDA BLOQUEADA

La muñeca izquierda se mantiene firme a través del golpe, manteniendo la cara del palo encarada con la línea a lo largo de la zona de impacto. Ésta es la esencia del método manos-cruzadas, y lo que ha hecho que este sistema se haya convertido en uno de los más populares a todos los niveles.

CUARTA LECCIÓN

Luchar con las caídas

Los greens con caídas pueden intimidarnos, especialmente si son duros y rápidos.
Se tiende a ser demasiado prudente, lo que puede dar lugar a un golpe tímido e inseguro.
Mas la línea hacia el hoyo comienza siempre siendo recta, sin importar la severidad de la caída.
La silueta del green es lo que hace que la bola coja la caída, de lo que se desprende que
una lectura correcta de las caídas es vital para acabar los hoyos con éxito.

ZONA DE PRÁCTICAS
APRENDER A JUZGAR LAS CAÍDAS MUERTAS

Un putt largo resulta peligroso por partida doble, sobre todo cuando entre la bola y el hoyo existe una caída severa. La única forma de dejar la bola cerca del hoyo consiste en trabajar con la misma «sensación» que tenemos cuando entrenamos, lo que nos facilita el criterio a tomar en el campo –éste ejercicio es ideal. Sitúese en un lado de un green con caída y realice golpes de putt hacia el otro lado. Trate de dejar la bola cada vez lo más cerca posible del borde opuesto, sin salir tras ella. Compita con alguien al hacer este ejercicio y así ganará un poco más de agudeza.

GREG NORMAN – EL PUTT RECTO

Un buen método para combatir las caídas es tratar cada putt como si fuese recto. Aunque parezca contradictorio, **Greg Norman** es uno de los pocos profesionales del Tour que está a favor de este sistema; lo emplea habitualmente y le da excelentes resultados.

Cuando se enfrenta a un putt con una caída considerable, identifica el «punto de rotura» (un punto exacto que indica cuánto caerá la bola). Por lo que, simplemente, dirige la bola hacia ese punto y la caída del green hace el resto.

CLAVE **1** LEER EL «EFECTO VERANO» Y EL «EFECTO INVIERNO»

Lo que llega a caer un putt, es decir, cuánto afecta a la bola la caída de un green, se determina por la rapidez del green y, como consecuencia, por la velocidad con la que se golpea la bola. Intente acostumbrarse a las diferencias existentes entre los greens rápidos y los lentos.

Verano
En verano, la bola coge las caídas del green de forma más pronunciada debido a que éstos están más lisos y pelados...

Invierno
... y coge menos caída en los greens lentos de invierno, cuando la hierba está más alta.

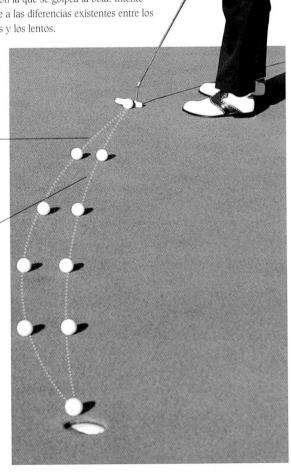

TOM WATSON – AMORTIGUAR EL IMPACTO

Si se falla un putt cuesta abajo, la bola puede ir a parar más lejos del hoyo de lo que estaba antes de golpearla. Esto hace que con frecuencia se golpee la bola de forma insegura, circunstancia que debe evitar a toda costa. **Tom Watson**, que desde finales de los años setenta hasta mediados de los ochenta fue el jugador de putt más fino del mundo, es el gran defensor del sistema de golpear la bola con la punta del putter en los putts rápidos cuesta abajo. Así amortigua el rodar de la bola y, por consiguiente, permite que el golpe sea más preciso.

ZONA DE PRÁCTICAS
AJUSTARSE AL CUADRO ES IDEAL

En un putt de menos de 1,5 m, mover el putter de atrás hacia delante en línea recta es lo más acertado. Siga este ejercicio para conseguir una subida, una bajada y un impacto rectos. Identifique un putt recto de 1,2 m y deposite dos palos sobre el green de forma que simulen unos raíles paralelos hacia el hoyo. Golpee una serie de putts, moviendo el putter hacia atrás y hacia delante sin tocar la varilla de los palos. Si la cara del putter está cuadrada, meterá la bola en el hoyo cada vez que la golpee.

<table>
<tr><td>CLAVE
2</td><td>

LEER EL GREEN

Leer la caída de los greens es algo que sólo se aprende con la experiencia.</td></tr>
</table>

No obstante, existen unos cuantos trucos que pueden acelerar el proceso de aprendizaje. Estudie cada green a medida que se aproxima a él, con el propósito de conseguir una buena perspectiva del «asentamiento del suelo» en general. Numerosos greens suelen contar con más de una caída, y este ejercicio proporciona una valiosa clave para familiarizarnos de modo sutil con el green.

Vista general
Obtenga una visión amplia a medida que se vaya acercando al green.

Hierba
Compruebe si la hierba está cortada a favor del putt (green rápido) o contra él (green lento).

Caída
Capte una panorámica general de la caída del green.

OBSERVAR Y APRENDER
Cuando su compañero efectúe un golpe de putt, observe cómo se comporta la bola a medida que se acerca al hoyo, porque le revelará cómo caerá la suya.

SECRETOS PARA TRABAJAR LA BOLA

CUANDO LA MEDIA de los jugadores desvía la bola en el aire, la mayoría de las veces sucede por casualidad más que por voluntad propia; su intención generalmente es evitar que la bola se salga de una línea recta, en vez de dirigirla dibujando una parábola de forma deliberada. Sin embargo, los golfistas que no trabajan para ser capaces de dirigir la bola, pierden una gran oportunidad de bajar sus resultados. Aquí de lo que se trata es de ser capaz de impactar la bola de forma mecánica entendiendo el procedimiento, en otras palabras, cómo y por qué la bola sale con efecto. Todos los grandes profesionales lo saben, y en esta sección desvelaremos algunos de sus secretos.

JACK NICKLAUS
La estrategia de Jack Nicklaus, posiblemente el jugador de hierros más fino de todos los tiempos, consiste en apuntar al centro de green y tirar la bola a bandera, jugándola con efecto de draw o fade, dependiendo de si la posición de la misma está a la derecha o a la izquierda.

1 LA COLOCACIÓN
En esta secuencia, Seve se ha colocado para asestar un golpe con fade, es decir, con efecto de izquierda a derecha. Ha apartado el pie izquierdo ligeramente hacia atrás y se ha colocado con un stance un poco más abierto de lo normal, aunque la cara del palo continúa encarada al objetivo.

SEVE BALLESTEROS
Severiano Ballesteros es el maestro de los golpes con efecto. Su habilidad para trabajar la bola de izquierda a derecha o para hacerla volar más alta o más baja cuando quiere son algunos ejemplos que le han convertido en uno de los grandes de la era moderna. Gran parte de su destreza proviene de sus comienzos, cuando aprendió a jugar cada golpe con un solo palo, el hierro 3.

2 LA SUBIDA
El stance abierto permite que se pueda subir el palo ligeramente por fuera de la línea del swing. La subida ha de hacerse en bloque; las muñecas se pueden quebrar cuando las manos hayan llegado a la altura de la cintura.

3 EN LA CIMA
Al final de la subida del palo, Seve realiza un completo y perfecto giro de hombros con el antebrazo derecho en consonancia con el ángulo de la columna. Observe también cómo la parte posterior de su mano izquierda tiene el mismo ángulo que la cara del palo, señal de que se encuentra en la posición perfecta.

FRED COUPLES
La suavidad del swing de Fred Couples constituye otro hábil exponente del vuelo de la bola. Su tremenda fuerza eclipsa a menudo el soberbio control que tiene con los hierros. El fade alto y de caída suave es uno de sus golpes favoritos, y lo juega con asiduidad para perfeccionarlo.

6 EL FOLLOWTHROUGH
Seve ha realizado un swing con un perfecto y equilibrado final, mientras la bola, que había comenzado a volar hacia la izquierda del objetivo, ha caído hacia la derecha, dentro de la línea del objetivo.

5 A TRAVÉS DEL IMPACTO
Por tener el stance abierto, la línea del swing se cruza ligeramente con la del objetivo, con la cara del palo abierta al impactar, en relación a la trayectoria seguida; estos factores se combinan para crear un efecto de izquierda a derecha.

4 LA BAJADA
Seve baja el palo dentro de un plano perfecto, al tiempo que comienza a trasladar el peso suavemente hacia el lado izquierdo. Fíjese cómo su codo derecho permanece cerca del cuerpo.

LAS LECCIONES

L as lecciones que a continuación se exponen en esta sección le ayudarán a descubrir y a desarrollar los secretos que se esconden detrás de la bola.

Página 168
PRIMERA LECCIÓN

Golpear de izquierda a derecha

CLAVE 1: PRESELECCIONAR EL IMPACTO CORRECTO
CLAVE 2: ESTAR CRUZADO A LA LÍNEA EN LA CIMA
CLAVE 3: DESPEJAR LA CADERA IZQUIERDA
CLAVE 4: GOLPEAR «EN LAS DOS EN PUNTO»

Página 170
SEGUNDA LECCIÓN

Golpear de derecha a izquierda

CLAVE 1: CERRAR EL STANCE
CLAVE 2: SUBIR POR DENTRO
CLAVE 3: APUNTAR A LA DERECHA EN LA CIMA
CLAVE 4: GOLPEAR « EN LAS CUATRO EN PUNTO»
CLAVE 5: SOLTAR LA CABEZA DEL PALO A TRAVÉS DEL IMPACTO

Página 172
TERCERA LECCIÓN

Jugar un golpe fuerte y tendido

CLAVE 1: SELECCIONAR EL PALO ADECUADO
CLAVE 2: GIRAR HASTA LA CIMA
CLAVE 3: ESTAR AGACHADO EN LA ZONA DE IMPACTO
CLAVE 4: ACABAR CON EL PESO HACIA DELANTE

PRIMERA LECCIÓN

Golpear de izquierda a derecha

GOLPEAR LA BOLA para que siga una trayectoria de izquierda a derecha a través del aire se conoce como fade o slice. Esto se consigue al realizar un swing con una trayectoria de fuera hacia dentro con la cara del palo ligeramente abierta, lo que produce el efecto necesario para ir hacia ese lado. Aquí estudiaremos cómo combinar todos estos factores.

CLAVE **1** PRESELECCIONAR EL IMPACTO CORRECTO

La colocación determina la posición del impacto. Mover la bola de izquierda a derecha implica una trayectoria de swing de fuera hacia dentro combinada con la cara del palo abierta a dicha trayectoria. Apunte con la cara del palo al objetivo; alinee los pies, las caderas y los hombros hacia la izquierda del mismo –cuanto más fade queramos, más abierto tiene que estar el stance. Éste nos sitúa en la posición perfecta para balancear el palo de un lado a otro de la línea a través del impacto.

Tronco
Abrir el cuerpo y las caderas en relación con el objetivo.

VISUALIZACIÓN **LAS CLAVES DE LA ESFERA DEL RELOJ**

Para golpear la bola en el lugar correcto, imagínesela como una esfera de reloj y apunte a diferentes «horas» para crear la trayectoria de swing deseada. Por ejemplo, si necesita un golpe recto, golpee en «las tres en punto». Si la bola ha de volar de derecha a izquierda, golpee en «las cuatro en punto». Esto fomenta una trayectoria de swing de dentro hacia fuera que ayuda a realizar un draw o un hook. Al golpear en «las dos en punto», conseguirá un vuelo de izquierda a derecha.

Fade

Recta

Draw

NICK FALDO – BORDEAR LAS ESQUINAS

El lie ideal para jugar un golpe con fade es un área pelada. Con ello se consigue una mejor respuesta de la bola tras el impacto pudiendo crear la curvatura necesaria para superar la dificultad. Usar un palo cerrado facilita la creación de este efecto ladeado.

Nick Faldo combinó todos estos factores durante la última vuelta del Volvo PGA de 1989 en Wentworth. Bloqueado en la parte derecha del hoyo 15, realizó un magnífico golpe bajo, cortado y con fade que rodeó la esquina de la calle y fue a parar a green, y con un putt se anotó un birdie.

LA COLOCACIÓN IDEAL
En la subida, mueva la cabeza del palo a lo largo de una trayectoria paralela a la línea de sus pies durante los primeros 51 cm más o menos, antes de que se arquee de modo inevitable por dentro de la línea, en armonía con el giro de su cuerpo.

Cabeza del palo
Apunte la cabeza del palo recta hacia el objetivo.

Pies
Alinee los pies hacia la izquierda del objetivo.

Línea del objetivo

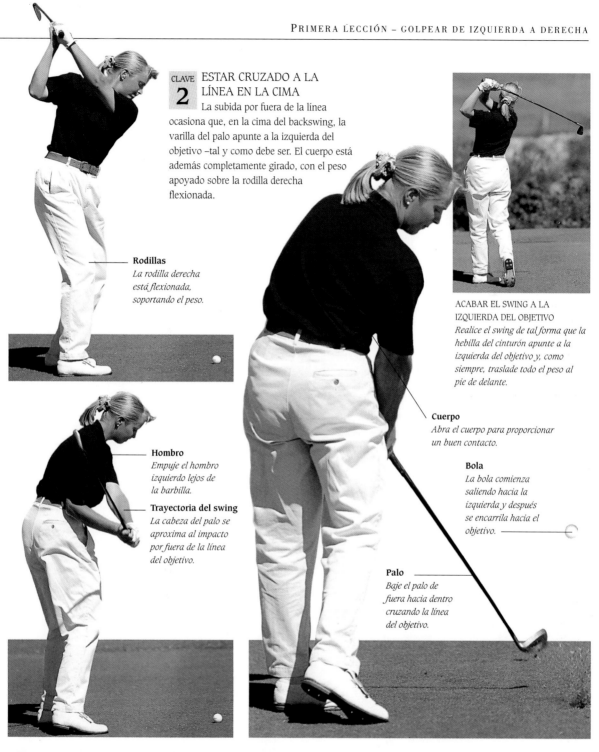

CLAVE 2 — ESTAR CRUZADO A LA LÍNEA EN LA CIMA

La subida por fuera de la línea ocasiona que, en la cima del backswing, la varilla del palo apunte a la izquierda del objetivo –tal y como debe ser. El cuerpo está además completamente girado, con el peso apoyado sobre la rodilla derecha flexionada.

Rodillas
La rodilla derecha está flexionada, soportando el peso.

ACABAR EL SWING A LA IZQUIERDA DEL OBJETIVO
Realice el swing de tal forma que la hebilla del cinturón apunte a la izquierda del objetivo y, como siempre, traslade todo el peso al pie de delante.

Cuerpo
Abra el cuerpo para proporcionar un buen contacto.

Bola
La bola comienza saliendo hacia la izquierda y después se encarrila hacia el objetivo.

Hombro
Empuje el hombro izquierdo lejos de la barbilla.

Trayectoria del swing
La cabeza del palo se aproxima al impacto por fuera de la línea del objetivo.

Palo
Baje el palo de fuera hacia dentro cruzando la línea del objetivo.

CLAVE 3 — DESPEJAR LA CADERA IZQUIERDA

En la bajada, desenvuelva el cuerpo como en cualquier otro golpe completo. Sienta que la cadera izquierda comienza a apartarse, al mismo tiempo que el palo baja por el plano correcto.

CLAVE 4 — GOLPEAR «EN LAS DOS EN PUNTO»

Apunte en «las dos en punto» (*véase* página 168). Al mismo tiempo que la cabeza del palo cruza la línea, aleje la cara del palo a través del impacto. La trayectoria del swing debería ser de fuera hacia dentro, saliendo la bola ligeramente hacia la izquierda del objetivo; después, el efecto la pondrá en línea.

SEGUNDA LECCIÓN

Golpear de derecha a izquierda

EL GOLPE con draw o hook (el que hace que la bola vuele de derecha a izquierda) es exactamente el opuesto al fade. Aquí se combina una trayectoria de swing de dentro hacia fuera con una posición cerrada de la cara del palo, en relación con esta trayectoria. Su realización puede no resultar fácil, pero la habilidad para jugar este golpe resulta extremadamente valiosa.

CLAVE **1** CERRAR EL STANCE

Al igual que con el fade, la cara del palo apunta directamente a la línea del objetivo, pero el stance está cerrado. Al tenerlo todo alineado hacia la derecha del objetivo, la cara del palo viaja por una trayectoria de swing de dentro hacia fuera, a lo largo de la línea de los pies. Asimismo, agarre el grip con más fuerza sobre la mano izquierda. Esto fomenta un pase de manos más activo y ayuda a conferir a la bola el efecto necesario.

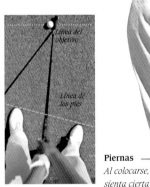

COLOCACIÓN IDEAL
Al igual que en el fade, en la subida, la cabeza del palo sigue la línea de los pies. Cuando seleccione un palo, tenga presente que un golpe de draw, normalmente, hace que la bola ruede más lejos al aterrizar que en un golpe normal.

JOHNNY MILLER – MODELAR GOLPES CON LAS MANOS

Distintos jugadores adoptan diferentes métodos para modelar sus golpes. **Johnny Miller** lleva a cabo un sutil cambio en su grip para modelar la bola de forma singular. Para el fade, coge el palo muy apretado a tres dedos de su mano izquierda. Así, retrasa el pase del palo una fracción de segundo. Si quiere golpear la bola con draw, coge el grip con la mano izquierda relativamente floja para fomentar un buen pase del palo a través del impacto.

Tronco
Alinee el tronco hacia la derecha del objetivo.

Mano izquierda
Adopte con la mano izquierda un grip más apretado, que muestre un nudillo «adicional».

CLAVE **2** SUBIR POR DENTRO

En el backswing, todo debería estar conectado para generar la trayectoria necesaria de swing de dentro hacia fuera. Observe que en la primera parte de la subida, la cabeza del palo sigue la línea de los pies. Recuerde: por dentro de la línea con relación al objetivo.

Piernas
Al colocarse, sienta cierta tensión en los muslos.

Pies
Cierre el stance de tal forma que todo, exceptuando la cara del palo, apunte a la derecha del objetivo.

Cabeza del palo
Cuadre la cabeza del palo con la línea del objetivo.

Palo
Haga que la varilla apunte a la derecha del objetivo en la cima del backswing.

Espalda
Mantenga el ángulo inicial de la columna a través del impacto.

CLAVE **3** APUNTAR A LA DERECHA EN LA CIMA
La posición clave está en la cima del backswing, donde la varilla del palo debería apuntar a la derecha del objetivo. Cuanto más lejos quiera enviar la bola, más a la derecha tendrá que apuntar. Para un gran hook, ésta debería apuntar 46 m a la derecha –con un draw, sería sólo una cuestión de 1,5 m a 1,8 m.

ZONA DE PRÁCTICAS
LOGRAR LA SENSACIÓN CORRECTA

Aquí tenemos dos ejercicios prácticos que le ayudarán a fomentar algunas sensaciones correctas a la hora de modelar la bola. Tenga presente que éstos son una exageración de la técnica correcta, y mientras ayudan a sentir las causas propias del impacto, no deberían aplicarse durante un recorrido real.

1 Para ayudar a golpear una bola con draw, colóquese con el pie derecho retrasado respecto a la línea del objetivo. Esto fomenta el subir más por dentro de la línea.

2 Para «sentir» un fade (véanse páginas 168-169), adelante el pie izquierdo respecto a la línea del objetivo. De inmediato, la subida será por fuera de la línea.

CLAVE **4** GOLPEAR «EN LAS CUATRO EN PUNTO»
En la bajada, ataque la bola por dentro de la línea del objetivo. Recuerde que puede servirle de ayuda golpear en «las cuatro en punto» de la imaginaria esfera de reloj de la bola (*véase* página 168).

Cabeza
Levante la cabeza sólo para seguir el vuelo de la bola.

Hombros
Dispare el hombro derecho por debajo de la barbilla.

Cabeza del palo
Haga que la punta del palo deje atrás al talón.

CLAVE **5** SOLTAR LA CABEZA DEL PALO A TRAVÉS DEL IMPACTO
Sienta que la cabeza del palo viaja hacia la derecha del objetivo a través del impacto, y que la punta del palo deja atrás el talón. Asimismo, note que el antebrazo izquierdo gira en sentido contrario a las agujas del reloj al balancearse a través de la zona de impacto. La trayectoria de swing de dentro hacia fuera hace que la bola comience saliendo hacia la derecha y después el efecto del hook la devuelve a la línea.

TERCERA LECCIÓN

Jugar un golpe fuerte y tendido

NADA, NI SIQUIERA la lluvia, produce resultados tan exageradamente nefastos como un viento fuerte y racheado. Por el contrario, nada en golf es más grandioso que un buen resultado obtenido en un día ventoso. Procurar no elevar la bola del suelo depende de la habilidad que se tenga para protegerla de los efectos demoledores del viento. Es cuestión de saber la técnica que hay que aplicar. Aquí estudiaremos los factores implicados cuando jugamos un golpe de aproximación con un hierro medio con una fuerte brisa en contra.

NICK FALDO – UN FADE FUERTE

El hierro 5 de **Nick Faldo** en el hoyo 15 de Muirfield durante el Open Británico de 1992 constituye un gran ejemplo de golpe perfecto en un día ventoso. Con un fuerte viento en contra, de derecha a izquierda, jugó un brillante y fuerte golpe con fade, luchando con uñas y dientes para mantener la bola en línea antes de que aterrizase perfectamente en green. Al coger un palo adicional, confió 100 % en su golpe. Al emplear más palo, la última cosa que deseaba era que la bola «se pasease» por el viento. Por el contrario, hizo que ésta luchase contra él todo el tiempo y se aposentase en green justo en el lugar preciso.

CLAVE 1 SELECCIONAR EL PALO ADECUADO

Con viento, las distancias en el campo carecen de relevancia; la elección del palo dependerá más de la experiencia y de la sensibilidad personal. No obstante, una cosa es cierta: será necesario más palo. Según el viento, calcule uno, dos o tres palos más –incluso más si se trata de un campo al borde del mar. Adopte un stance ligeramente más ancho para aportar la máxima estabilidad. Así conseguirá también acortar el swing, haciéndolo más compacto.

Stance más ancho
Separe más los pies para obtener la máxima estabilidad.

En la cima
Coloque el palo en posición para atacar en la bajada.

ZONA DE PRÁCTICAS
MENOS APERTURA – MÁS DIRECCIÓN

Use siempre hierros más largos para practicar hábilmente golpes con efecto. La cara relativamente recta produce más efecto lateral y menos backspin (retroceso), en otras palabras, más potencial para desviarse. Los hierros más cortos producen el efecto contrario. También esto hay que tenerlo en cuenta cuando midamos las situaciones y calculemos el efecto de la desviación necesaria que hay que darle al golpe. Recuerde: emplee un hierro cerrado para conseguir grandes golpes con efecto.

CLAVE 2 GIRAR HASTA LA CIMA

Una vez se ha completado la colocación, suba el palo como siempre. Céntrese en completar el giro de hombros, mantener un ritmo suave y cambiar el peso en armonía con el movimiento del palo en el swing –como en cualquier otro golpe.

Stance para golpes con viento en contra.

Stance normal

50%   50%

CLAVE 3 ESTAR AGACHADO EN LA ZONA DE IMPACTO

Es vital conseguir que la cabeza del palo viaje baja a lo largo de los 61 cm de la zona de impacto. Sienta que las manos se adelantan a la cabeza del palo, conduciendo literalmente la bola a lo largo de una trayectoria fuerte y tendida. No tenga la tentación de golpear con más fuerza la bola. Sin embargo, si sopla un fuerte viento de cara, concéntrese en hacer el swing más suave y fácil, a través de la zona de impacto. Así acotará un excesivo backspin.

Hombro
Asegúrese de que el hombro derecho es la parte del cuerpo más cercana al objetivo.

CLAVE 4 ACABAR CON EL PESO HACIA DELANTE

Procure acabar el swing con el peso colocado perfectamente sobre el pie de delante y que el hombro derecho sea la parte del cuerpo que más se acerque al objetivo. Al hacer esto, facilitará que el cuerpo esté más «encima de la bola» a través del impacto, en vez de detrás de ella.

Equilibrio
Mantenga un perfecto equilibrio hasta el final.

20% 80%

Hombro
Pase el hombro derecho.

BARRER LA BOLA
El movimiento de bajada es el mismo que para cualquier otro golpe. Pero la imagen clave en el impacto debería ser la de la cabeza del palo viajando a ras de suelo.

Manos
Suelte la cabeza del palo a través de la bola, cruzando la mano derecha sobre la izquierda.

Equilibrio
Sienta que el peso está encima de la bola a través del área de impacto.

40% 60%

ZONA DE PRÁCTICAS –
GOLPEARLA ALTO Y LEJOS

En el tee de un par 4 o 5 se brinda la mejor oportunidad para beneficiarse del viento a favor. Con la ventaja de un viento de cola, se pueden añadir de 37 a 55 m o más a la longitud de sus golpes. Para sacar el máximo provecho, aléjese de la bola 2,5 cm al colocarse en stance y asiente el peso atrás sobre el lado derecho; intente situarse «detrás de la bola». En realidad, exagere la subida de forma amplia y larga. Luego, en la bajada, note que el peso «se resiste detrás», sobre su lado derecho, durante un poco más de tiempo, al menos hasta el impacto.

FORMA DE PROCEDER EN EL CAMPO

GRAN PARTE DEL *éxito en golf está basado en saber superar las dificultades del campo. No importa que juegue 14 hoyos impecablemente si en los otros cuatro inflige tal deterioro sobre su resultado que le será imposible recuperar. El legendario Ben Hogan dijo, en más de una ocasión, que había realizado tan sólo uno o dos golpes perfectos en cada vuelta jugada. Nuestras posibilidades son aún más reducidas. Sin embargo, tenemos que sacar el mayor partido de los golpes buenos y minimizar la repercusión de los malos sobre el conjunto de la vuelta. En una palabra, a esto se le puede llamar estrategia o, si lo prefiere, a grandes rasgos, destreza en el campo.*

Ganador de ocho Grandes, incluidos cinco Open Británicos, Tom Watson es un maestro estratega en el campo de golf.

En este capítulo, tomando los momentos clave de los torneos más destacados como base de datos, consideraremos hasta qué punto el pensar de forma razonable y el planear cuidadosamente puede ayudar a rebajar nuestros resultados y, a la inversa, hasta qué punto tomar malas decisiones y planificaciones insignificantes puede ser exactamente tan perjudicial como un golpe deficiente.

Planificación del campo

Para los jugadores de élite, tal y como se muestra aquí en la Ryder Cup de 1989 en Belfry, tratar los obstáculos de un recorrido llega a ser casi como algo habitual. No obstante, el jugador aficionado debe planificar su estrategia con más cuidado para no malgastar golpes.

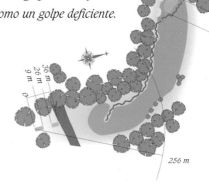

Una vista aérea del hoyo 13 del Augusta National, donde una estrategia deficiente ha hecho perder un Masters Americano.

34 m

36 m
26 m
9 m
0

256 m

El arte del pensamiento estratégico

FUE JACK NICKLAUS quien trasladó el arte de superar las dificultades de un campo de golf a otro plano. Su poder de concentración, unido a su talento de golfista sagaz, le proporcionaron la seguridad suficiente para que, en el transcurso de sus muchos años en la cima del mundo del golf, raramente diera un golpe erróneo en el momento equivocado o para que realizara una jugada que le perjudicase. Debemos aprender de ello. Es una frase hecha decir que deberíamos reconocer nuestras posibilidades y jugar con ellas, pero el componente de verdad resulta irrebatible.

Estrategia maestra
Jack Nicklaus constituye el modelo perfecto para cualquiera que intente mejorar su estrategia de campo. En su dilatada carrera, Nicklaus ha cometido menos errores a la hora de enjuiciar cuál era el golpe correcto que tenía que realizar que, probablemente, cualquier otro jugador en la historia de este juego.

Ser un pegador bueno y consistente no constituye el único requisito para triunfar en una competición de golf –ya sea al más alto nivel de juego o, lo que es más importante, en su partido habitual. Existen muchos jugadores cuya habilidad se limita sólo a golpear la bola y han triunfado en el campo cuando se requería hacer uso de ella. En la mayor parte de los casos, esto sucede porque han sabido tomar la decisión adecuada en el momento preciso; ellos son capaces de calcular correctamente sus posibilidades y perseverar con la decisión. Ningún jugador, incluso un Nicklaus o un Faldo, puede jugar bien cada vez que pise un campo de golf.

HALLAR EL CAMINO

Una de las razones principales por las que los golfistas profesionales se diferencian de nosotros es que, a pesar de no estar al completo de su juego, siempre consiguen un buen resultado –porque invariablemente «encuentran un camino alternativo». Pueden obtener resultados lo suficientemente altos como para no ganar un torneo, pero también pueden limitar el daño en la medida necesaria para poder aguantar y luchar al día siguiente, evitando registrar un mal resultado que destroce el ánimo. Esto es algo de lo cual todos podemos aprender.

Un campo de golf debería considerarse como una carrera de obstáculos, alrededor de la cual existen al mismo tiempo caminos más fáciles y rutas más difíciles. Calcular qué trayectoria deberíamos tomar en un momento dado es una de las claves para mejorar nuestros resultados en golf. «En golf, no se trata de cómo si no de cuántas»; esto lo han afirmado en diversas ocasiones los jugadores, pero es justamente ahora cuando lo mencionamos por primera vez. Por ejemplo, tres drives fuera de límites o perdidos; dos intentos fallidos de sobrevolar un obstáculo de agua, y cuatro greens a tres putts en una vuelta suman doce más, o potencialmente, la diferencia entre un resultado de 91 y uno de 79.

EVITAR EL PELIGRO

Una immediata y muchas veces espectacular mejora del resultado proviene de sortear los obstáculos que se nos presentan. Cada vuelta que jugamos presenta golpes que son cruciales para el conjunto del resultado y, según la forma en que los calculemos y según tratemos los problemas, obtendremos la diferencia entre el éxito y el fracaso. En las páginas siguientes,

Entrar en green
Nick Faldo, en esta imagen del Open Europeo de 1992 en Sunningdale, Inglaterra, es un maestro de los porcentajes. Sabe cuándo tiene que atacar la bandera y cuándo ha de jugar un golpe seguro a centro de green.

Calibrar las opciones
En caso de duda, calibre cuidadosamente las opciones que tiene, tal y como lo hace aquí Jarmo Sandelin, durante su camino hacia la victoria del Open Turespaña de 1995.

examinaremos situaciones críticas por las que han pasado Ben Hogan, Jack Nicklaus y Greg Norman en los grandes torneos. Estudiaremos con qué alternativas contaban, por qué tomaron esas decisiones y no otras, y por qué, como resultado, llegaron a triunfar o, en algunos casos, a fracasar.

Nadie es infalible, y hay mucho que aprender tanto de las malas decisiones como de los éxitos que aquí presentaremos. Asimismo vale la pena recordar las situaciones de extrema presión bajo las que ocurrieron todos estos incidentes; aunque desafortunadamente no nos encontraremos nunca ante un putt que decida la Ryder Cup o un torneo de los Grandes, es vital pensar de forma estratégica y táctica en el golpe que tenemos entre manos.

Después de haber expuesto los fundamentos del swing de golf, el camino más rápido para que un jugador que sobrepasa los 90 golpes se convierta en uno que pueda romper los 80 es aprender el arte de superar las dificultades del campo con tanta eficacia como lo hacen los grandes golfistas.

CÓMO JUGAR LOS HOYOS

Cada hoyo que se presenta a continuación en este capítulo ilustra la ruta seguida por un jugador durante un torneo concreto, junto con una trayectoria desde tee a green que debería considerar un aficionado de hándicap medio, y que nos ayuda a comprender cómo y por qué se tomaron estas decisiones estratégicas.

Por encima del agua
Cuando nos encontramos frente a un obstáculo de agua, lo primero que hay que decidir es si nos quedaremos cortos o jugaremos por encima de él. Aquí, Ian Woosnam se asegura de sobrepasar el agua durante la Copa del Mundo de 1992 en La Moraleja, España.

HACERLO FÁCIL

JUGAR POR ENCIMA DEL AGUA
Si no está seguro de poder pasar por encima del agua sin otra cosa que no sea con su mejor golpe, entonces, no piense en intentarlo. Golpee y quédese corto, luego intente hacer un golpe de pitch y un putt. Tiene la posibilidad de conseguirlo y, de no lograrlo, perdería sólo un golpe. Irse al agua supone un doble castigo que puede afectar seriamente tanto a su moral como a su resultado.

JUGAR HOYOS LARGOS
En los pares 4 largos, donde sabe de antemano que tiene pocas posibilidades de llegar de dos golpes a green, debería decidir desde dónde le gustaría jugar su tercer golpe para darse a sí mismo la me-

jor oportunidad de conseguir el par. No fuerce el drive con el propósito de llegar a lo inalcanzable; mantenga la bola en juego y su temperamento intacto.

Recuerde: hacer un par es siempre mejor que un bogey, un cinco es aún dos golpes mejor que un siete –y al final cada golpe cuenta.

ACERCARSE A GREEN
No siempre ha de atacar el hoyo con un golpe de aproximación. Es más fácil acabar con dos putts desde el centro de green, sin importarnos donde esté colocado el hoyo, en vez de tener que salir de un bunker situado al lado de green porque su golpe de approach se haya desviado un poco de la línea.

Primero la salvación
Si se encuentra en rough o en otro obstáculo, concéntrese únicamente en devolver la bola a la calle (véanse páginas 146-147), tal y como Wayne Grady muestra aquí.

Augusta - hoyo 13

425 m, Par 5 – Augusta, Georgia, EE.UU.

EL HOYO 13 del Augusta National es el último de los tres hoyos conocidos colectivamente como el «Amen Corner» (la «esquina del así sea»). Ésta es una parte del campo donde se han ganado y perdido muchos títulos de Masters. Así ocurrió en 1984, cuando Ben Crenshaw, el último día, llegó al par cinco del hoyo 13. Se colocó líder al anotar un birdie en el hoyo 8, en el 9, y luego otro en el 10 tras embocar un larguísimo putt. Después de perder un golpe en el hoyo 11, lo recuperó en el peligroso y corto hoyo 12, pero el 13 le seguía esperando.

Colocar el drive
Algunas veces ante un drive dudoso, Ben Crenshaw ha preferido dar un golpe recto en vez de uno con draw, cuyo resultado es impredecible.

0
9 m
26 m
37 m

206 m

Arroyo de Rae

35 m

Golpe de salida
El jugador aficionado jugará un drive que roce los 201 m.

EL HOYO 13
Todos los hoyos de Augusta tienen nombres de flores o de arbustos, un legado de cuando, tiempo atrás, había sido un invernadero. El hoyo 13 se conoce como Azalea y es ahora 9 m más corto de lo que solía medir, aunque continúa siendo un par 5.

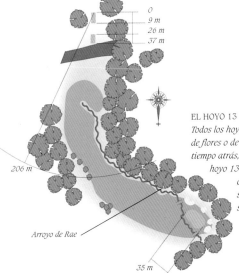

Segundo golpe
Desde este lugar, Crenshaw jugó a quedarse corto del arroyo de Rae con un hierro, dejándose un golpe corto de pitch a green.

CÓMO JUGAR EL HOYO

Para la mayoría de los golfistas, Azalea es un hoyo al que se llega de tres golpes. Cuenta con suficiente espacio a la derecha para jugar lejos del llamado arroyo de Rae; sin embargo, un drive demasiado a la derecha se podría ver interferido por los árboles. El segundo golpe debería quedarse corto del arroyo para dar luego otro completo a green. Los grandes pegadores pueden llegar de dos, pero el golpe desde el tee debe realizarse con un draw para que coja la pendiente de la calle. Muchos jugadores se sirven de dos grandes árboles que hay en el lado derecho del dogleg (ángulo que forma el hoyo) como punto de referencia.

Triple obstáculo
El espectacular parterre de azaleas y cornejos crea un falso ambiente de bienestar en el hoyo 13. El arroyo de Rae, cuatro temidos bunkers y un área baja y pantanosa ayudan a proteger el green.

Tee de profesionales

Tee de aficionados

Golpe de salida
Crenshaw dio un drive de 228 m al centro-derecha de la calle.

LO QUE PUEDE APRENDER

La decisión de Ben Crenshaw de jugar corto para no cruzar el arroyo de Rae y salvar el par se debió a una coincidencia. Al mismo tiempo que se giraba para considerar la jugada, divisó entre la multitud a Billy Joe Patton, el gran jugador no profesional de los años cincuenta.

Treinta años antes, Billy Joe había finalizado el Masters a un golpe por detrás de Ben Hogan y Sam Snead, tras haber intentado, sin éxito, sobrepasar el arroyo del hoyo 13. El doble bogey anotado fue el elevado precio que tuvo que pagar por ser demasiado valiente en su estrategia, y esto le costó la oportunidad de ganar la tan codiciada chaqueta verde.

Después de acordarse de lo que le había sucedido a Patton, Ben se propuso no repetir el mismo error. Al aterrizar la bola corta y a pesar de su golpe de pitch relativamente flojo, la presencia del par nunca peligró. Esto fue un elemento crucial para conseguir su primer Grande. Asimismo resultó ser una valiosa lección para cualquier jugador. Hay momentos en los que hay que ser valiente, pero existen otros en los que el deseo de apostar por uno mismo tiene que refrenarse.

Segundo golpe
El aficionado normalmente dejaría la bola alrededor de este punto en la calle.

EL CAMINO HACIA EL HOYO

➤ *Ben Crenshaw, 1984.*
➤ *Jugador aficionado.*

Pitch
A pesar de que Crenshaw jugó un pitch relativamente flojo pero seguro, aterrizó en green. Luego se enfrentó a un primer putt de aproximación un tanto difícil, y después, cómodamente, embocó el segundo.

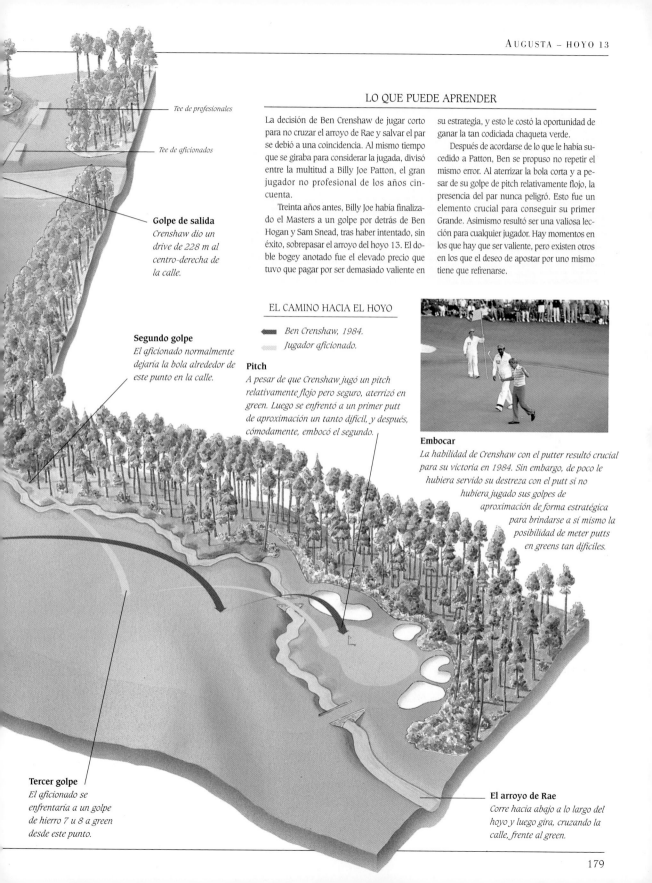

Embocar
La habilidad de Crenshaw con el putter resultó crucial para su victoria en 1984. Sin embargo, de poco le hubiera servido su destreza con el putt si no hubiera jugado sus golpes de aproximación de forma estratégica para brindarse a sí mismo la posibilidad de meter putts en greens tan difíciles.

Tercer golpe
El aficionado se enfrentaría a un golpe de hierro 7 u 8 a green desde este punto.

El arroyo de Rae
Corre hacia abajo a lo largo del hoyo y luego gira, cruzando la calle, frente al green.

Merion - hoyo 18

423 m, Par 4 – Merion, Pensilvania, EE.UU.

EL HOYO 18 de Merion es uno de los hoyos finales más duros en golf, donde se logró una de las finales más espectaculares en la historia del Open Americano. Dieciocho meses después de haber escapado de la muerte tras un accidente de coche, el gran Ben Hogan llegó a Merion totalmente desconcertado al ignorar cómo le responderían sus piernas, fatalmente dañadas, para enfrentarse a dos vueltas el último día del Open de 1950. Obligado a apoyarse sobre un amigo a guisa de muleta, Hogan llegó al último hoyo sabiendo que necesitaba hacer un par 4 para empatar con Lloyd Mangrum y con George Fazio, o un birdie para ganar abiertamente.

En el tee de salida
Hogan no se dejó intimidar por la línea de árboles que se extiende desde el tee.

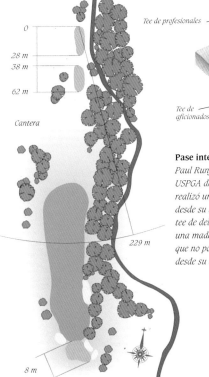

Tee de profesionales

0
28 m
38 m
62 m

Cantera

Tee de aficionados

229 m

8 m

Pase intermedio
Paul Runyon, ganador del USPGA de 1934 y de 1938, realizó una vez un golpe de pitch desde su tee de salida hacia el tee de delante, y desde allí jugó una madera, porque consideró que no podía llegar a la calle desde su tee.

Pasar la cantera
La vieja cantera tiene que superarse desde el tee.

Pase largo
Para un jugador aficionado esto sigue siendo un pase largo sobre la cantera, incluso desde el tee de delante.

EL HOYO 18
El hoyo 18 de Merion es un largo y difícil par 4, con el tee de salida situado en la profundidad del bosque. Una vieja cantera amenaza entre el tee y la cresta de una colina, tras la cual la calle cae pronunciadamente a lo lejos. El estrecho green está perfectamente protegido por tres bunkers y hay otro más a la izquierda de la calle.

CÓMO JUGAR EL HOYO

El drive es crítico en el último hoyo de Merion. Tiene que volar a través de un «túnel» de árboles y cruzar la vieja cantera, y debe ser lo suficientemente largo con el fin de sobrepasar la cresta de la colina para alcanzar la calle que está a 201 m del tee. El segundo golpe normalmente se juega desde una cuesta abajo, y se trata siempre de un golpe hacia arriba y hacia un green estrecho. Hogan realizó un golpe perfecto de drive, justo en medio de la calle, pero luego tuvo que decidir entre: atacar la bandera que se hallaba al fondo a la derecha con una madera 4 para lograr el birdie que necesitaba y ganar abiertamente, o jugar un golpe más seguro con un hierro que aterrizara en green, corto y a la izquierda, para salvar el par y un lugar en el play-off (desempate).

Bunkers con hierba
Ésta es una situación similar a aquella a la que Ben Hogan se enfrentó cuando tuvo que dar su segundo golpe en 1950. Le sustrajeron el hierro 1 mientras anotaba su tarjeta; lo encontró años más tarde, en un expositor de palos de segunda mano en una tienda de golf. Y ahora se halla expuesto en el museo de la Asociación Americana de Golf (USGA) en Far Hills.

LO QUE PUEDE APRENDER

Era un hecho evidente que el Open Americano de 1950 dependía de la decisión que Hogan tomase para ejecutar su segundo golpe en el hoyo 18. Él sabía que el green corría hacia arriba primero y luego caía hacia el fondo, y que un golpe fuerte haría rodar la bola por entre el público. Había jugado por la mañana un hierro 4 desde un lugar similar, pero ahora se sentía cansado y sabía que necesitaba jugar más palo. Hogan, tras estudiar la colocación de la bola, llegó a la conclusión de que sólo tenía dos opciones: un hierro 1 a la izquierda y a principio de green, o una peligrosa madera 4 cortada para conseguir acercarse más al hoyo. Optó por el hierro 1 y golpeó la bola a la perfección dejándola a 12 m de la bandera. Dos putts le aseguraron el par que necesitaba para entrar en el play-off, que luego ganó cómodamente. Su cálculo de probabilidades y su lucha por triunfar nos enseñan a todos una válida lección sobre la necesidad de tener paciencia cuando todas las apuestas están totalmente en contra de un golpe milagroso.

Marcador del hoyo
Los marcadores de mimbre característicos son de Merion.

El drive de Hogan
Realizó un drive recto perfecto y en medio desde este punto.

Aproximación inspirada
El soberbio hierro 1 de Hogan aterrizó a 12 m del hoyo y le garantizó un puesto en el play-off.

Obstáculos del green
Los profundos bunkers de la izquierda son una dura trampa.

EL CAMINO HACIA EL HOYO

Ben Hogan, 1950.
Jugador aficionado.

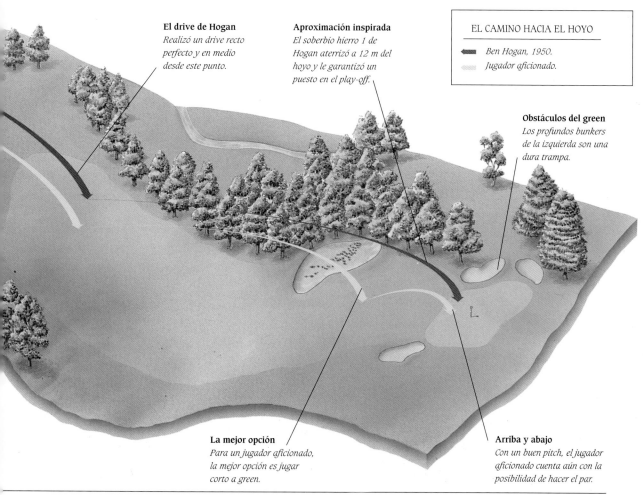

La mejor opción
Para un jugador aficionado, la mejor opción es jugar corto a green.

Arriba y abajo
Con un buen pitch, el jugador aficionado cuenta aún con la posibilidad de hacer el par.

Muirfield - hoyo 9

453 m, Par 5 – Muirfield, Escocia

EL HOYO 9 DE Muirfield, a lo largo de los años, ha destruido más resultados buenos que ningún otro hoyo de los tan admirados links escoceses. El secreto radica en conocer cuándo hay que atacar el hoyo, y cuándo jugar sobre seguro. Hay veces que la osadía constituye la estrategia correcta, tal y como lo demostraron Tony Jacklin y Lee Treviño en el Open Británico de 1972, cuando ambos se encontraron encerrados en aquella inmemorable batalla con Jack Nicklaus. Con el viento del este a sus espaldas y con el campo rápido, tanto Treviño como Jacklin decidieron atacar el hoyo.

Tee de profesionales

Tee de aficionados

Punto ideal
Éste es el lugar perfecto para el aterrizaje de la salida si el viento es favorable.

El drive de Jacklin
Tony Jacklin envió la bola a un rough ligero.

El drive de Treviño
Lee Treviño envió su drive al ligero rough de la derecha.

Bunker amenazador
Los profundos bunkers de la calle dominan la estrategia del golpe de salida.

Golpe largo
Treviño golpeó un increíble hierro largo hacia el corazón del green.

0
10 m
11 m
25 m
36 m
50 m
66 m

Muro

235 m

Límite del campo

30 m

CÓMO JUGAR EL HOYO

El golpe de salida es crítico en el hoyo 9 de Muirfield. El muro que delimita el campo por la izquierda es el principal factor a tener en cuenta a la hora de planear la estrategia de juego. El primer bunker de la calle es también otro elemento crítico. Desde su tee, el aficionado necesita superar más de 183 m para apartarse del bunker, antes de enfrentarse a un segundo golpe que debe dirigirse hacia la izquierda del muro, con el propósito de evitar caer en las garras de los peligrosos bunkers que se encuentran cortos y a la derecha de green. La estrategia más segura consiste en jugar a quedarse corto del primer bunker, y luego otra vez, jugar corto de los bunkers de la derecha para dejarnos un golpe de pitch a green de 92 m. Sin embargo, si se juega con condiciones favorables, se puede alcanzar el green de dos.

EL HOYO 9
Un muro, que señala el límite del campo, bordea todo el largo del par 5 del hoyo 9 de Muirfield. La calle se extiende hacia un estrecho corredor de 219 m desde el tee de profesionales. Un temido bunker protege la entrada de ese corredor, y otro, la salida. Al mismo tiempo, un grupo de bunkers se encuentran enclaustrados justo a la derecha del green.

La protección de la calle
El entramado de bunkers que se encuentra antes del green, a la derecha de la calle, obliga a que el segundo golpe se juegue hacia el muro del límite del campo. Consecuentemente, el jugador aficionado debe cuidar la caída de su segundo golpe. Una bola en cualquiera de esos cinco bunkers significa, casi seguro, perder un golpe.

Desde el rough

El largo drive de Jacklin acabó en el ligero rough, bien apartado del peligroso bunker que protege el corredor a la izquierda de la calle. Desde allí, llegó a green cómodamente con un hierro y embocó el putt, anotándose un eagle.

Muro peligroso

El muro intimida el segundo golpe.

Rough duro

El rough existente a ambos lados de la calle puede ser peligroso.

LO QUE PUEDE APRENDER

Tony Jacklin y Lee Treviño atacaron el hoyo 9 desde el tee de diferente forma. Jacklin jugó a sobrepasar el bunker izquierdo de la calle, mientras que Treviño jugó, quizá de modo más conservador, abajo hacia la derecha. A pesar de que ambos acabaran en el rough, tenían una distancia de hierro a green. Realizaron dos golpes seguidos inmaculados desde el rough, que aterrizaron a 18 m cortos pero que rodaron hacia la superficie del green. Entonces, ambos golfistas embocaron sus respectivos putts, anotándose cada uno su eagle. Esto constituyó el perfecto ejemplo para juzgar cuándo se ha de atacar el hoyo en busca de la mayor ventaja.

En el Open Británico de 1966, Arnold Palmer atacó el hoyo de forma similar con un driver desde el tee, cuando lo que parecía discreto era realizar un golpe más corto.

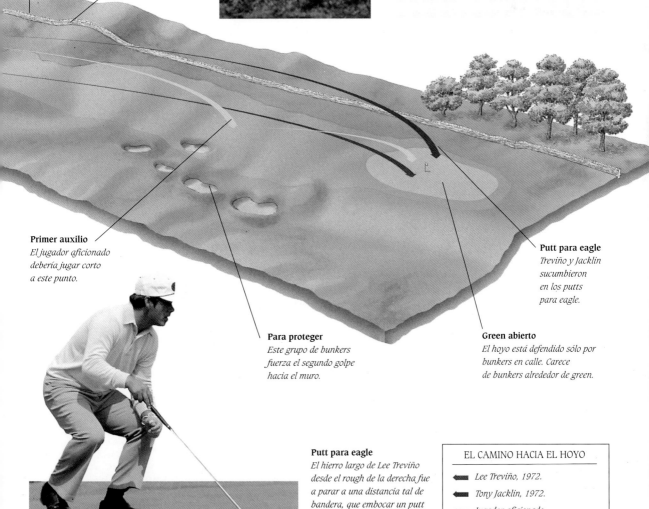

Primer auxilio

El jugador aficionado debería jugar corto a este punto.

Putt para eagle

Treviño y Jacklin sucumbieron en los putts para eagle.

Para proteger

Este grupo de bunkers fuerza el segundo golpe hacia el muro.

Green abierto

El hoyo está defendido sólo por bunkers en calle. Carece de bunkers alrededor de green.

Putt para eagle

El hierro largo de Lee Treviño desde el rough de la derecha fue a parar a una distancia tal de bandera, que embocar un putt para eagle le resultó muy fácil.

EL CAMINO HACIA EL HOYO

◀━━ *Lee Treviño, 1972.*

◀━ *Tony Jacklin, 1972.*

▬▬ *Jugador aficionado.*

Pebble Beach - hoyo 18

501 m, Par 5 – Pebble Beach, California, EE.UU.

EL JUGADOR DE Texas Tom Kite había ganado más dinero que nadie en la historia del golf. Sin embargo, cuando llegó al último hoyo de Pebble Beach en la postrera vuelta del Open Americano de 1992, aún le faltaba por ganar un Grande. Con un tiempo deplorable, Kite sabía que podía conseguir lo que durante tanto tiempo había soñado si hacía par en el traicionero hoyo 18 que se extiende a lo largo del océano Pacífico. Es un hoyo difícil en condiciones normales, pero en este día memorable, el viento de mar soplaba con fuerza, los pequeños greens estaban rápidos como el rayo y resultaba casi imposible permacener quieto sobre la bola en el putt. Kite tuvo que controlar los cinco golpes para ganar.

0
27 m
251 m
26 m

EL HOYO 18
Uno de los hoyos finales más clásicos del mundo, el hoyo 18 bordea la bahía de Monterey y presenta dos árboles en el centro de la calle a la caída del drive. Un enorme bunker protege el green por la derecha.

Colocar
Kite jugó un golpe de colocación perfecto con un hierro, alcanzando el green, corto de bandera.

Pitch de la victoria
Kite jugó un golpe de pitch de forma segura hacia green para lograr su primer Grande.

Trampa de arena
Los bunkers que rodean el green del hoyo 18 lo acorralan contra el océano.

CÓMO JUGAR EL HOYO

El golpe de salida debe jugarse cruzando la esquina de la bahía de Monterey. Lo que llegue a ajustar un jugador depende de lo bien que esté jugando él o ella y del grado de valentía que presente en ese momento. Dos árboles en la calle, el primero a 247 m del tee, deben evitarse a toda costa, porque pueden bloquear fácilmente el siguiente golpe. Éste debe colocarse cuidadosamente en la calle para jugar a continuación un pitch corto a un green que se halla bien defendido por bunkers. Una línea de árboles, que se extiende por el lado derecho de la calle desde el tee hasta el green, puede impedir seriamente el paso, particularmente cuando sopla viento del océano que desvía el segundo golpe hacia ese camino.

Zona segura
El jugador aficionado debería apuntar hacia esta zona, corta de green.

Al fin la victoria
Tom Kite jubiloso tras embocar en el hoyo 18, poniendo fin a la larga espera para ganar su primer Grande.

EL CAMINO HACIA EL HOYO

← *Tom Kite, 1992.*

Jugador aficionado.

Árboles problemáticos
*Dos árboles en la calle
pueden bloquear fácilmente
el segundo golpe.*

Línea de árboles
*Alinean la calle
desde el tee hasta
el green.*

Bajo control
*Tom Kite jugó un drive conservador
permitiendo que el viento condujese
su bola bien a la derecha, pasados
los árboles que obstaculizaban la
calle. La bola acabó en el rough,
pero desde allí sabía que podría
alcanzar el green con dos golpes
más. Fue un perfecto ejemplo de
cómo lograr que las condiciones
trabajen a favor de uno mismo.*

Drive táctico
*Kite jugó el drive con la intención
de enviarlo a la derecha y lejos de
los árboles de la calle.*

Tee de profesionales

Tee de aficionados

Trayectoria intrépida
*En mejores condiciones,
el jugador aficionado
puede jugar de forma
más arriesgada.*

Bahía de Monterey
*Entra en juego desde
el tee de salida.*

LO QUE PUEDE APRENDER

Cuando Tom Kite llegó al tee del hoyo 18 de Pebble Beach se encontró con un problema que al mismo tiempo resultaba sencillo y complejo. Todo lo que necesitaba era hacer el par –para un golfista de su talla en circunstancias normales era un propósito relativamente fácil. Pero con un fuerte viento soplando desde el océano y con el título del Open Americano en juego, el par ya no resultaba tan sencillo.

Debido al viento, todos los doglegs que bordeaban la bahía de Monterey dejaban de ser un problema. Sabía que tenía que jugar un drive conservador, aprovechándose del viento para mover la bola lejos del océano, pero también debía evitar los árboles de la calle, que hubieran podido dificultar en extremo la colocación de su segundo golpe.

En estas circunstancias, el drive fue perfecto, alejado de los árboles, quedándole un golpe despejado desde el ligero rough. Jugó un segundo golpe con un hierro seguro apoyándose en el viento para finalizar en la calle. A continuación, realizó un precioso y controlado golpe de pitch a green, y finalizó el hoyo con dos putts para ganar su primer Grande. Una fría planificación y unos golpes controlados en condiciones anómalas le hicieron ganar el título. El ejemplo de Kite de encontrar la mejor solución a un problema difícil, y jugar entonces con cuidado llevando a cabo el plan trazado para superarlo, es una valiosa lección para todos.

Marcha triunfal
*Tom Kite comenzó su marcha en la historia del
Open Americano al inicio del hoyo 18. Su golpe
desde el tee cuidadosamente controlado le brindó
la oportunidad de asegurar la situación,
quedándole un corto golpe de pitch a green.*

Royal Liverpool - hoyo 16

512 m, Par 5 - Hoylake, Inglaterra

EL GRAN JUGADOR argentino, Roberto de Vicenzo, llegó al tee del hoyo 16 en la última vuelta del Open Británico de 1967 y con tres golpes de ventaja sobre Jack Nicklaus. Éste, que jugaba delante, acababa de realizar un birdie y De Vicenzo tenía que afrontar la decisión de si jugar asegurando este peligroso par 5 o intentar un birdie para mantener su liderazgo. Este tipo de decisiones tan sumamente limitadas son las que hacen ganar o perder los grandes torneos. El argentino optó por una aproximación de ataque sabiendo que tendría que «flirtear» con el límite del campo para darse alguna posibilidad.

EL CAMINO HACIA EL HOYO

◄ *Roberto de Vicenzo, 1967.*

Jugador aficionado.

Peligro del bunker
A la izquierda, profundos bunkers amenazan la caída del drive.

Línea de seguridad
El aficionado debería asegurar el golpe hacia esta área.

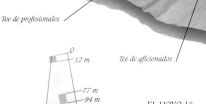

Tee de profesionales

0
12 m

77 m
94 m
109 m
131 m

Tee de aficionados

242 m

34 m

EL HOYO 16
El largo hoyo 16 de Hoylake, oficialmente conocido como Royal Liverpool, está dominado por el campo de prácticas, una esquina del cual se adentra en la calle. A la izquierda, dos bunkers amenazan la caída del drive, y otros tres custodian el green.

La trayectoria de De Vicenzo
De Vicenzo dio un largo golpe de drive hacia el lado derecho de la calle.

Campo de prácticas
Está situado al otro lado de un pequeño muro que discurre paralelo a la mayor parte de la longitud del hoyo 16.

Muro fronterizo
El bajo muro marca el campo de prácticas y el límite. De Vicenzo envió su drive cerca de este lugar.

CÓMO JUGAR EL HOYO

La decisión estratégica, ya sea jugar intrépidamente cruzando el límite (la única forma de llegar a green de dos) o asegurar por la izquierda, ha de tomarse en el tee. Tan sólo con un largo drive apoyado a la derecha se puede lograr el green a tiro. El camino seguro consiste en jugar directamente hacia el bunker de la calle y alejar el segundo golpe de la izquierda del campo de prácticas para dejar un golpe de pitch a green. Dos profundos bunkers a la derecha del green amenazan cualquier intento de jugar el segundo golpe a través del campo de prácticas, lo que, en cualquier caso, incluso con buen tiempo, implica un riesgo considerable.

Campeón popular

Roberto de Vicenzo era un gran pegador de golf, un sagaz estratega y un individuo modesto y adorable. La combinación de estas cualidades le convirtió en uno de los ganadores más populares del Open Británico de la era moderna.

LO QUE PUEDE APRENDER

Al saber que Jack Nicklaus había hecho un birdie en el hoyo que tenía ante él para reducir su ventaja, la estrategia de Roberto de Vicenzo consistió en jugar el hoyo 16 intrépidamente: se propuso alcanzar el green de dos y conservar su reducida ventaja con un birdie a su favor. El argentino había sido siempre un pegador prodigioso y sabía que alcanzar el green estaba dentro de sus posibilidades. Sin embargo, salió pésimamente, empujó su drive y dejó la bola bastante cerca del muro bajo que delimita el área del campo de prácticas. No obstante, realizó su segundo golpe con una madera 3 a la perfección. Sobrevoló el muro, superando toda la dificultad, y aterrizó en el corazón del green. Con dos putts anotó un birdie que echó por el suelo el desafío de Nicklaus, y Roberto se aseguró su primera y única victoria en un Grande.

   La estrategia de De Vicenzo era un ejemplo clásico de jugar un golpe atrevido en una situación comprometida, si bien estaba seguro de que el golpe era factible dentro del límite de su habilidad. Sin embargo, el peligro para un aficionado reside en jugar un golpe audaz cuando las posibilidades de éxito están acotadas.

Zona de colocación
El jugador aficionado debería apuntar el segundo golpe hacia esta área, corta de green.

Estrecha apertura
Además de sobrepasar los límites, De Vicenzo tuvo que encontrar un camino que se apartase de los profundos bunkers que protegen el green del hoyo 16 de los golpes realizados desde el lado derecho de la calle.

Trampa al lado de green
Un profundo bunker custodia el lado izquierdo del green.

Pase largo
De Vicenzo envió su segundo golpe directamente a green.

Royal Lytham - hoyo 18

377 m, Par 4 – Lytham St. Annes, Inglaterra

Cuando Tony Jacklin llegó al tee del último hoyo del Royal Lytham en el Open Británico de 1969, ganaba de dos golpes. Sobre él recaía la posibilidad de romper 18 años de dominación de este campeonato por parte de los jugadores de ultramar. No obstante, en primer lugar debía enfrentarse al hoyo que contaba quizá con la última salida más dura de los torneos abiertos de golf. Su ventaja sobre la pizarra era escasa, y sólo sabía que este hoyo había destruido las esperanzas de muchos de sus grandes predecesores, incluido Jack Nicklaus cinco años atrás.

Drive magistral
Jacklin lanzó un drive soberbio hacia este lugar, esquivando todos los poderosos obstáculos.

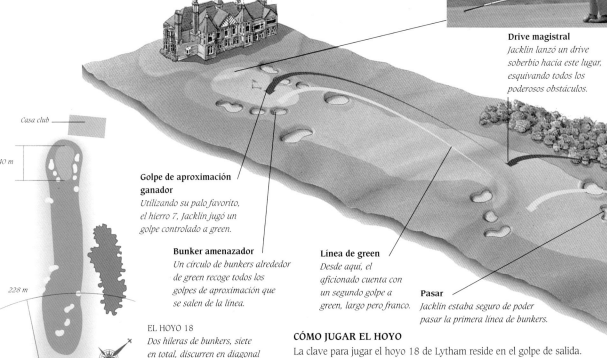

Casa club

40 m

228 m

Golpe de aproximación ganador
Utilizando su palo favorito, el hierro 7, Jacklin jugó un golpe controlado a green.

Bunker amenazador
Un círculo de bunkers alrededor de green recoge todos los golpes de aproximación que se salen de la línea.

Línea de green
Desde aquí, el aficionado cuenta con un segundo golpe a green, largo pero franco.

Pasar
Jacklin estaba seguro de poder pasar la primera línea de bunkers.

EL HOYO 18
Dos hileras de bunkers, siete en total, discurren en diagonal atravesando la calle a la caída del drive. Los tres de la izquierda, a 228 m, son los más peligrosos para el profesional. A la derecha, espesos matorrales y maleza también intimidan al drive. Los ocho bunkers más alejados están situados alrededor de green.

115 m

83 m

45 m

0

CÓMO JUGAR EL HOYO

La clave para jugar el hoyo 18 de Lytham reside en el golpe de salida. Excepto con viento a favor, el área de la caída del drive resulta extremadamente pequeña, tanto para los profesionales desde su tee, como para los aficionados desde el suyo, que se encuentra un poco más adelante. Debe asegurarse la calle desde el tee, ya sea jugando hacia la izquierda y corto de los bunkers situados a ese lado, o sobrepasando los que se encuentran a la derecha para quedarse dentro del estrecho embudo que forma la calle entre el rough y los bunkers de la izquierda. El drive hacia la izquierda es más seguro pero deja un golpe de aproximación al bien custodiado green, mucho más largo y difícil.

Recibir los aplausos

Cuando Tony Jacklin embocó en el último green del Royal Lytham en 1969, rompió con 18 años de dominación de este torneo por parte de los jugadores de ultramar. Los aficionados británicos no habían podido aplaudir a un ganador compatriota desde que Max Faulkner triunfó en el Royal Portrush en 1954. El arriesgado y valiente drive de Jacklin en el último hoyo le dejó a tiro de hierro 7 suave a green. Encontró el green sin dificultad y retrocedió para disfrutar de la aclamación de la multitud.

LO QUE PUEDE APRENDER

Situado en el tee del hoyo 18, con sólo una ligera ventaja, Tony Jacklin tenía que tomar una decisión importante. ¿Debería intentar un golpe de salida seguro y corto, de los bunkers de la izquierda, o atacar el hoyo con el driver y aceptar la amenaza de los bunkers de la izquierda y la espesa maleza de la derecha?

Mientras se preparaba para jugar, el inglés recordó a los grandes maestros que habían perdido el Open Británico por hacerse un 6 en este selectivo hoyo 18. No obstante, Jacklin no dudó.

Con su swing bajo control, confió en que podría alcanzar la zona segura de la calle con un driver. Apuntó el drive por encima de los bunkers de la izquierda y observó cómo la bola caía suavemente con fade hacia el centro de la calle. Jacklin había conseguido su mejor drive del día, 238 m con brisa favorable. Resultó un golpe digno de un gran campeón, y el subsiguiente hierro 7 a green y los dos putts para la victoria fueron algo más que una mera formalidad.

La serenidad que demostró Jacklin bajo presión ha de constituir un claro ejemplo de confianza en nuestro swing cuando se precisa un golpe arriesgado. La clave reside en concentrarse para llevar a cabo un swing suave, escoger el área de la caída, apuntar hacia ella y evitar cualquier pensamiento sobre las zonas peligrosas del campo.

EL CAMINO HACIA EL HOYO

⬅ *Tony Jacklin, 1969.*
⬅ *Jugador aficionado.*

Campo de minas

Un peligro combinado de bunkers y espesa maleza resultan evidentes en esta toma aérea del campo de minas del hoyo 18.

Arbustos

Densos arbustos a la derecha de la calle obligan a menudo a jugar el drive hacia los bunkers de la izquierda.

Rough espeso

Visitar el rough de cualquiera de los lados de la calle significa casi seguro perder un golpe.

Tee de aficionados

Tee de profesionales

Drive seguro

El jugador aficionado debería apuntar hacia este lugar para encontrar el centro de la calle.

El recuerdo del tee

En el tee, Jacklin, tras acordarse de los grandes jugadores que se habían hecho un 6, debería haber sido precavido.

Drive vital

Tony Jacklin confió simplemente en su swing para realizar el drive más decisivo de su carrera –y así le respondió.

Royal Troon - hoyo 18

413 m, Par 4 – Troon, Escocia

CUANDO GREG NORMAN arribó a la última vuelta del Open Británico de 1989, predijo que necesitaría un 63 para ganar. Estaba en lo cierto, aunque en su lugar hizo un 64 y acabó en el primer play-off de cuatro hoyos de la historia del Open con Mark Calcavecchia y Wayne Grady. A pesar de ser el vencedor del Open de 1986, Norman parecía estar predestinado a no ganar otro Grande tras haber perdido de forma desoladora el Masters Americano y el USPGA. Llegó al tee del hoyo 18 en el play-off en buena forma, pero el destino y una estrategia dudosa le jugaron de nuevo una mala pasada.

Trayectoria segura
La trayectoria más segura sería dirigir la bola hacia este lugar.

Sendero peligroso
El que se halla frente a la casa club está fuera de límites.

Casa club

Fuera de límites

34 m

Primero seguridad
El jugador aficionado debería jugar hacia el lado seguro del green, lejos de los bunkers de la derecha.

240 m

Rough problemático
La precisión resulta primordial –el rough de ambos lados de la calle puede ser espeso.

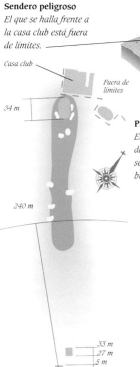

33 m
27 m
5 m
0

EL HOYO 18
En el hoyo 18, tres bunkers a la izquierda de la calle amenazan la caída del drive. Un cuarto bunker, en el lado derecho, se halla por lo general fuera de juego durante el Open Británico. El green está resguardado por un entramado de bunkers.

Aún en bunker
Las esperanzas de Norman de ganar el Open desaparecieron en este bunker. Con Calcavecchia a salvo de dos en green y cerca del hoyo, Norman sabía que debía embocar este golpe para contar con alguna posibilidad.

La amenaza del bunker
Justo a 183 m del tee de aficionados, este bunker representa una seria amenaza para este tipo de jugadores.

CÓMO JUGAR EL HOYO

El golpe crítico del hoyo 18 reside en el drive, debido a la variedad de tees disponibles. Los bunkers de la calle representan una amenaza tanto para el jugador aficionado desde su tee como para el profesional del torneo desde el suyo, a mayor distancia. Es vital alcanzar la calle, aunque todavía quede por realizar un largo golpe de aproximación por encima de los bunkers que custodian el green. Un drive hacia la derecha brindará el golpe de aproximación más corto. La gran proximidad de las ventanas de la casa club al green de este hoyo puede representar otro factor de inhibición para quienes gozan de un espíritu demasiado atrevido.

Jugándosela

El drive de Norman apuntaba hacia este bunker, situado a 293 m del tee. No pensó que pudiera alcanzarlo, pero al hacerlo, no le quedó otra alternativa que la de jugársela con su segundo golpe. Las apuestas se alzaron en su contra: su propósito de alcanzar el green desde el bunker se malogró y aterrizó de nuevo en la arena, aún bastante corto de green.

LO QUE PUEDE APRENDER

Cuando Greg Norman desató un grandioso drive en el play-off del Open Británico de 1989, pretendía dirigir su golpe con fade hacia el lado derecho de la calle, lejos de los profundos bunkers de la izquierda. A pesar de ser un reconocido gran pegador, Norman consideró que el bunker de la derecha de la calle, a 293 m del tee, se hallaba fuera de su alcance, sobre todo con un golpe con fade.

Sin embargo, el australiano estaba completamente equivocado. Su fenomenal golpe de salida voló calle abajo y fue a parar directamente dentro del bunker. La total infravaloración de su golpe de salida, que le apartó de su pretensión de optar al título del Open Británico, nos aporta una lección muy valiosa.

Pocos de nosotros, si es que hay alguno, estamos siempre dispuestos a reproducir este tipo de drive que Norman ejecutó aquel día, pero si busca resguardo, asegúrese de estar absolutamente a salvo. Un golpe «seguro» que se juega tal y como se pretende pero que luego acaba complicándose resultó mucho peor que una apuesta que podría salir bien –simplemente pregunte a Greg Norman.

EL CAMINO HACIA EL HOYO

⬅ *Greg Norman, 1989.*

⬅ *Jugador aficionado.*

Vista aérea

Esta panorámica aérea del hoyo 18 del Royal Troon muestra claramente lo esencial que resulta la correcta estrategia de salida. La táctica defectuosa de Norman contribuyó a que se le escapase el título del Open Británico.

Marco perfecto

Mark Calcavecchia jugó un drive seguro hacia esta área, desde donde consiguió hacer un birdie y ganar el play-off.

Falsa esperanza

Inicialmente, la salida de Norman parecía perfecta a medida que cogía distancia.

Tee de profesionales

Área segura

El jugador aficionado debería apuntar hacia este lugar, bien alejado de los bunkers de la izquierda de la calle.

Tee de aficionados

St. Andrews - hoyo 17

422 m, Par 4 – Campo Viejo, St. Andrews, Escocia

EL HOYO 17 del Campo Viejo en St. Andrews (el Hoyo del Camino) es probablemente el hoyo más famoso en el mundo del golf. Infunde pánico dentro de los corazones, incluso en los más valientes, y ha sido el protagonista de innumerables dramas a lo largo de su historia. No hubo nada tan lamentable como lo que sucedió en la última vuelta del Open Británico de 1984. Empatado en el liderato con Seve Ballesteros, que se dirigía hacia el último hoyo, el poseedor del título y cinco veces campeón, Tom Watson, lanzó su drive por encima del «cobertizo del tren» hacia una posición perfecta. No obstante, a continuación, cometió un error de apreciación que le costó la oportunidad de igualar el récord de seis victorias en el Open Británico que ostentaba Harry Vardon.

Arriba contra el muro
Tras su desastroso segundo golpe, Watson jugó uno de recuperación de vuelta al green desde una apurada situación contra el muro, que resultó magnífico. Sin embargo, éste no fue lo suficientemente bueno como para asegurar el par 4 que necesitaba para permanecer en contacto con el eventual ganador, Seve Ballesteros.

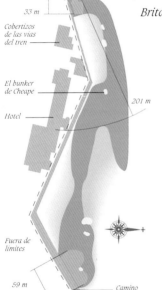

0
33 m
Cobertizos de las vías del tren
El bunker de Cheape
Hotel
201 m
Fuera de límites
59 m
Camino

CÓMO JUGAR EL HOYO
El golpe de salida debe jugarse por encima de la réplica de los viejos cobertizos de la vía del tren en los terrenos del hotel Old Course. Sólo un golpe perfecto desde el tee, a través de la esquina fuera de límites, permite atacar el green con el golpe de aproximación y, de nuevo, tan sólo un golpe perfecto evitaría el desastre. En 1984, Watson tuvo que escoger entre: atacar el green y con dos putts hacer el par o jugar seguro hacia la plataforma inferior del green y confiar en un chip y un putt para lograr el par.

EL HOYO DEL CAMINO
El hoyo 17 del Campo Viejo es un largo dogleg, par 4 de 422 m. La parte trasera del tee se asienta firmemente contra el muro divisorio que, en su día, separaba el campo de las vías del ferrocarril. A la derecha se encuentra el hotel Old Course and Country Club. Un profundo rough separa la calle del hoyo 17 de la calle del 2; desde este espeso rough resulta casi imposible alcanzar el green.

Camino
El camino y la senda son los que han hecho famoso el nombre del Hoyo del Camino.

Golpe de chip
Watson jugó su golpe de recuperación desde aquí.

Bunker del camino
El profundo bunker del camino que se come el green.

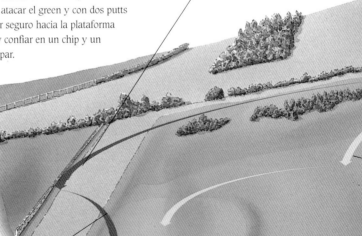

LO QUE PUEDE APRENDER

Tom Watson decidió atacar el Hoyo del Camino en vez de intentar colocar la bola en la plataforma inferior del green. No tenía muy claro qué palo coger, tal vez se dejó influenciar por el hecho de que su hierro 2 constituyó la clave en su primera victoria del Open Británico en Carnoustie en 1975 y, de nuevo, en el último hoyo del Royal Birkdale en 1983.

En situaciones difíciles, es una buena estrategia confiar en lo que uno conoce. No obstante, con 192 m por delante y con la adrenalina fluyendo libremente, o bien golpeó la bola con más potencia de la que pretendía o ésta rodó más lejos de lo que Watson había anticipado. Es fácil ser sabio mirando hacia atrás, pero era una ocasión en la que la «seguridad ante todo» con un hierro más corto podía haber otorgado a Watson su sexto título.

Es un buen ejemplo que hace referencia a la necesidad de manejar con sumo cuidado las posibilidades cuando se juega un golpe exigente en circunstancias difíciles. En este caso, la apreciación de Watson, por una vez, resultó errónea.

Drive desde el tee
Todo parecía favorecer a Watson después de enviar su drive hacia el lugar perfecto.

Hotel Old Course
El hotel cuenta con unos cristales especialmente preparados en algunas ventanas como prevención contra los drives desviados.

Drive de Watson
Tom Watson envió su drive hacia la posición correcta en la parte derecha de la calle.

Tee de profesionales

Tee de aficionados

Cobertizos de las vías del tren
Constituyeron una característica del drive del hoyo 17. El hotel construyó una réplica para recrear la panorámica original.

Colocación
El jugador aficionado debería colocar su bola en esta área, frente a green.

Trayectoria segura
El camino más seguro para un aficionado es hacia esta área.

Rough
Han dejado crecer el rough situado entre la calle del 2 y la del 17, lo que lo hace más traicionero.

Golpe desde el tee
A través de la esquina de la valla y sobre los cobertizos constituye la mejor línea, aunque también la más exigente. Apoyarse en la izquierda es más seguro, pero un rough profundo dificulta aún más el golpe de aproximación.

EL CAMINO HACIA EL HOYO

Tom Watson, 1984.

Jugador aficionado.

Turnberry - hoyo 18

394 m, Par 4 – Campo de Ailsa, Turnberry, Escocia

Pasó a ser conocida como el duelo bajo el sol; la ahora legendaria batalla entre Jack Nicklaus y Tom Watson por el Open Británico de 1977, que se desató sobre el Campo de Ailsa, en Turnberry, en la costa oeste de Escocia. Al dirigirse hacia el último hoyo, estos dos grandes campeones fueron acorralados por la multitud que empujaba a sus espaldas. Watson ganaba por uno, pero sabía que Nicklaus no había tirado la toalla.

Nicklaus debía encontrar el camino para hacer un birdie, y Watson tenía que aguantar para ganar. El resultado fue todo un espectáculo y un final muy apropiado para el primer Campeonato Abierto de Turnberry.

Final dramático
El público del Open rodea el green del hoyo 18, escenario de quizá el más dramático final de la historia del Open Británico.

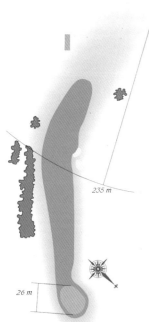

CÓMO JUGAR EL HOYO

Existe una gran diferencia en el planteamiento del hoyo 18 entre los jugadores aficionados y los profesionales. El tee de éstos aumenta el ángulo del dogleg y la longitud del hoyo. El golpe desde este tee debe jugarse más a la derecha, hacia una jungla de matorrales espinosos. Una vez en la calle, el golpe de aproximación al green es prácticamente recto. Al ir perdiendo, Nicklaus decidió jugársela con el golpe de salida: intentó conseguir la máxima distancia con el drive para acercarse lo más posible; en cambio, Watson jugó un hierro 1 al centro de la calle.

Golpe milagroso
Nicklaus forzó un hierro 8 desde los matorrales a este punto.

Bajo los matorrales
El drive de Jack Nicklaus fue a parar bajo estos arbustos espinosos.

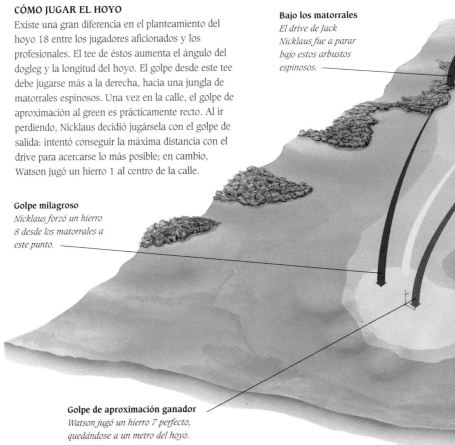

EL HOYO 18
El tee de profesionales del hoyo 18 del Campo de Ailsa alarga el hoyo y presenta un dogleg más pronunciado. Dos peligrosos bunkers en la esquina del dogleg, a 229 m del tee, obligan a jugar un drive a la derecha, hacia los espesos arbustos. El rough rodea el green y se adentra por la parte anterior izquierda pero carece de bunkers alrededor de green.

Golpe de aproximación ganador
Watson jugó un hierro 7 perfecto, quedándose a un metro del hoyo.

LO QUE PUEDE APRENDER

El hoyo de cierre del Open Británico de 1977 constituyó un clásico ejemplo de seguridad frente al riesgo. La elección de Jack Nicklaus de jugar el drive acabó con su bola bajo un arbusto espinoso a la derecha de la calle. Tom Watson se hallaba en una magnífica posición y, jugando primero, tiró un hierro 7 y dejó la bola a un metro de la bandera.

Con esto, todo parecía decidido; no obstante, Nicklaus, con su clásico estilo, demostró por qué no debemos rendirnos jamás. Volvió a jugársela: empleó un hierro 8 para sacar la bola de debajo del arbusto y dejarla en green, corta y a la derecha de la bandera. Entonces metió un gran putt para forzar a Watson a que repitiera la acción con el suyo para ganar, y al hacerlo así logró una victoria famosa. La estrategia de Watson no presentaba ningún fallo; Nicklaus, maestro del juego por porcentajes, no tuvo más alternativa que arriesgar lo que le pudo haber costado muy caro. Watson intuyó que Nicklaus intentaría el birdie y tuvo que asegurarse el suyo.

Combinación de emociones
Nicklaus, arriesgando con su driver, sigue el vuelo de su bola hacia el arbusto espinoso de la derecha. Watson, ya situado en el centro de la calle con un hierro, observa.

Salida más fácil
El jugador aficionado cuenta con una salida mucho más fácil desde este tee.

Premonición
En el tee, Tom Watson presentía que, de alguna forma, Nicklaus conseguiría un birdie.

Tee de aficionados

Tee de profesionales

Seguridad ante todo
Tom Watson jugó un hierro 1 perfecto hacia este sitio seguro.

En el dogleg
Los bunkers en la esquina del dogleg entran más en juego desde el tee de profesionales.

Trayectoria del aficionado
El aficionado debería intentar una salida segura hacia esta zona para dejarse un golpe de aproximación recto al green.

EL CAMINO HACIA EL HOYO

← *Tom Watson, 1977.*
← *Jack Nicklaus, 1977.*
← *Jugador aficionado.*

En el campo
A pesar de haber jugado el mejor golpe de salida posible, Watson sabía que el único modo de superar a Nicklaus era con un birdie. Su magnífico golpe de aproximación con el hierro 7 le ayudó a conseguirlo, pues la bola acabó a un metro del hoyo.

Extenso rough
El rough rodea el green y se adentra en la parte izquierda.

CAPÍTULO SEIS

JUGAR ACORDE *con las* REGLAS

Steve Ballesteros
1

Marcas y distintivos pueden servirnos de gran ayuda para identificar la bola.

PARA SER UN *jugador de golf en vez de un mero pegador de bolas de golf, hay que entender y respetar los valores que diferencian el juego del golf de los otros. Jugar al golf consiste en respetar las tradiciones y las convicciones que han coexistido más de cinco siglos, además de salvaguardar el espíritu de la competición justa y honesta. A través de generaciones, el golf ha pasado de ser un simple deporte a convertirse en una forma de vida; un código que une personas con pensamientos afines en un conjunto universal de amistad y respeto por la herencia del juego. Bajo el punto de vista de la integridad, ningún otro deporte exige tanto de sus participantes como éste. Sus complejas reglas presentan innumerables oportunidades de abuso, aunque éstos abusos son ciertamente poco frecuentes. En este capítulo, consideraremos las reglas y normas de etiqueta que transforman a los meros pegadores de bolas de golf en jugadores.*

Dropar sin penalidad
El japonés Nobuo Serizawa (izquierda), guiado por las explicaciones de un juez, estudia dónde librarse de los cables de televisión.

Mantener el resultado
El golf es el único deporte donde los resultados oficiales son anotados por el compañero competidor (derecha).

Los que hicieron las reglas

FUE A MEDIADOS del siglo XVIII cuando el golf precisó una serie de reglas estipuladas. Originalmente eran 13; ahora son 34 con innumerables subapartados y apéndices. En un mundo tan complicado, el Reglamento de Golf representa quizá el único código por el que existe una aceptación universal y voluntaria.

El primer código
Las 13 reglas originales de golf las establecieron los Caballeros Golfistas de Leith, en 1744. Ahora se encuentran expuestas en el Museo Británico del Golf, en St. Andrews, Escocia.

«No toque la bola desde el momento en que la coloque sobre el tee hasta que la saque del hoyo. Cuando se encuentre en rough, no se agache nunca. Cuando se encuentre entre los árboles, dé palmadas».

Charlie Price

Con las tres frases que se acaban de citar, el gran escritor americano de golf, Charlie Price, quizá resumió de la mejor forma los principios básicos del Reglamento de Golf.

Cada jugador es su propio árbitro. Transgredir las reglas y las normas de etiqueta del juego es abusar, no de los demás, sino de uno mismo. El golf es un examen completo del individuo, que hace aflorar la debilidad del carácter y del espíritu así como la carencia de técnica. El modo de manejar estos tres elementos es lo que hace que nos juzguemos interiormente a nosotros mismos, y por lo que nos juzgan externamente los demás. El golf sobrevivió durante más de tres siglos sin necesidad de un conjunto de reglas escritas. Hasta 1744, cuando los Caballeros Golfistas de Leith, más tarde convertidos en la Honorable Compañía de Golfistas de Edimburgo, redactaron 13 artículos y leyes para que se cumplieran en el campo de golf. Las reglas se redactaron después de que los Caballeros presentaran un palo de golf de plata como premio en una competición, pues necesitaban establecer un acuerdo común sobre cómo se debería jugar la competición.

DECISIONES CONJUNTAS

Al mismo tiempo que se formaban los clubes, cada uno de ellos establecía sus propias interpretaciones de las reglas hasta que, en 1897, los clubes más importantes de entonces invitaron al Royal & Ancient Golf Club de St. Andrews (R&A), que había ido ganando gradualmente influencia durante el siglo XIX, a llevar a cabo la compilación de un código homogéneo. A la vez, la responsabilidad de controlar las reglas en Estados Unidos, donde el juego se había extendido rápidamente a partir de 1890, recayó en la Asociación de Golf Americana (USGA), fundada en diciembre de 1894 por los cinco clubes más destacados del país. El R&A (para todo el mundo a excepción de Estados Unidos y México) y la USGA se convirtieron en los genuinos artífices de las reglas de golf: aplicaron las mismas reglas básicas, aunque realizaron interpretaciones separadas sobre las decisiones.

Una conferencia en 1951, en la que también participaron representantes de Australia y Canadá,

El hogar americano
La sede de la Asociación de Golf Americana (USGA) en Far Hills, Nueva Jersey. Junto con el R&A, la USGA ayuda a administrar el golf por todo el mundo.

El Royal & Ancient
La casa club del Royal & Ancient Club de Golf de St. Andrews (R&A), situada en un lateral del green del hoyo 18 del Campo Viejo, representa el hogar espiritual del golf.

resolvió la mayoría de las diferencias existentes entre el R&A y la USGA. Asimismo, en ella se acordó la creación de un solo Comité de Decisiones para unificar los posibles cambios futuros de las reglas, aparte de una notable excepción (el acuerdo sobre el tamaño oficial de la bola), cosa que no se resolvió hasta que, en 1974, el R&A ratificó finalmente el uso de la bola de 42,67 mm de diámetro en todo el mundo.

COMPROBACIÓN DEL MATERIAL

Cada cuatro años, el R&A y la USGA revisan el reglamento y realizan cualquier ajuste que se precise por los cambios en el material o por la aclaración y revisión de las reglas existentes. Miles de inusuales o controvertidos incidentes se envían cada año a través de las secretarías de los clubes, y las resoluciones se dictan y recopilan en *Las decisiones sobre el Reglamento de Golf*, código publicado por la USGA para Estados Unidos y México y por el R&A para el resto del mundo.

Con los avances de la tecnología y del material, están entrando continuamente en el mercado nuevos equipos de golf. Sin embargo, antes de que cualquier equipo con diseño «innovador» pueda utilizarse, debe ser aprobado por los cuerpos dirigentes del juego. Las reglas sobre el material son complejas y para asegurar que cualquier nuevo equipo se ajuste a todos los requisitos, la USGA estableció un complicado método de prueba en 1984.

El Centro de Investigación y Pruebas de la USGA, en su sede de Far Hills, Nueva Jersey, prueba los materiales y los equipos bajo condiciones de impacto similares a las que se experimentan en un día normal. En coordinación con el R&A, es el único árbitro que puede sancionar el uso de los palos y las bolas de todo el mundo. Como pieza principal de la unidad de los programas de prueba, existe una máquina llamada el «Hierro de Byron». Ésta ha sido programada para reproducir el clásico swing del gran profesional americano Byron Nelson con el fin de probar todos los diseños y marcas de bola de golf bajo condiciones normales.

El Centro de Investigación y Pruebas dispone de unos laboratorios para pesar y medir los equipos, probar la velocidad inicial de las bolas, calcular la acción del impacto y dirigir las pruebas aerodinámicas; prueba evidente de que la nueva tecnología forma parte del antiguo y real juego del golf.

ESPECIFICACIONES DE LA BOLA

La decisión del R&A de permitir el uso de la «bola grande» en el Open Británico de 1974 (aunque ésta ya se había permitido en otras competiciones organizadas por el R&A desde 1968) significó la existencia de una sola medida estándar para las bolas de golf. La USGA prueba todas las marcas antes de autorizarlas y deben reunir ciertas condiciones:

Peso – El peso máximo permisible de una bola de golf es de 45,93 g. No existe un mínimo.
Tamaño – El diámetro mínimo permisible para una bola es de 42,67 mm. No hay un máximo.
Velocidad inicial – La velocidad que toma la bola al salir despedida por la cabeza del palo tras el impacto no debe superar los 76 m/s. Esto representa un equivalente en velocidad de 280 km/h.

Distancia total estándar – Cualquier marca de bola de golf probada por el «Hierro de Byron» en el campo de prácticas exterior del Centro de Investigación y Pruebas de la USGA bajo condiciones controladas no debe alcanzar más de 256 m entre vuelo y rodadura. La tolerancia es de un 6 %, por encima del cual la bola se rechaza.

Swing mecánico
El «Hierro de Byron» se denominó así por Byron Nelson, ganador de cinco Grandes y 54 eventos del Tour Americano entre 1935 y 1946. Para muchos, su swing es uno de los mejores que jamás se hayan visto.

Entender el código

PARA MUCHOS PROFESIONALES, una de las partes más complejas del golf consiste en la interpretación del reglamento. Incluso hoy en día, golfistas con gran experiencia en el Tour abordan al juez árbitro para solventar dudas sobre las reglas de golf –y para algunos de nosotros, el sumar golpes de penalidad en una vuelta decente de golf puede convertirla en una pesadilla.

El libro oficial del Reglamento de Golf, incluido el reglamento del Estatuto no profesional, publicado por el R&A y la USGA, está dividido en tres secciones: normas de etiqueta, definiciones y las reglas del juego. En el código de 1995 hay 34 reglas subdivididas en 120 cláusulas, muchas de las cuales también presentan subdivisiones. Por lo tanto, un reglamento de golf es una publicación amplia y compleja, y ésta no es la intención de este libro, que no publica el reglamento en su totalidad.

Sin embargo, la ignorancia o la falta de comprensión de las reglas puede hacernos caer en golpes de penalidad que pueden estropear incluso la vuelta más ardiente de golf. No obstante, existen ciertas partes que siguen siendo confusas incluso para los mejores de este juego. Y en diversas ocasiones, nos encontramos involucrados en este apartado. La responsabilidad de cada jugador es conocer y entender las reglas y los procedimientos del juego. Siempre están disponibles de forma gratuita copias del reglamento para todos los jugadores en la secretaría de los clubes –y cada jugador debería llevar siempre un ejemplar en su bolsa, incluso cuando esté fuera del campo.

Cuando una situación no se pueda resolver por las reglas, la solución de la misma la debe tomar el Comité Organizador cuando se trate de una competición, o por el R&A o la USGA. Sin embargo, todas las peticiones de aclaración del reglamento se deben realizar oficialmente a través de una secretaría de golf.

Se han dado muchas situaciones en las que las reglas han jugado el papel más importante a la hora de decidir el resultado de un torneo profesional, y varias

Mal consejo
Durante el Tour de 1980, Tom Watson fue penalizado con dos golpes por haber aconsejado a su compañero-competidor Lee Treviño acerca de un ligero fallo en su swing.

El fallo del maestro
Roberto de Vicenzo sufrió desesperadamente en el Masters Americano de 1968 al firmar un resultado de 66 golpes en su última vuelta, cuando realmente había hecho un 65. Eso le hizo perder la oportunidad de entrar por un golpe en un posible play-off para el título.

de las más célebres se hallan aquí destacadas. Mediante sus ilustraciones, aprenderemos sobre la regla en cuestión, pero también sobre aquella fundamental que no se incluye en el reglamento: la necesidad de una constante preocupación por comprender y cumplir con las leyes del juego. Al igual que en cualquier otra circunstancia de la vida, la ignorancia de la ley no se puede presentar como una excusa para su incumplimiento.

RESPONSABILIDADES DE LOS JUGADORES

Un jugador o jugadora posee varias responsabilidades cuando juega una competición matchplay (juego por hoyos) o strokeplay (juego por golpes). El jugador debe conocer las condiciones bajo las cuales se juega la competición y las del hándicap declarado bajo el cual jugará. En strokeplay, el golfista ha de asegurarse de que su hándicap esté anotado en su tarjeta de resultados antes de devolverla. Además, un jugador no debe aconsejar a otro, excepto cuando se trate de un miembro del mismo equipo. El jugador es el único resposable de la exactitud de su resultado para cada hoyo anotado en su tarjeta. Se aplicará la penalidad de descalificación cuando se devuelva una tarjeta con un resultado inferior al realmente obtenido en cualquier hoyo.

Reparar los piques

Las constantes huellas de las bolas sobre los greens cuando entran por alto, hace esencial reponer dichas marcas, tal y como Payne Stewart lo hace aquí.

Si la tarjeta presenta un resultado más alto del obtenido, se mantendrá lo escrito –tal y como le ocurrió al argentino Roberto de Vicenzo, lo que le costó el Masters Americano de 1968. Asimismo, un jugador debe jugar sin causar demora, y el mal tiempo no constituye en sí una causa lo bastante determinante como para detener el juego. Sin embargo, ante cualquier indicio de rayos, se advertirá a los golfistas para que alejen sus palos y se pongan a cubierto.

LO ESENCIAL DE LAS NORMAS DE ETIQUETA

Cada una de las hojas de resultados distribuidas a los espectadores del Masters de Augusta contiene un mensaje de su fundador, el gran Bobby Jones, que dice: «En golf, las normas de etiqueta y decoro son tan importantes como las propias reglas que regulan el juego».

CUIDAR EL CAMPO

- Reponga la chuletas con cuidado.
- Rastrille siempre los bunkers después de jugar.
- Arregle su propio pique y, al menos uno, cada vez que esté en green. Las marcas de los piques si se arreglan inmediatamente se recuperan en pocas horas –las que no, tardan semanas en reponerse.
- Procure dejar la bolsa o el carro a un lado del green. No la apoye o pase con las ruedas por encima de él.
- Tenga cuidado a la hora de sacar la bandera del hoyo al reponerla. Se puede dañar el agujero.
- No arrastre los clavos de sus zapatos por la superficie del green.
- Permanezca en silencio cuando un competidor esté jugando. Esto parece un consejo obvio, pero todavía hay muchos jugadores que agitan las monedas de los bolsillos cuando otros están a punto de jugar.
- Anote el resultado del hoyo tras abandonar el green. No interrumpa el juego de los que le siguen, permaneciendo en el green contando los golpes.

El golf ha sido siempre venerado por su insistencia en el mantenimiento del más elevado modelo de conducta, a pesar del hecho de que el gran arraigo de las formas aceptadas, en realidad, nunca se ha establecido de la misma manera que las reglas. De hecho, el cómo nos comportamos y tratamos a los demás jugadores (simplemente etiqueta) resulta tan importante como nuestro modo de jugar. Esto significa presentar nuestra cortesía y buena educación a los demás.

Las Reglas de Golf no penalizan por quebrantar una norma de etiqueta; no hay dos golpes de penalidad para aquellos que se apartan de lo establecido. La etiqueta es un código voluntario; código que ha evolucionado a través de los años hacia ese elemento esencial que hace que el golf se diferencie de aquellos deportes que necesitan un árbitro dirimente para imponer reglas y comportamientos.

CÁNONES ESTABLECIDOS

A continuación, detallaremos las normas de etiqueta esenciales del golf; un código básico que ayuda a preservar la elevada reputación del modelo de conducta y honestidad en competición, que el golf requiere hoy en día.

- Después de acordar la hora de salida con sus compañeros, asegúrese de no llegar tarde.
- Tan pronto como salga, es importante mostrar cortesía a los compañeros-competidores con los que va a jugar y a aquellos que participan en otros partidos.
- Nunca juegue hasta estar seguro de que el grupo de delante está fuera de su alcance.
- Esté preparado para jugar cuando sea su turno; mantenga el ritmo de los jugadores de delante pero sin acosarles.
- Mantenga la calma con la que habitualmente juega y muestre su buen ejemplo a los demás.
- Invite siempre a pasar al grupo de jugadores de detrás si se retrasa por estar buscando una bola.

MANTENER EL CONTROL

Recuerde, si tiene un día malo o desafortunado en el campo, siempre debe controlarse por respeto a los demás compañeros competidores. Mantener la calma y la discreción no es sólo un comportamiento ejemplar, sino, además, una posible terapia para no malgastar golpes.

> *«El jugador de golf se da cuenta muy pronto de que su más inmediato y quizá más potente adversario es él mismo.»*
>
> BOBBY JONES

Plasmar el resultado

Arnold Palmer comprueba los resultados anotados en la tarjeta de juego.

Permanecer en el campo

LA SECCIÓN MÁS larga de las Reglas de Golf recoge los procedimientos que hay que seguir cuando un jugador, tras salirse del trazado de la calle, ha ido a parar a un lugar menos favorable –situación muy familiar para todos nosotros. Aquí, trataremos la búsqueda de la bola, qué hay que hacer si ésta se pierde, cuándo y dónde le está permitido tomar alivio (y cuándo conlleva una penalidad), y cómo evitar la indignación hacia el libro de reglas cuando sus golpes se han desviado de la línea del objetivo.

Colocación informal
Si se tiene por principio no apoyar nunca el palo, al gran Jack Nicklaus se le presume no haber preparado el golpe de forma oficial –así evita las posibles penalidades si tuviera que mover una bola en reposo.

Con marcas personalizadas, una bola en la calle se debería identificar fácilmente, pero no es así cuando la bola se halla, por ejemplo, en un profundo rough o semienterrada en un bunker. Existen unas pautas para identificar correctamente una bola, procedimientos que resultan vitales y que muchos jugadores no tienen presente para evitar jugar una bola equivocada y llevarse así los dos puntos de penalidad correspondientes.

Los golfistas están facultados para levantar, sin penalidad, la bola que ellos creen que es la suya, con el propósito de identificarla. Pero antes de cogerla, deben anunciar su intención a sus compañeros competidores, marcador u oponentes, señalar la posición de la misma y darles la oportunidad de observar todos estos pasos. La bola se puede limpiar pero sólo lo justo para identificarla. En un bunker donde la bola se halla total o parcialmente cubierta de arena, se podrá quitar sólo la indispensable para verla.

En matchplay, si un jugador juega una bola equivocada, perderá el hoyo; en strokeplay, la penalidad es de dos golpes (siempre y cuando el jugador descubra y rectifique el error antes de ejecutar un golpe desde el siguiente lugar de salida).

El error de muchos jugadores es creer que los golpes jugados con una bola equivocada cuentan junto a los dos golpes de penalidad. Esos golpes no cuentan para el resultado del jugador en ese hoyo. Si la bola equivocada pertenece a otro competidor, su dueño colocará otra en el mismo punto donde se encontraba la original. En un bunker o en un obstáculo de agua,

Buscando la bola
Siempre familiarizado con roughs complicados, Seve Ballesteros conoce perfectamente, más que la mayoría, la obligación de identificar su bola con claridad.

Personalice su bola
Los competidores emplean todo tipo de señales para identificar sus bolas, que van desde la propia marca de ésta hasta simples identificativos hechos con un rotulador.

como presentan tantas dificultades implícitas a la hora de establecer la propiedad de una bola, la penalidad por jugar una bola equivocada queda relegada.

BOLA EN REPOSO MOVIDA

Una de las razones por las cuales Jack Nicklaus no apoya el palo cuando se coloca ante la bola es reducir la posibilidad de incurrir en una penalidad por mover una bola en reposo (regla 18). Según el reglamento, un jugador «ha preparado el golpe» cuando se ha colocado (stance) y además ha apoyado su palo en el suelo. Si la bola se mueve de su sitio y va a parar a otro después de haber apoyado el palo, se incurrirá en la penalidad de un golpe y la bola se repondrá.

Jack Nicklaus, al no apoyar el palo, no se considera que prepare el golpe formalmente. Y, como consecuencia, escaparía de la penalidad si, por ejemplo, el viento moviera la bola en el momento que estuviera preparado para el golpe. (La única salvedad que existe al respecto es cuando la bola reposa en un obstáculo, en cuyo caso el jugador ha preparado el golpe con sólo colocarse.)

Los golfistas con frecuencia se confunden sobre el procedimiento que hay que seguir cuando una bola se ha movido y sobre la penalidad en que se incurre como resultado.

Bola injugable
Con la bola injugable en un arbusto, Paul Moloney mide dos palos de longitud para aliviarse en el Campeonato de la PGA Australiana de 1994.

Ansiosa búsqueda
Observado por su caddie, Mark McNulty busca su bola entre los juncos durante el Open Peugeot de Francia de 1994.

Si una bola en reposo se mueve por una causa ajena (ni el viento ni el agua lo son), el jugador no incurrirá en penalidad y la bola se repondrá antes de que juegue su siguiente golpe. Una bola perdida o fuera de límites constituyen, entre otras, las situaciones que comúnmente presentan más problemas. No obstante, existe una cierta confusión sobre lo que se considera con exactitud una bola perdida, el procedimiento de búsqueda, el juego de una bola provisional y qué ocurre cuando ésta se halla fuera de límites.

UNA BOLA «OFICIALMENTE» PERDIDA

Es un malentendido frecuente que un jugador simplemente declare una bola «perdida». Una bola está «oficialmente» perdida únicamente si:

1   El jugador no la encuentra o la identifica como suya dentro de los cinco minutos contados desde que el bando de éste o sus caddies hayan comenzado la búsqueda.

2   El jugador ha puesto otra bola en juego según las reglas, aunque no haya buscado la original.

3   El jugador ha jugado un golpe con una bola

provisional desde el sitio donde se supone que se halla la original o desde un punto más cercano al hoyo que ese sitio.

Si un jugador sospecha que le costará encontrar su bola, podrá jugar una provisional desde un punto tan cercano como sea posible del que se jugó la original. Sin embargo, la intención de jugar una bola provisional se debe anunciar a los compañeros competidores. Ésta puede jugarse hasta que se llegue al lugar donde se supone que se halla la original. Si juega un golpe con la bola provisional desde ese sitio, ésta se convertirá en la bola en juego.

BOLA EN JUEGO

También existe confusión en el caso del jugador que, al realizar una salida muy desviada, no puede encontrar su bola y entonces, mientras regresa al tee para colocar otra en juego, su compañero o su bando halla la original. Sin embargo, aquí las reglas son muy claras. Si un jugador no ha puesto otra bola en juego, y la bola original se ha encontrado dentro de los cinco minutos desde que se comenzó su búsqueda, debe volver y continuar el juego con la bola original. Ésta sigue siendo la bola en juego, y se debe jugar con ella hasta finalizar el hoyo (a menos que se pierda o se envíe fuera de límites).

CÓMO DROPAR

En situaciones donde las reglas requieren que se drope la bola, el jugador debe permanecer erguido, mantener la bola a la altura del hombro con el brazo extendido y dejarla caer. Si ésta toca al jugador, a su compañero o a cualquiera de sus caddies o equipo, el jugador deberá volver a dropar sin penalidad. Una bola no se debe dropar nunca más cerca del hoyo y debe tocar primero una parte del campo donde la regla aplicable exige que se drope.

Por ejemplo, para aliviarse de una interferencia (dropaje sin penalidad) debe hacerlo dentro de la distancia de un palo. Una bola injugable o, por ejemplo, en un obstáculo de agua (dropaje con un golpe de penalización), se dropará dentro de la distancia de dos palos. Si la bola va a parar fuera del área, se volverá a dropar. Pero si, después de un segundo intento, vuelve a salirse de la distancia permitida, se colocará tan cerca como sea posible del punto que tocó por primera vez una parte del campo cuando se dropó por segunda vez.

Entrenando
Sandy Lyle muestra el procedimiento correcto para llevar a cabo un dropaje.

Buscar una solución

Bajo la supervisión de un árbitro durante el Master Británico Dunhill de 1994 en Woburn, Miguel Martín intenta averiguar si su bola es jugable desde la base de un árbol.

bola (no existe limitación de distancia hacia atrás desde el punto donde la bola puede droparse). La única variación que existe es cuando una bola se declara injugable en un bunker. La segunda y tercera opciones se pueden aplicar, siempre que ésta se drope dentro del bunker. La penalidad por dropar una bola en estas circunstancias es de un golpe.

El tratamiento que se da a una bola que puede estar fuera de límites es el mismo que el de una bola perdida: si se duda sobre si está o no fuera de límites, siempre podrá jugarse una bola provisional. Una vez más, la provisional se puede jugar hasta llegar al punto donde se supone que se halla la original. Si la bola original se encuentra fuera de límites, la provisional se convertirá en la bola en juego. Pero si la bola original está dentro de límites, seguirá en juego y deberá continuarse con ella.

TOMAR ALIVIO

Existen algunas situaciones en las que un jugador tiene derecho a tomar alivio de interferencias sin incurrir en penalidad alguna (tratadas por la regla 25). Estas situaciones incluyen: agua accidental (agua que no forma parte del campo habitualmente), terreno en reparación y ciertos daños en el campo (tales como agujeros o sendas hechos por animales de madriguera o pájaros). Asimismo, se incluyen bajo este encabezamiento la hierba cortada y otros materiales dejados alrededor del campo por el personal de mantenimiento, torres de televisión, cables eléctricos y las gradas temporales. En cualquiera de estas situaciones el jugador podrá dropar, sin penalidad, dentro de la distancia de un palo del punto más cercano de alivio de la interferencia. Otra

El jugador es el único juez para declarar su bola injugable y puede hacerlo en cualquier parte del campo, excepto cuando esté dentro o tocando un obstáculo de agua. Algunos no están seguros del procedimiento que deben seguir tras declarar una bola injugable, pero esencialmente existen tres opciones básicas:

1 Puede jugar una bola tan cerca como sea posible del punto donde se jugó por última vez la bola original.

2 Puede dropar una bola dentro de la distancia de dos palos del punto donde reposaba la bola injugable, pero no más cerca del agujero.

3 Puede dropar una bola detrás del punto donde reposaba la injugable, manteniendo éste en línea recta entre el hoyo y el punto donde se dropará la

situación donde se puede tomar alivio sin penalidad es en el caso de la existencia de impedimentos sueltos. Éstos están definidos en la regla 23 como: «objetos naturales, tales como piedras, hojas, leña menuda, ramas y similares, estiércol, gusanos e insectos y desechos o montoncitos formados por ellos, siempre que no estén fijos o en crecimiento, no estén sólidamente empotrados ni

EN CASO DE DUDA

A diferencia de los torneos profesionales, el aficionado rara vez tiene la oportunidad de llamar a un árbitro para una aclaración instantánea de una regla. Cuando un jugador no está seguro de cómo proceder en una situación concreta, existe la posibilidad (regla 3-3), únicamente en strokeplay, de jugar una segunda bola sin penalidad alguna. El jugador, claro está, debe anunciar a su marcador o a su compañero su decisión de proceder, señalando la bola que quiere que cuente si las reglas lo permiten. Antes de devolver su tarjeta, el competidor debe comunicar los hechos al comité tan pronto como sea posible. Ésta es una regla útil para evitar retrasos en el campo, y es recomendable cuando, durante el juego de un hoyo, el jugador tenga dudas respecto a sus derechos y al procedimiento.

Tomar una resolución

Seve Ballesteros y un árbitro discuten si el español dispone de un dropaje sin penalidad durante el Volvo Masters de 1994 en Valderrama.

adheridos a la bola». Cualquier impedimento suelto puede ser quitado sin penalidad, pero si la bola se mueve como consecuencia de este acto, el jugador incurrirá en la penalidad de un golpe y deberá reponer la bola.

La transgresión más frecuente de esta regla se produce cuando un jugador que tiene la bola fuera de green decide jugar con el putter y quita arena o tierra suelta de su línea. Arena y tierra constituyen impedimentos sueltos cuando reposan en el green; si se retiran de cualquier otra parte del recorrido, se penalizará al jugador con dos golpes.

EN EL GREEN

En las Reglas de Golf se define el green como «todo aquel terreno, del hoyo que se está jugando, que está especialmente preparado para el putt o así definido como tal por el Comité». Por eso existen reglas que se aplican específicamente al juego en green. Por ejemplo, un jugador puede marcar, levantar y limpiar una bola una vez que ésta se halla en green, aunque debe seguir el procedimiento correcto y no pisar o interferir la línea de otro jugador (*véase* recuadro inferior). A diferencia de otras áreas del campo, se pueden reparar ciertos daños en su superficie; los piques de bola y las viejas marcas de anteriores agujeros se incluyen aquí, pero no todo tipo de daño o huella hecha por los clavos de los zapatos de los jugadores. Un elemento del green que a veces causa confusión es la bandera que señala el hoyo. Un jugador, si está en green,

La descarga de la nube
Seve Ballesteros salva un charco sin ser penalizado después de un aguacero en el nunca mejor dicho campo de Saint Cloud, sede del Open de París de 1985.

puede jugar con la bandera quitada o atendida, pero si la bola toca el palo de la bandera tras haber efectuado el golpe, incurre en la penalidad de dos golpes en strokeplay o pérdida del hoyo en matchplay. Esto no se aplica a los golpes jugados desde fuera de green.

Otro apartado que puede causar cierto grado de confusión es el caso de una bola que cuelga sobre el borde del agujero, con la posibilidad de que caiga algo más tarde. Según las reglas, un jugador dispondrá «de tiempo suficiente» para llegar hasta ella, sin demora injustificada, y dispondrá además de diez segundos para determinar si la bola está en reposo. Si para entonces la bola no ha caído dentro del agujero, el jugador debe jugarla. Este particular infortunio le ocurrió al escocés de la Ryder Cup, Sam Torrance, durante el Open Inglés de 1991. Torrance vio su putt entrar, por consiguiente, sólo fue penalizado con un golpe por no jugar la bola dentro del tiempo requerido.

LOCKE, FUERA DE SU MARCA

En su camino hacia una cuarta victoria en el Open Británico de 1957 en St. Andrews, el sudafricano Bobby Locke cometió una famosa aunque involuntaria infracción recogida en las Reglas de Golf, en el último green de la vuelta final.

Locke había jugado un magnífico golpe de aproximación al Home Green quedándose a 1,20 m del hoyo. Su compañero, Bruce Crampton, le pidió que marcara la bola a la distancia de una cabeza de putter alejada de su línea para tener una visión despejada de su golpe de putt. El sudafricano le complació debidamente, pero cuando repuso la bola, olvidó reponer primero la marca en el sitio donde reposaba la bola ori-

ginalmente. Locke, sin darse cuenta, procedió a embocar su putt desde un lugar equivocado y aceptó el aplauso que festejaba su victoria. Al final del día fue cuando un juez, recapitulando la escena, descubrió el error de Locke.

Se entabló una discusión entre los jueces-árbitros sobre lo que se debería haber hecho, pero como Locke había vencido por tres golpes de ventaja, y se le acababa de entregar la famosa Jarra Claret, decidieron no emprender ninguna acción.

La filmación de Newsreel confimó la infracción de la regla 20 (Levantar, dropar y colocar; jugar desde lugar equivocado). Estrictamente hablando, Locke debía haber sido penalizado con dos golpes por su infracción de la regla, pero como aún así seguía ganando, prevaleció el sentido común. Ésta es una

sana lección que indica que se debe ir con sumo cuidado a la hora de marcar una bola y reponerla. Es muy fácil cometer el error de Locke.

Marcar mal
Locke prepara su último golpe en el Open Británico de 1957.

Tratar con el agua

AL IGUAL QUE el resto de nosotros, los grandes profesionales conocen los obstáculos de agua, particularmente en Estados Unidos, donde éstos abundan alrededor de muchos campos. No obstante, los profesionales son muy prudentes a la hora de proceder tras caer en el agua; ejemplo que cada golfista debería seguir al pie de la letra.

Lie seco
Las estacas rojas indican claramente que José María Olazábal está jugando la bola desde un obstáculo de agua lateral. El hecho de que no haya rastro de agua dentro de él es del todo irrelevante.

Consulta
El neozelandés Greg Turner discute su lugar de alivio con un juez después de haber aterrizado en el agua en el hoyo 18 durante el Open Italiano de 1993.

Muchos jugadores observan el agua, frontal o lateral, con temor y trepidación. No es de sorprender; los obstáculos de agua son probablemente responsables del mayor número de golpes de penalidad que un golfista cosecha a lo largo de su carrera. No obstante, los obstáculos de agua, tratados en la regla 26, son a menudo una fuente de controversia a la hora de interpretar dicha regla.

Muchos jugadores se confunden al creer que existen dos tipos de obstáculos de agua. Las Reglas de Golf definen un obstáculo de agua como «cualquier mar, lago, estanque, río, zanja, zanja de drenaje superficial u otros cauces abiertos de agua (contengan agua o no) y cualquier otra cosa de naturaleza similar». Los obstáculos de agua se deberían definir con estacas o líneas amarillas. Pero además, y aquí es donde surge la confusión, las Reglas se aseguran de definir una parte de un obstáculo de agua como un «obstáculo de agua lateral» –una parte de un obstáculo de agua «situado de tal forma que no es posible, o que a juicio del Comité resulte impracticable, dropar una bola detrás del obstáculo de agua de acuerdo con la regla 26-1b». En efecto, esto indica un obstáculo de agua que no está situado entre el jugador y el green. El lateral se debería definir con estacas o líneas rojas. Es sencillamente un tipo de obstáculo de agua que, a menudo sin embargo, es el que causa las infracciones de la regla 26.

El procedimiento básico para tratar una bola sumergida, perdida o que toca un obstáculo de agua es simple. Las opciones son:

1 Jugar una bola tan cerca como sea posible del punto desde donde se jugó por última vez.

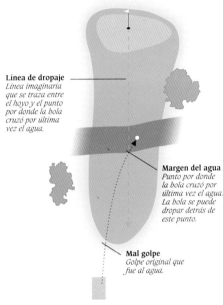

Línea de dropaje
Línea imaginaria que se traza entre el hoyo y el punto por donde la bola cruzó por última vez el agua.

Margen del agua
Punto por donde la bola cruzó por última vez el agua. La bola se puede dropar detrás de este punto.

Mal golpe
Golpe original que fue al agua.

Dónde dropar desde un obstáculo de agua
Este diagrama indica dónde dropar la bola si ha ido a parar al obstáculo de agua.

2 Dropar una bola detrás del obstáculo y mantener sin limitación de distancia detrás del obstáculo el punto por donde la bola cruzó, por última vez, el margen del mismo en línea recta entre el agujero y la zona en que se dropa del punto donde la bola puede ser dropada.

3 El jugador también tiene la opción (aunque, en realidad, dadas las evidentes dificultades que comporta, sólo se realice en contadas ocasiones) de jugar la bola tal y como reposa dentro del obstáculo de agua.

Sin embargo, si ésta reposa en un obstáculo de agua lateral, un jugador cuenta con la opción adicional de:

Salir del agua
Payne Stewart, en el último hoyo de su partido de la Ryder Cup de 1989 contra José María Olazabal, optó por jugar la bola desde el obstáculo de agua en vez de droparla. Falló el golpe y perdió el hoyo y el partido.

Dónde dropar desde un obstáculo de agua lateral
La opción adicional de dropaje cuando nos encontramos en un obstáculo de agua lateral es hacerlo en cualquier lado del obstáculo, siempre que sea dentro de un radio de dos palos del margen y no más cerca del agujero.

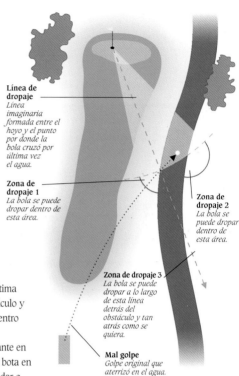

Línea de dropaje
Línea imaginaria formada entre el hoyo y el punto por donde la bola cruzó por última vez el agua.

Zona de dropaje 1
La bola se puede dropar dentro de esta área.

Zona de dropaje 2
La bola se puede dropar dentro de esta área.

Zona de dropaje 3
La bola se puede dropar a lo largo de esta línea detrás del obstáculo y tan atrás como se quiera.

Mal golpe
Golpe original que aterrizó en el agua.

4 Dropar una bola fuera del obstáculo dentro de la distancia de dos palos del punto por donde ésta cruzó por última vez el margen del obstáculo (zona de dropaje 1 en la ilustración de la derecha); o un punto en el margen opuesto del obstáculo de agua equidistante del agujero (zona de de dropaje 2). No obstante, la bola dropada no debe ir a parar más cerca del agujero que el punto por donde ésta cruzó por última vez el obstáculo de agua con el golpe original.

La infracción más común de la regla 26 se da al determinar el lugar correcto por donde la bola cruzó por última vez el margen del obstáculo de agua, particularmente cuando se trata de agua lateral. La bola se debe dropar teniendo en cuenta el lugar por donde ésta cruzó por última vez el margen del obstáculo y no donde ésta reposa dentro del obstáculo. Esto es particularmente importante en el caso de una bola que bota en terreno seco antes de rodar o retroceder al agua. La mejor manera de tratar estas situaciones es dirigirse al punto donde aterrizó la bola en o sobre lugar seco por última vez antes de precipitarse dentro del agua. Asimismo, establezca si ese punto está dentro de un área de estacas o líneas amarillas o rojas. Desde allí, puede entonces decidir la mejor opción.

OTROS OBSTÁCULOS

El otro y único «obstáculo» oficial con el que hay que batallar en un campo de golf es un bunker, definido en las reglas como «área de terreno preparada, frecuentemente una depresión, en la cual el césped o la tierra han sido sustituidos por arena o similar. El terreno cubierto de hierba que rodea o está dentro de los límites del bunker no es parte del bunker. El margen de un bunker se extiende verticalmente hacia arriba, pero no hacia abajo».

En un bunker, o en un obstáculo de agua propiamente dicho, las reglas no permiten que un jugador apoye su palo en ningún momento durante la colocación (*véase* página 202). Esto significa que el jugador no debe tocar la arena o el agua antes de jugar la bola. Una infracción muy común de esta regla se da cuando un jugador correctamente colocado ante la bola en un bunker sitúa el palo por encima de la arena, pero entonces, accidentalmente, roza la arena al iniciar la subida del palo.

Esto puede ser completamente involuntario, pero es una infracción de las Reglas de Golf. Está penalizado con dos golpes en strokeplay y con pérdida del hoyo en matchplay. Por lo tanto, tenga cuidado –un golpe de salida de bunker ya es de por sí lo suficientemente difícil como para incrementar su resultado incluso antes de haber golpeado la bola.

Salir de la arena de forma segura
Nick Faldo muestra cómo jugar un golpe seguro desde un bunker. Su palo no toca la arena hasta el momento previo al impacto.

Apuntar las distintas modalidades de juego

EN EL JUEGO del golf existen esencialmente dos formas de puntuar: matchplay, en la cual el número de hoyos ganados o perdidos deciden el partido, y strokeplay (medal), en la cual el número de golpes dados en una vuelta estipulada es el factor decisorio. Sin embargo, dentro de estos dos métodos existen muchas variaciones dirigidas a enfrentar jugadores de diferentes niveles e incluso a añadir mayor interés al juego.

Aunque esto sucede con más frecuencia en el mundo profesional, el strokeplay sigue ostentando un papel crucial en el mundo amateur. En los clubes de aficionados se celebraran normalmente concursos medal «mensuales», así como un gran número de competiciones strokeplay en el transcurso de cada temporada; por medio de estos eventos, el hándicap de los jugadores sube o baja (*véase* pág. 209). Los hándicaps se aplican tanto en strokeplay como en matchplay, al igual que en una competición bajo el sistema Stableford (*véase* inferior), donde el jugador juega contra los otros competidores y contra el par del campo.

ÍNDICE DE DIFICULTAD

El Índice de Dificultad de un campo de golf es un sistema de evaluación que otorga el grado de dificultad de cada hoyo, y resulta vital a la hora de distribuir el hándicap durante el juego. El índice de dificultad n.º 1 es para el hoyo más difícil, mientras que el n.º 18 se otorga al menos dificultoso. Los jugadores distribuyen sus puntos de acuerdo con el Índice de Dificultad de los hoyos,

Genio versátil
Igualmente cómodo tanto en strokeplay como en matchplay, el gran Walter Hagen ganó cinco Open Británicos. También fue cinco veces ganador del USPGA cuando era un campeonato matchplay.

hasta igualar el número de su hándicap. Por ejemplo, un jugador con hándicap 7 recibiría puntos en aquellos hoyos que se encuentren del 1 al 7 según el Índice.

En 1983, la USGA desarrolló una variante de este índice, el Slope System (sistema de pendientes). Éste está diseñado para proporcionar una valoración real del grado de dificultad de un campo de golf. El sistema evalúa los campos de golf para el jugador medio y también para el más experto, equipara los hándicaps y transferibles a otros clubes. Éste ajusta los puntos que recibe un jugador cuando juega fuera de su club. Cuanto más difícil sea un campo, más alta será la evaluación de la pendiente para los jugadores que reciben más puntos de lo normal.

Conceder un putt
En matchplay, un jugador puede conceder un putt a su contrario en vez de obligarle a acabar el hoyo. Una de las más famosas y «deportivas» concesiones tuvo lugar durante la Ryder Cup de 1969, cuando Jack Nicklaus concedió a Tony Jacklin un putt de 90 cm, para de ese modo asegurar que el campeonato se empatase de forma elegante.

EL SISTEMA STABLEFORD

El Stableford es un sistema de resultados que fue inventado en 1932 por sir Frank Stableford, miembro del club de golf de Wallesey de Inglaterra. Cada jugador compite contra el par del campo con un hándicap y se concede a sí mismo puntos tal y como sigue:

- Acabar el hoyo con un golpe por encima del par – 1 punto.
- Acabar el hoyo con par – 2 puntos.
- Acabar el hoyo con un golpe bajo el par – 3 puntos.
- Acabar el hoyo con dos golpes bajo el par – 4 puntos.
- Acabar el hoyo con tres golpes bajo el par – 5 puntos.

El jugador que consiga el mayor número de puntos es el ganador. Cuando un jugador no puede puntuar en un hoyo, levantará la bola y se dirigirá al siguiente hoyo. El Stableford, y su modalidad de quitar golpes, es una forma de juego más rápida que el strokeplay y, como tal, se ha convertido hoy en día en una forma de juego muy popular dentro de los clubes de golf.

A la inversa, los jugadores reciben menos puntos cuando juegan un campo con una evaluación más baja. Desde que este sistema se introdujo se han evaluado más de doce mil campos en Estados Unidos. Ahora se usa en Canadá y gradualmente se está aceptando en el Reino Unido y en el resto del mundo.

MATCHPLAY

Con gran diferencia, la forma de juego más popular en un club con cierto nivel es el matchplay, y no sólo porque sea considerablemente más rápido que el strokeplay. En matchplay, el jugador o la pareja que haga menos golpes en un determinado hoyo será el vencedor; si ambos jugadores o equipos hacen el mismo número de golpes, el hoyo está empatado.

Un match se decide sobre una vuelta estipulada o número de hoyos, siendo el bando ganador el bando que haya ganado por más hoyos arriba de los que le queden por jugar. Si el resultado de los hoyos jugados es idéntico para ambas partes, «situación de empate», el partido continuará hasta que se llegue a uno que decida la conclusión del mismo.

Las dos formas más comunes de matchplay son el fourball y el foursome desarrollados entre equipos de dos jugadores. En un fourball, el hoyo simplemente se gana con la bola que haya hecho el mejor resultado de las cuatro. En un foursome, donde sólo se juegan dos bolas (una por equipo), los jugadores se turnan a la hora de jugar la de su equipo. Ambas modalidades se usan, incluso con partidos individuales, dentro del contexto de la Ryder Cup.

Matchplay

Nick Faldo estudia la caída de su putt durante la Ryder Cup de 1989. A pesar de ser popular entre los jugadores de un club, ésta es una de las raras ocasiones en las que un matchplay se juega profesionalmente.

RELLENAR LA TARJETA DE JUEGO

La tarjeta de juego no es sólo un registro de su resultado, sino también una valiosa fuente de información sobre el campo, que incluye las distancias y las reglas locales. Su resultado lo anota siempre un marcador, pero es conveniente tomarse siempre su tiempo al final de cada vuelta para asegurarse que dicho marcador no se ha olvidado de apuntar un hoyo o lo ha apuntado de forma incorrecta.

Distancias desde el tee
La mayoría de los campos cuentan con una selección de tees desde los cuales jugar.

Longitud del hoyo
Se miden desde los distintos tees.

Índice de Dificultad
Hoyos donde nos conceden puntos.

Registro del resultado
Columna para registrar los golpes dados en cada hoyo.

Registro de puntos
Columna para registrar los puntos obtenidos en cada hoyo (si se juega con un sistema de puntos).

Firmas
Ninguna tarjeta es válida sin las firmas del marcador y del jugador.

EL HÁNDICAP

La adjudicación y ajuste de los hándicaps no están legislados por las Reglas de Golf, por lo tanto, no existe un sistema universal para los hándicaps; diferentes países emplean sus propios sistemas. No obstante, todo se basa en el trazado de un campo de golf que tenga adjudicado un número de golpes brutos (scratch). Éste es el resultado que se espera que cumpla un jugador aficionado de primera categoría en condiciones normales.

El hándicap del jugador de club se calcula en base a sus resultados sobre un cierto número de vueltas, comparadas con ese resultado estándar del campo. Entonces el jugador dispondrá de golpes en base al Índice de Dificultad de cada campo.

En el Reino Unido, sólo los resultados conseguidos en competiciones medal play son generalmente aceptados para asignar hándicaps, mientras que en Estados Unidos, el sistema permite continuos cambios en el hándicap del jugador cada vez que completa una vuelta. La USGA desarrolló primero un sistema nacional de hándicaps, a comienzos de los años veinte, y ahora el Equipo de Investigaciones de Hándicap se dedica a poner al día y mejorar los métodos de valoración –tales como la introducción del Sistema de Pendientes. En el Reino Unido, el CONGU (la Junta de Confederaciones Nacionales de Golf) es el órgano de gobierno encargado de todos los asuntos relacionados con el hándicap.

El hándicap también puede tenerse en cuenta en competiciones matchplay. Así, el número de puntos recibidos por un jugador constituye las tres cuartas partes de la diferencia entre los hándicaps implicados. Por ejemplo, si el jugador A presenta un hándicap 26 y el jugador B un hándicap 13, entonces el jugador A recibirá 10 puntos –la diferencia exacta de 9,75 se redondea hacia arriba.

GLOSARIO

A

A la altura de bandera Se dice que una bola está a la altura de bandera en el green cuando se ha jugado a bandera o a cualquier lado de ella. Asimismo, se puede decir a la altura del hoyo.

Agróstida Tipo de hierba fina y frondosa que proporciona al green la superficie ideal para el putt.

Albatros Término usado en Gran Bretaña para un resultado de tres golpes bajo el **par** de un **hoyo**. En Estados Unidos este resultado se conoce como un **doble-eagle**.

Alcance Distancia entre el punto desde el cual se ha jugado la bola y el lugar donde aterriza. En el caso de que la bola se golpee por encima del agua o de un bunker se dice «alcanzar» el obstáculo.

Approach Golpe jugado hacia el **green** desde la **calle** o el **rough**.

Arriba y abajo Golpe de aproximación y un único putt desde cualquier sitio fuera de green. Usualmente referido a embocar la bola con dos golpes desde justo fuera de green o incluso desde un bunker.

B

Balata Componente natural o sintético empleado para la fabricación de la cobertura de las bolas estándar de alta calidad. Sus propiedades suaves y elásticas producen un alto grado de efecto y es la favorita de los jugadores del Tour.

Birdie Término usado para el resultado de un golpe bajo el **par** de un **hoyo**.

Bogey Término utilizado para un resultado de un golpe sobre el **par** de un **hoyo**.

Bola con núcleo de goma Bola de golf inventada por Coburn Haskell que revolucionó el juego a finales de siglo. También conocida como la **bola Haskell**, estaba compuesta por un núcleo sólido de goma alrededor del

cual se enrollaban muchos metros de hilo elástico bajo tensión. Luego se cubría con gutapercha. La bola con núcleo de goma reemplazó a la de **gutapercha**.

Bunker «olla» Bunker pequeño, redondo y profundo muy característico de los tradicionales links británicos, tales como el Campo Viejo de St. Andrews.

Bunker atravesado Bunker situado a través de la línea de la **calle**.

C

Caída Lo que se va a desviar un golpe de putt de la línea recta debido a la pendiente del **green**.

Calle Área de césped segado a ras entre el **tee** y el **green**, delimitado por ambos lados o por hierba más alta conocida como semirrough o completamente sin cortar, llamada **rough**.

Cavidad posterior Cabeza de hierro diseñada con el peso en la periferia para crear un **punto dulce** más amplio.

Chip Golpe bajo rodado que se juega normalmente a borde del **green** hacia el **hoyo**.

Chuleta Trozo de césped levantado por la cabeza del palo al ejecutar un golpe.

Corte Fallar el corte es no hacer un resultado lo suficientemente bajo, generalmente después de los primeros 36 o 72 hoyos de un torneo, con el fin de clasificarse para las dos vueltas finales.

Cuello Cuello de la cabeza de un hierro donde se inserta la varilla.

D

Doble-eagle Término usado en Estados Unidos para un resultado de tres bajo el par de un **hoyo**. En Gran Bretaña este resultado se conoce como un **albatros**.

Dogleg Hoyo que, a medio camino, cambia súbitamente de dirección,

normalmente a la caída del golpe de salida. Puede torcer o a la derecha o a la izquierda.

Dormie Término usado en **matchplay** para la situación en la que un jugador o equipo lleva tantos hoyos ganados como hoyos queden por jugar y, por consiguiente, no puede ganar pero sí empatar.

Draw (referido a golpe) Un golpe jugado deliberadamente con efecto derecha-izquierda (para los jugadores diestros) que hace que la bola se curve desde la derecha hacia la izquierda en su vuelo.

Driver Palo con una varilla larga y con poca **apertura** usado para alcanzar desde el **tee** la máxima distancia.

Dropar sin penalidad Bola que se dropa sin penalidad fuera de la obstrucción inamovible o en otras circunstancias, de acuerdo con las Reglas de Golf.

E

Eagle Término que denota un resultado de dos golpes por debajo del **par** de un **hoyo**.

F

Fade Golpe deliberadamente jugado con efecto izquierda-derecha (para jugadores diestros) que hace que la bola se curve desde la izquierda hacia la derecha en su vuelo. Un fade incontrolado se llama **slice**.

Fourball Partido que involucra a cuatro jugadores en equipos de dos, en el cual cada uno juega su propia bola.

Foursome Partido en el que participan cuatro jugadores en equipos de dos, en el cual cada equipo juega una bola alternando sus golpes. Antes de comenzar, cada equipo decide qué jugador saldrá en los hoyos pares y cuál en los impares, alternando a continuación los golpes.

«Fuera del paso» Expresión americana para describir el número de golpes o la posición de un jugador por detrás del líder de un torneo.

G

Golpe cortado Golpe que hace que la bola salga en la dirección de las agujas del reloj, dando como resultado un vuelo curvado de izquierda a derecha. Puede ser ejecutado deliberadamente o por error.

Grafito (fibra de carbono) Sustancia básica de carbono que, en láminas prensadas, produce un material excepcionalmente fuerte pero ligero, ideal para las varillas de los palos de golf. También se está incrementando su uso en la fabricación de cabezas de palo.

Gran Triunvirato Nombre dado colectivamente a tres grandes profesionales británicos que dominaron el juego antes de la Primera Guerra Mundial: James Braid, J.H. Taylor y Harry Vardon.

Green Área de césped cortada a ras especialmente preparada para el putt, dentro del cual se abre el agujero del **hoyo**. Se separa de la calle por un «collarín», una franja de césped más alta que el green aunque más corta que la calle. Originariamente, el término «green» se usó para el conjunto del campo: un campeonato de «tres greens» era aquel que se jugaba en tres campos.

Grip interlock Método de coger el palo en el que el índice de la mano derecha se entrelaza con el anular de la izquierda (los zurdos lo aplicarán al revés). Favorece a los jugadores con manos pequeñas o dedos cortos para mantener un grip firme.

Grip overlap (superpuesto) Otro nombre que recibe el **grip Vardon**.

Grip Vardon Método para coger un palo: en él, el meñique de la mano derecha se superpone al índice de la mano izquierda (se aplica lo contrario a los jugadores zurdos). Popularizado, pero no inventado, por Harry Vardon. Asimismo, se le conoce como el **grip overlap**.

Guttie Bola introducida en 1848, hecha de gutapercha, una sustancia gomosa que se obtenía del látex de un árbol autóctono de Malasia.

H

Hándicap Sistema que resta golpes de los resultados de los jugadores más débiles que permite que personas de distintas habilidades puedan jugar unas contra otras teóricamente en términos de igualdad. El hándicap se basa generalmente en la media de los resultados que un jugador establece contra el estándar de un campo.

Hándicap más Hándicap menor que el scratch estándar del campo. Los jugadores con hándicap más añaden golpes a sus resultados porque ellos regularmente baten el resultado del scratch estándar en un medal play.

Haskell, bola Nombre de la primera **bola con núcleo de goma** que revolucionó el juego, inventada por el americano Coburn Haskell.

Hook Golpe que se curva hacia la izquierda, causado por la aplicación de un efecto contrario al de las agujas del reloj, ya sea deliberadamente o sin intención.

Hoyo Término general para toda el área que se extiende entre el **tee** y el **green**, pero también significa, específicamente, el agujero. El diámetro estándar es de 10,8 cm.

I

Interferencia Situación en la que la bola de un jugador bloquea la línea hacia el hoyo del otro jugador. El jugador interferido ha de jugar por encima de la bola que interfiere su línea, que será consecuentemente marcada.

L

Lie Situación en la que finalmente se asienta la bola después de la consumación del golpe. El lie puede ser bueno o malo dependiendo de donde haya ido a parar.

Lie empotrado Situación en la cual una bola permanece en la marca de su propio pique cuando aterriza. Excepto en lo estipulado por una regla local, que permite que una bola empotrada pueda levantarse y colocarse no más cerca del hoyo sin penalidad, una bola empotrada en su propio pique debe jugarse tal y como está.

Lie «en el aire» Situación en la cual la bola acaba ligeramente suspendida

en la hierba del rough, por encima del suelo.

Lie suspendido Situación en la que la bola se queda colgando con peligro de que ruede lejos del jugador.

Links Trozo de terreno al lado del mar sobre el que se juega al golf. La tierra de los links es generalmente baja, con dunas de arena cubiertas de hierba fina y resistente. La palabra probablemente deriva del hecho de que esta tierra une la playa y las tierras agrícolas más alejadas del mar.

Loft Ángulo de inclinación de la cara de un palo. El loft va en aumento con el número del hierro, lo que proporciona una trayectoria de vuelo más alta y menos distancia.

LPGA Siglas de la Asociación de Golf de Damas Profesionales.

M

Matchplay Modalidad de competición en la que el número de hoyos ganados o perdidos, en vez del número de golpes dados, determina el ganador. La alternativa más común para los profesionales es el **strokeplay**.

Medal mensual Competición **strokeplay** mensual.

Medal play Nombre alternativo para el **strokeplay**.

P

Par Número de golpes estimados que hay que realizar en un hoyo, basado en la longitud del mismo y en el número de golpes que un jugador de primera categoría se espera que realice para completarlo en condiciones normales.

PGA Siglas de la Asociación de Golfistas Profesionales.

Pitch Golpe por alto a green que rueda ligeramente al final de su vuelo.

Pitch rodado Golpe en el que la bola bota en green y luego rueda hacia el hoyo. Es lo contrario de un pitch por alto.

Plumosa Tipo de bola de golf antiguo fabricada a base de rellenar un saquito de piel con plumas hervidas. Se deterioraban fácilmente y cayeron en desuso a mediados de

1880, después de la aparición de la **bola de gutapercha**, más barata.

Primera vuelta Primeros nueve hoyos de un campo de 18 hoyos.

Punto dulce Punto exacto de la cara de un palo de golf, generalmente en el centro, que dejará la máxima masa posible detrás de la bola. Toda bola golpeada en este punto volará más lejos que aquel golpe dado con cualquier otra parte de la cara.

R

R&A Siglas del Royal & Ancient Golf Club de St. Andrews –órgano de gobierno del golf para todos los países excepto para Estados Unidos y México.

Rough Área de hierba sin atrincherar a lo largo de la **calle** que castiga un golpe que se sale fuera de la línea.

S

Sand wedge Palo extremadamente abierto, también conocido como un «hierro para arena», con un canto ancho en la base diseñado para jugar desde el bunker. El canto ancho hace que la cabeza del palo aseste un golpazo a través de la arena. Se le acredita al jugador americano Gene Sarazen.

Scratch Descripción de un golfista cuyo **hándicap** es igual al resultado bruto del campo. El jugador scratch da puntos a los jugadores con un hándicap más alto y recibe puntos de los hándicaps más bajos.

Segunda vuelta Segunda serie de nueve hoyos en un campo de 18 hoyos.

Shank Golpe fallido debido a que la bola ha sido golpeada con el talón o calcetín de la cabeza del hierro.

Slice Golpe que conlleva un considerable efecto de agujas de reloj que curva violentamente la bola hacia la derecha.

Slot Posición ideal en la cima del backswing en la que el palo se encuentra preparado para bajar.

Sorteo Método que decide quién juega contra quién en una competición matchplay, o un grupo de compañeros-competidores que juegan

una competición strokeplay. La primera persona sorteada tiene el honor de salir primero en tee inicial.

Splash Golpe desde un bunker en el que el sand wedge golpea la arena antes que a la bola y la saca del bunker en una almohadilla de arena.

Strokeplay Modalidad de competición en la cual el número de golpes que un jugador realiza para completar una vuelta se compara con el resultado de los demás jugadores. Esta modalidad ha suplantado de forma muy extensa a la modalidad **matchplay** en los torneos de golf de profesionales.

Surlyn® Marca de fábrica de una resina termoplástica similar a la balata, usada para la fabricación de las bolas de golf. Es un material altamente elástico y virtualmente indestructible por la acción de los palos.

T

Tee Área de terreno delimitada desde la cual se juega el primer golpe del hoyo. Este término también se emplea cuando nos referimos a ese soporte que se puede colocar bajo la bola en la salida.

Topada Golpe en el cual el palo golpea la parte superior de la bola, y hace que ésta ruede rasa por el suelo.

U

USGA Siglas de la Asociación de Golf de Estados Unidos –el órgano de gobierno del golf en Estados Unidos y México.

USPGA Siglas de la Asociación de Jugadores Profesionales de Estados Unidos.

W

Whip Hilo encerado empleado para ceñir aquella parte del palo donde la varilla se inserta en la cabeza del mismo. Las modernas técnicas de fabricación han hecho que este método quede obsoleto.

Y

Yips Desorden nervioso que puede destruir la habilidad de un jugador en el putt, convirtiendo el golpe en un movimiento retorcido o incontrolado.

ÍNDICE

AGRADECIMIENTOS

Agradecimientos del autor

Son muchas las personas a las que debo mi gratitud por su ayuda y apoyo durante la elaboración de este libro.

Estoy muy agradecido a David Lamb, de Dorling Kindersley, por haberme animado a desarrollar este proyecto, y a James Harrison, que trabajó y contribuyó tan diligentemente durante las primeras etapas. A David Preston, a quien desde aquí le mando mi más sincero agradecimiento por ser el estoico editor que ha esperado pacientemente este libro. Estoy particularmente agradecido a Arthur Brown, de Cooling Brown, por ser no sólo el mejor contribuyente para el desarrollo de este proyecto, sino también un valioso amigo a lo largo del mismo. Alistair Plumb ha realizado un brillante trabajo en la parte de diseño, por ello también le doy las gracias.

He tenido la gran fortuna de contar con la asistencia técnica de Steve Newell, quien ha aportado valiosos conocimientos y apoyo al proyecto, por lo cual le estoy profundamente agradecido.

Estoy en deuda con Jaime Patiño y todo su equipo por permitirnos con tanta amabilidad realizar parte de nuestro trabajo fotográfico en su maravilloso club de Valderrama; a Charlotta Sorenstam, que tan graciosamente ha posado como modelo, y a Dave Cannon de Allsport, que lo inmortalizó todo con su cámara. Mención especial a Steve Gorton y a su equipo fotográfico, por su inestimable contribución en el estudio fotográfico, y a Tedd Pollard y Mike Wood por su experta ayuda.

Finalmente, mi más especial gratitud a Jane McCandlish, pues sin su ayuda constante, sus ánimos y su insistencia este libro nunca se hubiera completado. Y a mis buenos amigos, Ian Wallace y Charlie Croll, sin cuyos retos matinales veraniegos en los links del Club de Golf de Lundin este libro hubiera podido finalizarse ¡en la mitad de tiempo!

Agradecimientos del editor

Dorling Kindersley desea dar las gracias a las personas y entidades que a continuación se relacionan por la amable aportación del equipo golfístico: la escuela de David Leadbetter, en Chart Hills; Footjoy; Proquip; Harold y Alma Swash de Align Engineering Ltd.; Roy Stirling del Silvermere, Club de Golf; Titleist; y Wilson Sporting Goods.

Agradecer también a los siguientes clubes de golf la valiosa información y referencias aportadas: Augusta National Golf Club, The Belfry, Pebble Beach Golf Links (Pebble Beach & Pebble Beach Golf Links son nombres comerciales de la Pebble Beach Company), Royal Liverpool Golf Club y Turnberry Hotel y Campos de Golf; y a las siguientes personas y organizaciones por su ayuda facilitada durante la elaboración de este libro: a Biovision; a Bernard Cooke por su amable préstamo de sus películas educativas; al Tour de la PGA europea; a todo el equipo de la USPGA; a Matthew Farrand y Andrea Sadler por su colaboración editorial; a Maltings Partnership por las ilustraciones; a Arthur Phillips por la composición artística por ordenador; a Libby Pepper y Strokesaver por sus recomendaciones para la composición artística. La puesta a punto del diseño y de la edición de Roger Tritton, Tracy Hambleton-Marsh y Bob Gordon fue también de gran estima.